一本实用的家庭留学准备指导书
一册凝聚着爱的深度家庭教育读物

我家的"洋高考"
——写给留学家庭的贴心指南

How to Get Accepted by American Colleges: My Story and Tips for Aspiring Families

仲丽娟 陈冲 著

北京大学出版社
PEKING UNIVERSITY PRESS

INDIANAPOLIS BOSTON NEW YORK BALTIMORE

图书在版编目（CIP）数据

我家的"洋高考"：写给留学家庭的贴心指南 / 仲丽娟，陈冲著. —北京：北京大学出版社，2013.6

ISBN 978-7-301-22472-4

Ⅰ.①我… Ⅱ.①仲…②陈… Ⅲ.①留学教育—概况—世界 Ⅳ.① G649.1

中国版本图书馆 CIP 数据核字（2013）第 087371 号

书　　　名：我家的"洋高考"——写给留学家庭的贴心指南
著作责任者：仲丽娟　陈　冲　著
责 任 编 辑：赵学敏（pupedu@163.com）
标 准 书 号：ISBN 978-7-301-22472-4/G·3616
出 版 发 行：北京大学出版社
地　　　址：北京市海淀区成府路 205 号　100871
网　　　站：http://www.pup.cn　　新浪官方微博：@北京大学出版社
电 子 信 箱：zyjy@pup.cn
电　　　话：邮购部 62752015　发行部 62750672　编辑部 62754934
出版部 62754962
印 刷 者：三河市博文印刷有限公司
经 销 者：新华书店
650 毫米 × 980 毫米　16 开本　18 印张　230 千字
2013 年 6 月第 1 版　　2014 年 5 月第 2 次印刷
定　　　价：35.00 元

未经许可，不得以任何方式复制或抄袭本书之部分或全部内容。
版权所有，侵权必究
举报电话：010-62752024　　电子信箱：fd@pup.pku.edu.cn

一本雪中送炭的"洋高考""教科书"

◎赵忠心

近些年来，有关家庭教育经验方面的图书层出不穷。不少作者或出版社在图书出版之前希望我能写个序言，向读者推荐。我很谨慎，并不是有求必应、来者不拒，我得先看看书稿再作决定。因为书的科学性问题，我婉言谢绝了不少的邀请。作为家庭教育的研究者，我坚持应有良知和社会责任感，不能碍于情面或见钱眼开，就昧着良心，随随便便、糊里湖涂地充当一些不够出版质量的图书的"吹鼓手"，也就是"书托儿"。我始终坚持，写序言要做到"见书不见人"。

由仲丽娟老师和她的女儿陈冲撰写的这本《我家的"洋高考"——写给留学家庭的贴心指南》一书，认真阅读之后，我情不自禁地产生了一种强烈的欲望，要把这本与众不同、别具一格的家庭教育读物，推荐给求知若渴的广大家长。

我与仲丽娟老师素不相识，至今也未曾谋面。为什么要向广大家长推荐她们母女共同撰写的这本书呢？因为这本书填补了一个空白。

多少年来，我国中学生升大学是"千军万马过独木桥"，竞争十分激烈。虽然我国的高等学校经过挖掘潜力，扩大招生录取名额，但仍然满足不了广大青年学生升大学、接受高等教育的愿望。与此同时，出国留学的人数越来越多，而且出现年龄下降的趋势。开始，本科毕业之后出国的比较多，近年来送高中毕业生到国外读大学本科的与日俱增。

那么，究竟怎样引导子女做准备？做哪些准备？怎样准备才能使出国留学如愿以偿？这对绝大多数家长来说是一件很陌生的事。有出国留学经历的家长，还可以根据自己的切身体会和经验，对自己的子女进行指导。而绝大多数希望孩子出国留学的家长，并没有出国留学的经历。究竟对想出国留学的孩子进行哪些指导和训练、怎么指导和训练，是茫然无措，不知从何下手，急需要进行学习。

仲丽娟是一位中学的外语教师。她懂教育，又善于思索，考虑问题周到、缜密，做事执着、认真，努力探索并认真总结指导孩子出国留学的成功经验。她们母女共同撰写的这本指导"洋高考"的"教科书"，有如雪中送炭，将为希望孩子出国留学而又茫然无措的家长提供重要的参考。

这本书，对子女出国留学前的种种准备，诸如要不要出国留学，年龄多大留学好，留学的目的是什么，留学前的准备何时开始，选择哪个国家、哪所大学、哪个专业，外语的学习如何准备，先考TOEFL还是SAT，研究课题的选择和指导，家长扮演角色的定位，学习成绩单、在读证明和简历怎么填写，推荐信由谁来写、怎么写，命题作文怎么写，个人陈述的注意事项，如何申请奖学金，如何办理签证，到国外如何学习，怎样与同学相处，等等一系列重要事项和问题，都作了十分详尽的叙述和介绍。这本书，可谓是一本不可多得的指导"洋高考"的"教科书"。

我国实行改革开放以来，家庭教育得到空前的重视，培养教育孩子成了许多家庭的头等大事。过去，家里孩子比较多，生活负担重，家长没有时间和精力在孩子的培养教育上下多大的功夫。孩子的培养教育，可以说是"粗放式"的、"粗线条"的，就是"浅耕粗作"，"广种薄收"。现在，家庭的孩子少了，生活水平提高了，人们有时间和精力在培养教育孩子上下功夫。特别是独生子女家庭，孩子的培养教育，都要是"集约式"的、"细线条"的，要"精工细作"，努力提高"单位面积产量"。也就是说，家长对唯一的孩子，要精雕细刻，切实提高孩子全面的素质，以适应知识经济社会的需要。那么，怎样做才能达到预期的效果呢？很多家长不知道劲应该往哪里使？怎样使劲？家长的高标准、严要求，怎样才能引起孩子的共鸣？怎样调动起孩子的主观能动性？这些问题，一直在困扰着许多家长。这本书，对上述问题也一一作出了回答，很值得广大家长认真学习、参考。

仲丽娟老师是培养教育孩子的有心人。她非常关心女儿的成长、发展、前途，但又不越俎代庖，包办代替，而是充分调动女儿的主观能动性；她在培养教育女儿的过程中，充分发挥了家长的主导作用，但同时又很尊重女儿的主体地位；培养教育过程中遇到困难，她不急不躁，不放弃，不灰心丧气，而是耐心细致，循循善诱；她对女儿管教很严，但"管而不死，放而不乱"，能做到管放结合，用她女儿的话说是"监管但不束缚"；她坚持跟女儿互动，耐心倾听孩子的心声，从不把自己的意见强加给女儿，但又不放弃引导女儿的责任。这些都是仲丽娟老师在培养教育女儿的实践过程中总结出来的经验，很值得推广。

读这本书，就像跟友人促膝相谈，共商培养教育孩子的大计。全书内容丰富，描写细致，行文流畅，通俗易懂，内涵深刻，引人深思，能帮助家长排忧解难，是一本不可多得的家庭教育读物。我相信，一定会受到广大家长的喜欢。

中国家庭教育学会副会长、中国教育学会家庭教育专业委员会理事长、北京师范大学教授　赵忠心

2013年5月

家有儿女共话留学

◎胡　敏

在留学低龄化趋势的背景下，越来越多的中国家长早早开始考虑把孩子送出国门。但是，如果家长没有做充分的准备，只是盲目跟风，很容易在留学热潮中迷失自己，甚至牺牲孩子的未来。那么，如果有了送孩子出国留学的念头，家长应该做哪些准备？可以做哪些准备呢？

这两个问题也许没有完全的答案，因为每个孩子都是独一无二的，每个孩子的生命都是与众不同的，所以他们为未来所做的准备也必然因人而异。但是，所谓大道相通，凡事总有些共性，在帮助孩子留学这件事情上，所有家长都必然会关心也会遇到一些共同的问题：孩子为什么要留学？适合留学吗？多大出去？去哪个国家？通过何种途径？如何选校？如何写文书？申请奖学金对录取有没有影响？如何签证？临行前要注意什么？

从1995年开始从事出国考试教育和留学服务工作，到2008年送儿子豆豆出国留学；从2010年开始在全国各大城市巡讲"家有儿女要留学"主题讲座，到面对面解答成千上万的家长和学生的疑问，我常常思考上面这些问题。令人欣喜的是，仲丽娟女士和她女儿陈冲的这本《我家的"洋高考"——写给留学家庭的贴心指南》一书，也对上述问题作了充分而细致的回答。在这本书里，作者希望与读者分享的不仅是一条朴实而真切的留学准备、申请之路，更是一条"有心而无痕"的家庭教育之路，它并不急于一时之功，也不耽于一时之力。读此书，看到在留学这条路上，他们有过波澜起伏：在未萌生留学之念时，女儿的英语学习因为家长的关注不够而走了弯路；打算留学之后，女儿因种种原因放弃了美国高中；准备留学过程中，研究选题及课题开展一波三折……同时，这条路上更多水波不兴：女儿忙碌充实地备战TOEFL、SAT；迎接三好学生的体育测试；淡然面对媒体的专访；积极主动参加社会实践；一步步地完成从查找学校、填写申请资料直至入学手续的办理等一系列事宜……

开卷品读，我们看到的是一位家长与女儿的留学之旅，在这段旅程中，女儿是主体，但家长也不是旁观者，而是重要的参与者。面对女儿所选择的"洋高考"，无论女儿经受暂时的挫折抑或取得一时的成绩，家长总会着眼于孩子的自我成长，从孩子以及家长的角度客观分析、反思，并得出失败的教训或成功的经验，最终培养出一个英语实力、学术技能、文化与沟通能力、专业知识和人文素养全面发展的优秀孩子。

这不仅是一册普通家庭的留学准备指导书，更是一本真诚而感人的深度家庭教育图书。母亲仲丽娟教育思想独到而且文笔优美，使得该书不但充满饱含教育智慧的分析和反思，也非常具有可读性；女儿陈冲热爱运动热爱生活，勤于思考而且富有社会责任感，字里行间既有对自己成功经验的认真总结，也充满了对他人与社会的关爱关切。相信对于想送孩子出国留学的家长，必将从这个家庭的实例剖析中思考自己的问题，进而与孩子一起思考：留学到底为什么？留学是什么？留学要做什么？

新航道国际教育集团总裁兼校长

2013年4月

一位家长的读后感言

◎ 施家仓

"书当快意读易尽。"机缘巧合,拜读到女儿的授课老师——仲丽娟老师的书稿《我家的"洋高考"》时,我正在美国纽约参加"上海市教委—纽约大学美国高校事务管理高级研修班"。除了深入学习美国高校的办学理念、管理模式外,我还与部分高校的中国留美学生有了正面的接触交流机会,与此同时,一口气读完此书,两相映照,感悟颇多。

在信息爆炸的"地球村"时代,培养具有卓越领导力、协作创新精神和世界眼光的全球公民,已成为西方发达国家高校的办学目标。国内的高等教育,尽管近几十年来有了飞速发展,但在某些领域与国外知名高校相比,还具有一定的差距,这也是越来越多家庭选择参加"洋高考",把孩子送到国外高校接受教育的主要原因。当这种选择成为一种潮流的时候,如何根据孩子的特点和能力,有针对性地选择心仪的国外高校,成为很多家长关注的焦点,而本书的出现,正好起到了指点迷津的作用。

本书以全景式的视角详细记录了一个普通中国家庭的母亲如何未雨绸缪,通过多年的精心努力,最终把女儿送入心仪的国外名校,以及孩子在留学过程中的作为和体验,具有很强的可读性和可操作性。作为一个叙事故事,作者将准备留学的过程娓娓道来;书中传递的"留学是一种人生经历而不仅仅是投资"、"积极为未来采取行动"的理念,也令人感触颇深。作为一本留学和国外大学生活指南,此书内容详尽、条分缕析、通俗易懂，堪称教科书式的作品，是关心"洋高考"的父母和读者们不可多得的好书。同时，对关心国外高等教育的学者和研究人员、关心孩子教育的父母而言，这也是一本必不可少的参考书。

华东师范大学研究生工作部副部长，其女儿在本书作者仲丽娟班上就读　施家仓

2012年11月

自　序

◎仲丽娟

在我家的阳台上长着两株宝石花，几年前友人送的。刚来时，它们像一对双胞胎，小小的新绿煞是可爱。恰巧家里有两个花盆，一个大号，一个小号，我便把宝石花栽种在这两个花盆中。两株宝石花享受着同样的阳光以及我同样的施肥浇水。可是现在，大号盆里那株粗粗壮壮，犹如一棵小树，有力的枝干，厚实的叶子，看那劲头，以后一定会顶到阳台的天花板，到时，我只能把它送到小区的中央花园去，让它在自然的阳光雨露中蓬勃其生命的力量。而小号花盆里的那株，单独看也很茂盛，但是，与大号花盆里的一比，可就天壤之别了，它仅仅是一株秀气的盆景。

这两株宝石花给我深深的震撼。作为母亲，作为教育工作者，我自然联想到家庭教育。为什么很多家长同样在孩子身上花费了大量的心血和金钱，可是效果却不一样？两株宝石花给我的启示是——给孩子多大的空间，他/她就有多大的作为。我知道，大号花盆里的宝石花再怎么使劲，也长不成美国西海岸巨大的红杉树，但是，它可以是宝石花里的强者。如果把天赋平常的孩子比作宝石花，如果家长都给他们尽可能大的花盆，他们的成才天空不就广阔得多吗？他们不就能在自己的能力范围内做得更好？

我的家庭是个普通的城市家庭，家长是普通的教师，女儿是普通的学生。后来，通过全家的努力，尤其是母亲的陪伴，女儿成为美国宾夕法尼亚州一所世界名校的本科生。对我家孩子而言，我们充分分析她的情况，与她一道制订了切实可行的留学方案，并逐一实施。这个过程就是给孩子足够空间促其成长的过程。

本书共两个部分。

第一部分是我作为母亲撰写的"女儿留学的故事"。孩子为什么要留学？适合留学吗？多大出去？到哪个国家？通过何种途径？如何选校？如何写文书？申请奖学金对录取有没有影响？如何签证？临行前要注意什么？本部分正是讨论这些家长关心的问题。美国名校不像中国名校，除了要好的学习成绩——TOEFL（托福，检测非英语为母语者的英语能力考试）、SAT（美国高考）和GPA（高中平均成绩）外，还需要一定的软件，即学生的综合能力——丰富多彩的课外活动、竞赛获奖、研究经历、社区工作等等，体现的是学生的综合素质和社会责任感。高中阶段的孩子很忙，硬件、软件两手都要抓，这时的家长不仅是孩子坚强的心理支柱，还需要在紧要处亲自扶持一把。本书的"扶持"包括了我对美国大学的研究、对孩子课题的指导、对各种社会资源的寻求、对申请过程的跟踪、对出国预热的准备等等。

第二部分是女儿撰写的"我的故事说给你听"。她从当事人视角讲述了为留学所作的准备以及在此过程中的感受。女儿高中阶段的故事与第一部分相呼应，体现出美国名校关注的诸如关爱弱势、学习能力、研究素养等元素。出国后的一篇文章既是高中阶段留学故事的延伸，也为读者提供了生动的留学生风景片段，使家长了解到孩子初踏异国他乡时的生活、学习和注意事项。女儿的加入使本书变得多元、立体和丰满。我很感谢她百忙中的合作和付出。

自 序

  每个家庭的教子故事都是一本书。记录我家"洋高考"的目的不是写人物传记，因此我隐去了一些个人信息。我认为，故事本身并不重要，由此引起的经验、教训和反思才是关键，如果读者能从中得到一些可操作、可借鉴的帮助那就是本书的价值所在了。当然，每个家庭、每个孩子不一样，本书的建议只能作为参考。另外，本书还力求传递"凡事预则立"和"积极为未来采取行动"的信念。事实上，只要家长用了心，给孩子可行的规划和有力的扶持，并放手让他们发挥潜力，普通的孩子照样能拥有超越自己能力的未来。

  如果我们的书能给读者一点启发，这将是我们莫大的荣幸和欣慰。

  是为序。

2012年10月

目 录
Contents

女儿留学的故事

第一章 英语啊英语 ◀ 3

孩童时期如何学英语？送课外补习班要注意什么？孩子英语不好，家长该怎么办？

第二章 留学还是不留学 ◀ 11

留学是人生经历还是家庭投资？如果选择留学，什么样的孩子是合适的？

第三章 放弃美国高中 ◀ 16

孩子多大留学比较合适？留学前多久开始准备？选择哪个国家？

第四章 攻克TOEFL ◀ 25

TOEFL考不好，孩子和家长该怎么办？

第五章 备考SAT ◀ 30

先考TOEFL还是SAT？如何在SAT考试官方网站报名？如何在短期内快速提高SAT分数？孩子一人赴港考试会怎样？

第六章 一波三折的选题 ◀ 38

如何选择研究的主题？在研究过程中，具备或不具备研究能力的家长分别应起什么作用？

第七章 艰难地开展课题研究 ◀ 47

研究对孩子意味着什么？家长该扮演什么角色？

目 录
Contents

第八章　淡然面对中央电视台等媒体的专访 ◀ 59

　　面对孩子暂时的"成功",家长该有怎样的心态?面对即将来临的漂洋过海,孩子应有怎样的心态?

第九章　参加三好学生体育测试 ◀ 68

　　体育锻炼对孩子有多重要?如何解决专业性强的问题?如何整合周边的人际资源?

第十章　寻觅合适的好大学 ◀ 75

　　如何看待大学排名?大学排名与专业排名哪一个更重要?文理学院和综合性大学哪一个更适合?选校要不要看地理位置?选择多少所学校为宜?请中介申请还是DIY?

第十一章　成绩单、在读证明和简历怎么写 ◀ 88

　　成绩单、在读证明和简历有没有模板?写的时候要注意什么?

第十二章　推荐信只是推荐者的事吗 ◀ 98

　　推荐信应该由谁写?如何挑选推荐人?什么样的推荐信是好的?推荐信要不要写缺点?谁翻译推荐信?

第十三章　对Common Application命题作文的思考 ◀ 109

　　如何能写出好的Essay?怎样才能吸引录取委员会老师?家长应发挥何种作用?

第十四章　令人震惊的个人陈述写作过程 ◀ 120

　　如何写个人陈述?什么样的个人陈述是好的?写作中有哪些注意点?

目 录
Contents

第十五章　对学习计划的反思　◀144

　　学习计划该从哪里切入？什么样的学习计划是合理且出色的？什么样的回国理由让人信服？

第十六章　关于录取方式和奖学金等几个问题　◀152

　　申请提前录取还是常规录取？如何申请本科奖学金？申请奖学金对录取结果有没有影响？申请材料寄出后要注意什么？如何询问申请进度？如何婉言谢绝不想去的大学？如何选宿舍？

第十七章　签证准备的书面材料有哪些　◀162

　　必交文件和补充文件分别有哪些？填写I-901表和DS-160表要注意什么？准备多少钱去签证？父母资助担保书怎么写？父母的工作证明和收入证明怎么写？

第十八章　面签问题　◀174

　　从签证官视角看，他/她可能会提问哪些问题？顺利获得学生签证要注意哪些事？

第十九章　出国前的多种准备（上）　◀186

　　出国前长长的几个月，孩子可以为即将到来的大学生活作哪些准备？家长如何对青春期的孩子进行性教育？

第二十章　出国前的多种准备（下）　◀197

　　体检和接种疫苗要带什么材料？流程怎样？买机票要注意什么？带什么行李比较合适？入境时要注意什么？如何交学费？

目 录 Contents

我的故事说给你听

第一章　高中生亲子沟通访谈实录及分析 ◀ 205

　　六个家庭的亲子沟通案例给人怎样的启发？为什么有的家长与孩子的关系温暖融洽？有的则冲突频发？

第二章　不要忽视他们 ◀ 226

　　美国大学对什么样的课外活动感兴趣？活动能给孩子怎样的人生阅历和感悟？

第三章　参加国外大学举办的冬令营 ◀ 236

　　如何善于向老师学习？如何与同伴合作？如何做到学术规范并有所创新？如何从课程和活动中发现自己真正的兴趣？如何管理时间？如何让大家喜欢你？

第四章　出国读大学了 ◀ 252

　　请谁接机？如何安排宿舍？如何解决吃饭、洗衣问题？如何开通手机、电脑上网？如何办银行卡？如何选课、买书？如何有效利用学校的各种资源？如何管理远离父母后庞大的自由？出国后父母和孩子分别应注意什么问题？

后记 ◀ 265

女儿留学的故事

仲丽娟

第一章　英语啊英语

我是英语老师，可是，说起来真是个讽刺，女儿的英语却一直让我头疼。回想女儿学习英语的过程，我的结论是——孩子英语不好，责任全在家长。

我们曾有过甜蜜的学习英语的好时光。

女儿读幼儿园小班的时候，我热衷过与她练习口语。每天早晨七点，闹钟响起。我问她："What time is it？" "It's seven." 她回答。"Now, Let's get up. Put on your clothes and your shoes, then brush your teeth, wash your face." 做完这一切后，我去买面包、牛奶，说："Have breakfast."

吃完早饭，我骑车带她去幼儿园。一路上，我们边走边说。"What's this？" "It's a tree." "What colour is it？" "It's green." "What's that？" "It's a car." "What colour？" "Red." "Who is the man？" "He's a university teacher." 诸如此类的问答。

下午放学回家，我们边走边讲故事，如《渔夫和妖怪》、《猴子和鳄鱼》、《阿拉伯人和骆驼》等等。起初，我讲一句英语，再翻译成中文，并把关键的名词和动词告诉她。后来，不翻中文，只讲英语，数遍后她已完全听懂。再过一段日子，我说英语，她逐句模仿，几天后，在我的提示下，她就能用英语讲出一则故事。虽然时间长了，她忘了许多，但这"马路教学"却培养了她良好的语感。

回到家，我们每天用一刻钟学《小灵光——娃娃学英语》听说教材。全书45课，每一课3—4个单词，1—2个日常会话或常用句式。一般，我两天教一课。有时她兴趣很浓，一个晚上能学四课，就是说记住16个单词、8个常用句式。凡是我教过的内容，她都能看着书上的彩图，说出相应的英语。

幼儿园中班的时候，她不愿学英语。开始，我硬要她学，她没办法，虽然跟我读，但总是记不住。比如："Where are you from？" "China." 教了三个晚上，她也没记住。后来，我利用孩子的逆反心理，不再教她，而是和她爸爸对话。如我们俩一个问汉语一个答英语，谈水果蔬菜、学习用品等名称，或者问："What's your name？" "How old are you？" "Look, I've got two watermelons. Would you like them？"她也凑过来想学，我说："小孩子不要学。"她说："不行不行，你们学我也要学。以后你们讲话我还听不懂呢！"以至于后来我们自己听的外语磁带，她也跟在后面说几个单词，虽然她根本听不懂，甚至说错了。我想，家长不懂外语的家庭也可用此法，如夫妻二人听磁带，模仿着念，小孩子自然会来听，甚至会说："你们没我说得好。"

> 利用孩子的逆反心理使孩子"就范"，是一种很有效的教育方法。

当然，我们在生活中要根据具体情境来变动教学内容，还要动脑筋怎样使孩子更有趣地学。利用孩子的逆反心理使孩子"就范"，是一种很有效的教育方法。大人故意用英语对话，一唱一和，津津有味，这不就把孩子学英语的积极性调动起来了吗？你越说"小孩子不要学"他/她越要凑上来学。其实何止是学英语如此，学识字、数学、画画，甚至各种良好习惯的养成都是这样的。只要教者有心，孩子就会不知不觉地跟着学。

可惜，好景不长，我没能坚持下来。

小学阶段，女儿的英语考试虽然都在90分以上，但是，我知道，这是我帮她考前突击的效果。她的英语能力是很薄弱的。事实上，女儿同学的英语基本都是满分。

我发现一种奇怪的现象，许多教师子女在家长任教的这门学科上，优秀者不多，中不溜秋甚至中等以下的倒不在少数。我分析过这种现象，主要有两个原因。一是教师们认为自己随时能教，暂时放下了自己的学科，优先发展了其他项目，比如英语教师十分重视孩子的理科学习。另一个原因是作为父母，总喜欢拿别人的孩子和自己的孩子比较，所以每个孩子都有个天敌——别人家的孩子。而教师比一般家长的优势，在于她比其他父母更熟悉班级中优秀学生的方方面面，因此她对孩子的比较更加深入，对孩子来说更为"可怕"。当然，也有为数不多的个案，孩子在家长任教的科目上特别优秀。与我搭班的数学老师的儿子，从小受到母亲严格的超前的数学教育，多次获得全市、全国数学竞赛一等奖，小学跳级，后来高三免试入读清华。遗憾的是，女儿小学时，我兼具了前两种不好的原因，只得把女儿送进社会上办的英语补习班，学习3L教材（《Look, Listen, Learn》，是《新概念英语》作者的又一力作）。

我当时满足于把孩子送去上学，其他一概不管。其实，家长千万不能这样，还必须检查孩子上课的效果。去年，我完成了一个关于优秀中学生英语学习的课题。从大量的访谈中，我深切体会到，凡是英语出色的孩子，他们的家长都极具细心和耐心。

我印象很深的是一位家住郊区的普通工人和她的女儿何凡凡学习英语的案例。何凡凡上幼儿园中班的时候，妈妈听同事讲，"阶梯英语"

很好，于是，妈妈带着她乘车一个多小时到市区学"阶梯英语"。上课的是位男老师，很凶，动不动就骂人。有一次，他叫何凡凡读单词，她没读出，老师把她大骂一顿，她哭着说"不想学了"。妈妈不想放弃，耐心地劝她，回家给她买了复读机，让她一遍一遍听单词，尤其是每晚临睡前，她总在外语磁带的声音里入睡。但是，单调而机械地读单词使她对英语没有多大的兴趣。她对妈妈说不想学英语。妈妈耐心问清了缘由，找到教务处，换到另一个班级。新老师温柔、漂亮，像大姐姐。何凡凡很喜欢，姐姐老师每次都带着他们做游戏，很开心，她盼着上英语课。有一段时间，学了很多关于水果的单词，姐姐老师叫他们把单词编成歌。孩子们欢呼雀跃，把"香蕉、苹果、橘子、草莓"等编成自己喜欢的歌曲，大家唱着自己"作曲"或"改编"的"水果歌"，好玩极了。这样的课，谁不盼着呢！虽然每次课3个小时，但孩子们觉得时间过得很快。正是有了母亲的坚持和细心的观察，才有了何凡凡对英语的喜欢。可以毫不夸张地说，没有何凡凡母亲的毅然转班要求和行动，就没有她日后良好的英语成绩。后来，何凡凡成为重点大学的学生会主席。

对照自己，很惭愧，我只满足于女儿去补习班上课，而对其学习的具体情况一无所知，更谈不上跟进辅导。

初中，女儿虽然如愿以偿进了一所很好的中学的理科班，但英语仍是她的学习障碍。那时女儿英语学习上碰到的最大困难是初中的二期课改教材《英语（牛津上海版）》和小学的一期课改上海市统编教材之间的衔接问题。我准备给她把《英语（牛津上海版）》教材的小学部分内容很快过一遍。

可是，我所在的中学要派两位教师去澳大利亚学习英语教学法。通过考试，我很幸运地得到公派学习的机会。虽然我对女儿的学习不放心，但是，机会难得，我还是去澳洲学习了。

澳洲大学有丰富的图书资源，我把在国内没做完的"教师专业成长"课题研究延伸到了国外。我查阅了大量的原版资料，采访了大学老师。同时，我到中学里对英语非母语的学生作问卷调查，完成了论文《上海和墨尔本外语教学方法的对比研究》。房东是英国人，移民澳洲。他曾做过中学英语教师，主要教移民后裔。他告诉我："这些孩子的英语水平比较差，与他们的家长也无法沟通，因为许多家长根本不会英语。"我不禁想到女儿的英语学习。打电话回上海，问她："今天怎么样？"她总是回答："挺好！"听着"挺好"，我很放心。

事实上她并不好。我先生是上海西区一所著名大学的学院领导，被学校派到政府部门挂职锻炼，经常出差，几乎不在家。女儿刚上初中，课本的衔接、老师的教学方法、管理方法都不一样。她不仅学业得不到家长的帮助，甚至饭也吃不上。她经常在超市买牛奶、面包对付一顿饭。我们只得麻烦我父亲来帮忙。我父亲每天准时接送，给她买好吃的，这对当时的我们，已经很满足了。

女儿初三的时候，有件事让我至今感动、难忘，并且震动很大。

汪老师是我的朋友，在大学实验室工作。她的女儿英语成绩特别优秀。有一天，她给我打电话，说要到我家来玩，我高兴地答应了。

我们坐在客厅的沙发上。汪老师说："我们两家是多年的好朋友了，我讲话也不拐弯。我们今天来主要是为陈冲。"她顿了顿，我有些意外。她继续说："听我女儿说，陈冲英语不好。你们两个为此事还有矛盾。"

"是的，我们都很苦恼。"我说。

汪老师的先生说："对孩子，急不得，要把工夫下在平时。我们夫妻每天睡觉前都讨论孩子的问题。比如，卷子上哪里错了，哪些是知识点没掌握，哪些是能力问题。我们两人对孩子所有功课存在的问题都了如指掌。"

汪老师补充道："我们两人各有一个小本子，上面记着观察孩子各方面表现后的心得。除学习外，还记录了她交朋友、课外活动、老师反馈的问题等等。"

听到这些，我羞愧万分。作为父母，我们给过孩子怎样的帮助？我们平时对孩子不闻不问，等到出现问题，才手忙脚乱。如果说工作忙，汪老师夫妻一点不比我们悠闲。汪老师的先生是大学的工科老师，为了得到一个实验数据，常常整夜待在实验室。他们家的晚饭非常简单，常常为孩子从大学食堂买几个现成的荤菜。每天晚上十点多，孩子准备睡觉了，他们再去实验室工作。他们生活如此紧张，却仍然同时给予孩子足够的关注，我们还有什么借口说工作忙，没空关注孩子？

汪老师又讲了个故事。暑假里，他们学院组织到武夷山旅游，有个地方特别陡峭，有力气的男教师一跃而上，大多数女教师望崖兴叹。这时，男教师们伸出了援助之手，把女教师们拉上了山。于是，大家一同欣赏到美丽的风光。她说："初三是关键期，家长必须像旅游的男教师一样伸出有力的手，托孩子一把。"

汪老师一家走后，我和先生谈了很久。还有两个多月就要中考了，我们要给孩子切实可行的帮助。

我放缓手头的研究工作，把主要精力用于孩子的英语学习。女儿也意识到时间的紧迫，对自己喜欢的体育、艺术爱好暂时收一收。我把她所有英语卷子上的错题打在电脑里，让她重新做一遍。若还有错误，接着再做，如此反复多遍，直至消灭所有的错误。并且，我还变换着把错题以另一种形式出现，看她是否真的掌握。初中的英语知识毕竟有限，因此，这个效果非常好，她在短时间内掌握了初中阶段该掌握的必考语法和核心词汇，成绩立竿见影地上来了。

她的听力和阅读理解一直是强项，能根据上下文推测语意，主要困难是首字母填空和写作。首字母填空与阅读和语法都有关系，既要掌握一定的解题技巧，更要通过大量的做题来解决。对付写作的办法是根据初中阶段学习的内容，归类成几种题型，写范文或到书上找范文给她背诵。只有当"输入"积累到一定阶段时，才能有高质量的"输出"。再教她作文的审题、谋篇布局，同一种意思用不同的句型和不同的单词表达，这样才能提高作文分数。

有一件事足以说明以上方法的有效。《查理与巧克力工厂》是一部美国电影，曾获得奥斯卡奖。查理是个善良的小男孩，出生在一个贫穷的家庭。他家附近有一个大型的巧克力工厂，主人是个叫威利·旺卡的怪人。孤单的旺卡举办了一场抽奖，想为工厂选择一个继承人。包括查理在内的5个孩子抽中了金色奖券，并获得参观这个神秘工厂的资格。几个孩子来到这个15年没人来过的古怪工厂，参加了一场神秘的冒险。最后，查理成为工厂的继承人。女儿看完这部没有中文字幕的原版电影后写读后感：My favourite film is *Charlie and the Chocolate Factory*. It tells a story about a poor boy named Charlie who is lucky enough to enter Mr Willy Wonka's chocolate factory on a tour. The adventure unfolds from there. The story is whimsical and exciting, the characters are very unique, and your mouth will water when you see the rooms filled with chocolate and candy. More importantly, it teaches us the value of family and humbleness above everything else. （我最喜欢看的电影是《查理与巧克力工厂》。它讲述了一个名叫查理的贫穷的孩子有幸进入了威利·旺卡的巧克力工厂的故事。奇遇就发生在那个工厂。这个故事既离奇又刺激，人物形象独特。当你看到满屋子的巧克力和糖果时，口水都要流下来。最重要的是，它告诉了我们家庭的价值以及人们对一切事情都要怀有谦卑之心。）

这篇文章不能说有多精彩，但是，作为初三学生，遣词造句和立意还是很不错的，至少说明我的努力和用心帮助孩子提高了英语水平。

女儿学习英语之路是曲折的。作为懂英语的母亲，我曾经充满热情地教过她，试用过不少教学方法，取得了一些效果。我也送她进了课外补习班，花费了金钱，更花费了接送时间。但是，我没有持之以恒，特别是没有及时跟进，了解女儿英语学习上存在的问题，寻找成绩提高不快的原因。在女儿小学与初中英语课程衔接不上的时候，我应该请我的同事、朋友辅导她，或者利用网络多与她联系，这样一定能取得较好的效果。可惜，在女儿困难的时候，我没有扶她一把，甚至沉浸在女儿的"挺好"之中。后来我想，她的"挺好"难道仅仅是报喜不报忧？"挺好"何尝不是对远在南半球的我的安慰呢？作为母亲，面对孩子学业落后仅仅用"忙碌"和"距离遥远"就能解释吗？

好家长不仅要舍得花钱、花时间，更要舍得花心思。

好家长是真正用心、用脑的，而不是用许多听起来很有道理的借口为自己推卸责任。

第二章　留学还是不留学

初三结束后的暑假，女儿在我的软硬兼施下进了英语培训班，提前学完了高一的英语教材。这个暑假是有效的，高一新学期的测验中她的英语成绩在班级已经名列前茅了。但是，这只是分数。事实上，她中考前"急救"起来的语法还比较弱，口语也比较有限，而国内的英语教学方法和文化环境很难使她的英语真正上一个台阶，我萌生了让她到国外读高中的想法。我旁敲侧击，了解她是否有出国读书的意愿。

其实我当时挺矛盾，一方面希望她早出国，学一口地道的英语，对外国文化有更早更深入的了解；另一方面，我认为中国的基础教育包括高中教育很扎实，中华文化的熏陶也很重要，因为无论孩子将来在世界的什么地方，她都是中国人，而高中阶段是一个人价值观、文化观形成的重要阶段。后来申请美国大学我才知道，我对西方的基础教育存有误解，美国名牌大学录取的不仅是会读书的孩子，而且要全面发展。中国学生只要智力没有问题，"一心只读教科书"，一定能考上中国的名牌大学。毕竟，中国大学考的是只见分数不见人的试卷，考的是"熟能生巧"，是"一考定终身"，而国外大学，除了高考成绩，还要看平时成绩，另外还有那么多的条件比较。当然，这是后话。

就在这时，女儿的两个好友相继出国读高中。一个去澳大利亚悉尼，住阿姨家；另一个随做生意的父亲去了法国。每每收到同学从国外寄来的明信片或者E-mail来的照片和信件，我都能看出她对外面世界的向往。

一天晚上，我们坐在阳台上聊天。我问她未来有什么打算，她说她也想出国。我假装反对："出国很苦啊，离开家长，离开熟悉的环境，家里还要花很多钱。"她说："如果你把出国单纯看作投资，那么，有成功，有失败；如果你把出国看成人生的一种经历，那么，它永远是一笔财富。"我忙问她的"投资论"和"经历论"来自于哪里，她说是自己思考总结后的归纳。我暗暗高兴，无论她的想法是受朋友的影响还是自己的思考，她对未来有了自己的价值判断。并且，她主动提出的留学想法减少了我的犹豫。

于是，留学的问题提进了家庭议事日程。

就像很多爸爸对女儿极其宝贝一样，我家也是如此。我们的留学想法遭到了她爸爸的反对。他舍不得女儿远行。他说："读高一的女孩子还是很小的。到了国外，样样都得靠自己。要注意安全，要照顾自己的生活，还要搞好学习，很不容易。不像在国内，至少还有家长的帮助。我觉得女孩子还是在国内读完大学再出国比较好。那时，人长大了，心智成熟了，才能让家长放心。"这是她爸爸最原始的想法。其实，与其说是反对，不如说是他的担心和忧虑。独生子女家庭要让孩子独自远渡重洋，的确是要下决心的。不仅是孩子的决心，还有家长的决心。

> 留学是一种人生经历而不仅仅是投资，它开阔、有张力。

社会上对留学有两种倾向：一是孩子在国内上不了理想的大学；二是想更早融入西方社会或语言过关。而我不同意这两种观点，我更赞同女儿的主张——留学是一种人生经历而不仅仅是投资，它开阔、有张力。

再一次认真与女儿交流留学话题。

那是一个周末，我们在楼下的紫藤花园的长廊里谈心。此时，夕阳把西方的天空染成了金色，绚烂美丽。这幅图画让我联想到地球的另一边——如果女儿出国了，我们会有十多个小时的时差，我们不能常常促膝谈心，我不能及时了解她的成长动态，我不知道她会与什么人交朋友，也不知道她如何听课，如何完成作业。她的英语不好，能适应吗？

我把想法对女儿和盘托出。她说："上海的高中生要考上好大学并不难，录取率比全国高多了。凭我现在的成绩，进重点大学没问题。大学毕业后，读研、读博、工作，每天朝九晚五、上班、下班，还有家长在身边照顾，日子是清闲的。但是，我不愿意，我不想要看得见未来的人生。我需要丰富的阅历，要出去闯一闯。"

作为母亲，我当然赞同这样的生活态度。我也看到我的同事和朋友，凡是在国外生活过的、读过书的，都把孩子送到国外念书。想一想国内有些大学，教授迫于生计，把学生当做廉价劳动力。在"老板"面前，这些可怜的学生没有自己的研究方向，失去了创新的机会。也有的学生整天混日子，临考前突击，把大把的青春混掉了，令人痛心。

但是，留学千好万好，却不是每个孩子都适合。我从网上下载了很多关于留学的文章，细细归类比较，综合出我

> 留学千好万好，却不是每个孩子都适合。

认为有价值的、比较全面的"六点"，与女儿一起对照，分析她的留学基础。

第一，心理准备。美国的成长环境一向注重个人独立自主能力的培养。依赖性强的孩子，一旦到了全新的环境，很容易在语言、文化、生活习惯、学习负担等方面遭遇适应困难。因此，想留学的孩子要有吃苦的心理准备。

第二，语言能力。英语水平如何，不仅决定你能否顺利申请到好的学校，更重要的是关系到未来听课、作业的完成以及交友的顺畅。如果

就读语言学校，会有很多不确定因素。我们认为，要在国内把TOEFL和SAT都考完，这样，一到美国就能较快适应生活。

第三，经济能力。对家庭而言，留学是一项有价值的投资，但这投资未必有很大的回报。家长要摆正心态，孩子留学不是为了他们回报我们什么，而是我们为他们的精彩人生增添浓重的一笔。家长要准备足够的资金，使孩子在不打工的情况下能愉快生活。孩子打工是接触社会、增长才干的手段，而不是减轻家长经济负担的途径。如果家庭经济条件不佳，会给家长和孩子带来沉重的精神压力和心理负担。

第四，国内中学的成绩。有的家长认为孩子反正准备出国读书，高中成绩无所谓。事实不是这样。我研究了国外中学和大学的课程设置，很全面，也比较有难度。我有一个好友在加州，他的孩子除了在美国中学学习，还在家里由家长轮流补习中国大陆教材。由此可见，在国内打好各门功课的基础，对留学生活有百利而无一弊。在申请材料中，国内在校成绩是不可缺少的文件。一般情况下，受理申请的学校会评估平均成绩即GPA是否达到规定的最低要求，以及申请主修的相关科目成绩如何。

第五，自主学习能力。国外的教育模式和方法与中国差别比较大。他们以开放式引导启发为主，学习完全靠个人自主性。课堂上需要主动参与。若孩子在国内以背诵方式为主，或通过被动的方式获得好成绩，出国后将会面临学习障碍。不熟悉自主学习，又不能主动参与课堂讨论的孩子，应慎重考虑留学事宜。

第六，兴趣与专长。国外学校对学生的选择，除根据学习成绩外，学生的课余活动、兴趣与专长、社区活动、获奖情况等都会列入评估。这个要求远超中国的应试教育。

对照以上六点，我们一起分析了女儿留学的可行性。很显然，英语水平是瓶颈。女儿主动提出，目前当务之急是把英语学好。

女儿自己思考后得出的"投资论"和"经历论",说服了她爸爸,消除了我的摇摆。通过对照留学六点,她找出了自己的差距,主动要求学好英语。这样的效果是家长强迫学习所不能比的。

留学还是不留学?如果选择留学,什么样的孩子是合适的?这是家长必须左右掂量、深思熟虑的问题。

在孩子自己愿意的情况下,留学的好处显而易见,能极大地开阔眼界,真实体验多元文化,锻炼独立思考能力,以更全面的眼光理解人性和社会,更加关心和热爱祖国。另外,发达国家的教育方式、理念、教学设施也比较先进。国外大学开设的专业非常广泛,很多专业在国内还是空白,或者国内同等专业不被国外普遍承认。

但是,留学的弊端也必须引起家长足够的重视。您的孩子有吃苦的心理准备吗?英语水平和国内的学业够强吗?自主学习的习惯养成了吗?家庭经济宽裕吗(即使有奖学金,生活费、书本费、保险费、旅游费等仍是一笔大的开支)?如果这些答案是否定的,我认为您的孩子不适宜留学。我女儿出国后,多次跟我提起"管理自由"的问题。20岁不到的孩子,一直生活在家长身边。突然间,漂洋过海,远赴异国他乡,"庞大的自由"让他们无所适从。如果家长的规划做得早,与孩子沟通到位,那么,有脑子的孩子能够管理时间、管理思想、管理学业,能够承受异国他乡的孤独和寂寞。但是,自控力差的孩子在学业、交友等方面则让人很不放心,甚至可能在社会交往中触碰毒品,从而完全改变人生的轨迹。

第三章 ▶ 放弃美国高中

女儿真的打算出国留学了。

首先面临的问题是去哪个国家。我曾经在澳大利亚学习过,考察过墨尔本的中学,而且有澳洲朋友可以帮忙,这是重点考虑的国家。我先生的学生在英国工作,在南安普顿有很大的房子,他们夫妇主动提出可以到他们那里读书。加拿大的公立高中也很好,费用低,质量高,我朋友的妹妹在那里工作。唯独没考虑美国,那时我们的感觉是美国签证难。我们优先考虑的是安全问题,比如有没有熟人照顾;教育质量如何,好学校多不多;整个出国过程难不难,签证复杂程度如何。而女儿的主意是去英国。她说英国充满了贵族气息,神秘的福尔摩斯老房子,悠扬的英格兰风笛,暗红格子的短裙,那些英伦味儿是她的最爱。我们尊重女儿的想法,但是,她对英国的选择还是在感性层面,家长要作更深入的思考。

我们开了家庭扩大会议,好好议一议,究竟去哪个国家比较适合我家孩子。我们把每一个英语国家的总体情况和我们的选择理由摆出来,用SWOT(优势、劣势、机遇、挑战)方法逐个分析。争论了半天,似乎每个都好,但又都存在不尽如人意的地方。我弟弟去过许多国家,欧洲、美国都待过,因此,他对这些国家的评价带有亲身的感受。他说:"你们看世界大学排名,大多数是美国的。美国是世界上教育最发达的国家，这是无可争辩的事实。欧洲有深厚的文化底蕴，但是，太缓慢，而且有排华情结。欧洲是旅游的好地方，但读书还是美国好。选择留学国家，不仅仅是选择学校，还是选择一种生活方式。"于是，我们再把美国、加拿大、英国、澳大利亚讨论了一遍，最后，一致同意去美国留学，因为美国是世界上最先进的国家，积聚了世界上最优秀的人才，著名大学最多，虽然这是开家庭会议之前从没想过的国家。既然留学是去读书的，那么就选择教育水平最高的国家吧！

转眼到了国庆节。我在报纸上看到了美国56所私立高中在上海的招生宣传，地点在浦东香格里拉酒店。吃了晚饭，我们三人一起前去。车外，霓虹灯闪烁，车水马龙，我们的心像热闹的夜景一样，十分兴奋。

一进入富丽堂皇的香格里拉酒店我们就傻了眼，因为前期没有研究过美国的私立高中，而现在56所美国私立高中，展位一个挨着一个，每一所学校都把自己说得很好，我们眼花缭乱，不知如何选择。我们像盲人摸象一样，凭感觉在十几个展位留下了自己的信息和联系方式。

我们在印第安纳州的一所学校前稍作停留。这时，一位中年白人老师站起来，用英语和气地说："我是这个学校的校长，你们可以叫我肯尼迪。"他拿出一张表格让女儿填，并且说："如果有意向，可以面试。你到10:00来找我，前面还有几个要面试的。"我马上说："好的，好的，面试吧。"我很想测一测女儿的英语水平。

我们到别的展位逛了一圈，最后来到一个女校的展位前。该校除了美国的招生代表，还派了一位中国代表，她是学生家长，她女儿从上海外国语大学附属中学出去的。我们聊了一会儿，我不太喜欢女校，认为单一性别不利于孩子成长，而且，将来的校友也有限。

我们来到离肯尼迪校长不远的一个摊位，发现他正在给一位女生面试。我听不到他们在讲什么，但我看到那孩子回答问题结结巴巴，而肯尼迪校长始终微笑着听她慢慢比划着讲。过了一会儿，又一位女生面试，她的英语真溜啊，我也听不到他们讲什么，但是，我看到她很轻松地回答着问题。

大约过了20分钟，女儿看他们谈得差不多了，就走了过去。肯尼迪校长看到她，有礼貌地请她坐下，问她叫什么名字，在哪里读书，学校里有什么好玩的，自己的兴趣是什么，有没有参加社会实践，有几个朋友，他们的情况怎样。女儿一一作答。女儿还说中学旁边有个教堂，她曾和朋友一起去那里听圣歌。校长非常高兴，询问是天主教堂还是基督教堂，女儿说是天主教。校长高兴地说："我就是天主教徒啊。"他还告诉女儿他的生日在4月，女儿说她的生日也在4月。他哈哈大笑："我们有太多的共同点啊！"肯尼迪校长又问家长做什么工作，女儿一一作答。他很满意，向我招手，示意我走近些。他说："你的女儿非常优秀。你有什么要问我吗？"我主要问了安全问题。

回家的路上，我们很兴奋。我对女儿说："没想到你的英语还真不错。"她说："那是因为我有话可说。但是，我用的句型还比较简单。如果我词汇量更大，句型多变些，那会更好。"我说："看来，今天的面试效果挺好，关键是让你学习英语有了自信心。"

接着，我在网上查了这个学校的情况，似乎不错。我给肯尼迪校长写了封信，再次询问学校的安全情况。很快，他回信了：

I remember Chong, and was very impressed by her. Our school is located on a rural campus about an hour from Chicago. It can only be reached by car and security here is very good. Because there is not a lot of traffic, we see who comes near our campus. Sometimes people get lost on these roads, but usually they just turn around before coming through the gates. We take campus safety very serious. We also want to make sure we have good kids in our community. We know our kids very well and we are fortunate that we are free from some of the troubles we read about in other schools. Those issues would likely not happen here because of the way our program is set up. If you would like more information, I would be happy to provide it. I hope Chong is strongly considering us and that she gets her information in to us as soon as possible so I can consider her. （冲给我留下了深刻的印象。我们是一所郊区学校，离芝加哥一个小时的车程，到我们学校只能开车。我们学校的安全很好，因为这里车辆少，谁靠近学校我们都看得到。有时校外的人迷了路，但是，通常在进入校门前就转身走了。我们十分注重校园安全，我也可以肯定地说我们学校的孩子都非常好。我们很了解孩子，并且很庆幸没有遇到报纸上讲的其他学校的一些麻烦事。那些不好的情况不可能在我们学校发生，因为我们建立了安全程序。如果您需要其他信息，我们将乐意提供。我希望冲认真考虑我们，并尽早将她的个人信息传给我们，这样，我会尽快考虑她。）

我真的喜欢这所乡村学校和这个充满绅士风度的校长，于是，我回了信，表示女儿正在认真考虑他的学校。过了几天，我们收到肯尼迪校长的一封信，欢迎女儿就读他的学校。他还邮寄了纸质的学校申请表格，要求女儿如实填写。其中有目前就读学校老师填写的表格和推荐信，女儿带到学校请数学老师、英语老师、班主任填写后，麻烦英语老师翻译成英文并直接邮寄到肯尼迪校长的学校。

陆陆续续地，女儿还收到别的登记过的学校的来信和申请表格，她都一一照办了。

美国的女校非常细致，招办还请了一位家住徐家汇的上海学生给女儿写了信，详细介绍了她在美国的学习、生活情况，热情洋溢地希望女儿做她的同学，她会照顾我女儿，将来还可以一起去美国，一起回上海。说实在的，那一刻，我有点心动，不再排斥女校，因为这类学校充满了感情去召唤未来的可能的学生。

又过了一个月，肯尼迪校长和女校都给女儿发来奖学金申请表。肯尼迪校长说他们的平均奖学金是一年两万美金。

终于，女儿收到了三所中学的录取通知书。让我们意外的是，肯尼迪校长竟然慷慨地给了女儿一年三万美金的奖学金，并要求她赶紧办理签证，下个月即可赴美读书。

我给在芝加哥工作的朋友打电话询问这个学校如何，她为了解答我的问题，周末带着地址，特意开车一小时去考察。她告诉我，学校坐落在风景优美的山坡上，穿过周边低矮的灌木丛，有一条通向外面的马路，安全绝对不成问题。校园面积不大，红色的教学楼和白色的宿舍楼很精致，掩映在鲜花绿草之中，是读书的好地方。朋友估计这里华人不多，离大城市远，不知孩子是否适应？

吃晚饭的时候，我把掌握的信息告诉女儿和先生。我看到了他们的不安。犹如恋爱中的一方突然说要结婚，虽然双方都知道恋爱之后应该结婚，但是，真正面对婚姻的时候，他们害怕和退缩了。我至今都记得女儿坐在餐桌旁，身体微微一震，说："太突然了，我没有心理准备。"我先生也感到很突然。他说："女儿从来没有住读过，现在突然到那么遥远的地方生活，安全问题、交友问题、学业问题、文化适应问题，都让人焦虑。"其实，我也很舍不得孩子这么小离开家。于是，纠结了几天后，我们放弃了美国高中。

女儿有礼貌地给三所高中回了婉拒信，尤其感谢肯尼迪校长的厚爱，没能成为他的学生也是她的遗憾。等再过两年长大些到美国读大学，也许还能见到肯尼迪校长。

同时，我们也清醒地意识到，带有高额奖学金的美国高中录取并不代表女儿足够优秀，更不代表她将来一定能申请到好的大学。在女儿申请美国高中的时候，整个留学的气氛远远不如今日浓厚，去美国读高中的人更少，再加上该校处于中部的印第安纳州，地理位置偏僻，可能由于生源问题,学校可筛选的学生不够多,竞争自然不那么激烈;另外,面试是录取的重要原因,肯尼迪校长与女儿的交流非常顺畅、有趣,在天主教和生日话题上的共鸣一定给他留下了极其深刻的印象。这与女儿的机智和开朗有关,但也可能具有相当大的偶然性。再加上那是在金融危机发生之前,学校的经济比较宽裕,他们才给出了高额奖学金。当然,这都是我个人的推测,不过这个推测确保了我们以严谨、认真的态度对待即将到来的大学申请。

女儿放弃了美国高中这件事涉及家长们关心的三大问题。

第一,孩子多大留学比较合适?

最近一则新闻有理有据:随着"洋高考"日益盛行,出国留学也日趋年轻化。一份针对全上海50所市实验性示范性中学的调查显示:43.2%的受访学生表示将会在本科阶段留学,42%的学生表示将会留在国内完成本科学习,11.3%的学生表示将会听从家长安排。对于家长而言,不同的人有不同的思考:第一种,越早越好,出国念初中或高中,学得地道的语言,融入当地文化;第二种,国内的基础教育好,国外的大学好,所以,在国内完成12年教育,出国念大学;第三种,在国内读名牌大学,出国读研,那时孩子成熟了,有了自控力和判断力。这三种考虑都有道理。

我个人认为,在孩子能够"管理自由"、家庭经济许可的情况下,高中毕业后出国读大学比较为宜。一是经过了国内12年扎实的基础教育和中华文化的熏陶,孩子基本能够判断"我是谁"、"我来自于哪里"、"我要到哪里去"这些哲学命题。二是发达国家高等教育的师资力量、课程设置、评价体系、校园设施目前优于国内大学包括名牌大学。初中留学太小,如果没有可靠的监护人,情感上的寂寞、学习方式上的不适应、对日常生活的料理，会把十多岁的孩子压垮。大学毕业后虽然是成年人，但是，从国内出去申请国外名校研究生比较辛苦而且难（"牛人"除外）。国内大学四年，要拼GPA，要学习TOEFL、GRE（美国研究生入学考试），还要参加科研，最好发表论文，孩子将会十分忙碌。而在国外读本科的孩子要申请研究生则简单得多。只要平时追求高的GPA，大三或大四上学期考GRE即可。由于他们在英语国家学习，一般花20天左右就可考出比较高的GRE。大学里有写作中心，会帮助学生改简历和申请文章。欧美国家的本科学历比国内大学有录取优势。再加上他们读研不存在语言和生活的适应期，显得很从容，游刃有余。

或许有家长认为，孩子在国外念本科，缺少国内同学的人脉关系。其实不是这样的。我女儿认识许多来自国内名校的研究生。比如，她有一个本科毕业于清华的师兄，是女儿学校核工程专业的博士生（国外大学本科可以直接申请博士）。他在国内出版过小说，还是一个乐队的主唱，精通很多领域。女儿说，能遇到这样的同学，是人生的一大幸事。聪明的人不要别人手把手地教，甚至不要别人点拨，只要细细观察、揣摩，研究别人的思维方式，就能转变为自己的。这就叫站在"牛人"的肩上。而且，这些"牛人"又会把她带入他们的圈子，这是国内大学以院系为主体安排学生的模式下难以获得的成长资源。

第二，留学前多久开始准备？

曾经有位美籍华人家长写过一本书——《人生设计在童年》。可见，在可能的情况下，准备得越早越好。当然，中国人常常是"计划赶不上变化"。我认为留学准备至少在孩子高一的时候开始。曾有位家长问我，孩子高三了，想留学，怎么办呢？我说，已经来不及按时读国外大学了，只能先上国内大学再转学吧，或者以后去读研究生。还有位家长，在上海做生意，孩子在我们学校读高二，非常优秀，年级前五名。但是，孩子没有上海市常住户口，家长也不是引进人才，孩子被告知不能参加上海市高考。他们急得找学校，可是，这是国家政策，谁能帮得了她呢？好在，他们家境不错，我建议她赶紧读雅思（IELTS，国际英语语言测试），到国外读本科。这个聪明而用功的孩子用三个月的时间考出了6.5分的雅思成绩，我帮她申请到加拿大著名的医博类大学。加拿大大学分医博类、综合类和基础类，大多数名牌大学不仅要会考成绩，还要中国的高考成绩，因此，没有高考成绩的孩子要提前认真选校，并与大学沟通。

第三，去哪个国家留学？

当孩子确定要留学后，这个问题就必须摆上议事日程。或者说，这是留学准备的一个重要组成部分。美国、加拿大、英国、澳大利亚、新西兰——老牌的英语留学国家；德国、法国、荷兰——老牌的欧洲小语种兼英语留学国家；新加坡、马来西亚——新兴的讲英语的亚洲留学国家；日本、韩国——发达的小语种近邻。给这些国家列一张表，写上去留学的优势和劣势，也许您会无所适从，真是各有各的好处，各有各的不足。怎么办呢？家长要根据自己的经济状况，既要考虑到家庭对孩子的设计，也要耐心倾听孩子对未来的打算，全家人一起好好筹划去哪里留学。您可以向亲戚、朋友、"亲戚的亲戚"、"朋友的朋友"打听，也可以通过网络了解那些地方。网上有许多论坛，也有许多热心人。当然，网上资讯丰富，但良莠不齐，需要您精心比较、筛选，去伪存真，认真为孩子选好留学国。去哪个国家都不错，关键是家庭的留学目的和留学条件。

如果让我提建议，我选择美国，因为美国是世界上科技和经济最发达的国家，孩子留学的目的是学知识，美国有4000所大学招本科生，您可以根据家庭的留学目的选到各种大学。只要学到真本领，将来一定会有前途。我女儿的大学老师说，你们找工作，要把握机会。机会在哪里，你们的工作就在哪里。孩子学到了真本领，无论在世界的哪个地方工作，还愁实现不了理想？如果您家的留学目的是移民，我建议选择加拿大、澳大利亚、新西兰。不过，不是说到这些地方读了书就能移民，只是它们是传统的移民国家。在这些国家念完书后，必须找到工作，然后打分，达到分数要求，才有可能做经验移民。这些国家人口不多，工作机会也不多，因此，家长要充分考虑。选择留学国家也就是选择了孩子未来的生活世界。

第四章 攻克TOEFL

女儿依旧忙碌,单高中学业就够忙的,她还要课外读英语。我比她可自由支配的时间多些,研究美国大学的任务更多落在我的身上。

我把美国大学的录取要求分为硬件和软件。硬件是好的学习成绩——TOEFL、SAT、GPA,软件是学生的综合能力——丰富多彩的课外活动、竞赛获奖、研究经历、社区工作等等,体现的是学生的综合素质和社会责任感。多多益善!

对着这些要求,我们着手一一实施。

英语是必须攻克的拦路虎。

女儿开始读的是雅思,因为我周围所有人都认为雅思比新TOEFL好考。学了半年后,我与她商量,想让她改学TOEFL。我的研究发现,TOEFL虽然难,但是,只要能考出高分,非常有利于在美国的学习。与其将来到国外吃苦,不如先在国内吃苦。不少家长认为孩子在国内学不好英语,到国外自然会学好。事实根本不是这样。多花钱不说,国外学语言环境并不好。想一想,语言班上都是英语不好的孩子,他们在一起,怎么可能互相促进呢?所以,对我而言,让女儿在国内过语言关是出国的首要条件。

女儿同意了我的建议。每个周末两天的时间,女儿都在大学里学

TOEFL课程。因为她是中学生,无论是词汇、语法还是写作的思想深度,都不能与准备出国读研究生的大学生相比。我对她的英语水平心中没底,于是,在她学TOEFL三个月的时候,我给她报名考试,测测她的水平究竟如何。

我们把她送到考场门口,她要填表,拍照片,说我们在旁边东张西望影响她,于是我们就离开了。因为TOEFL考试要从上午考到下午,中间几乎没有休息,我要去给女儿买些吃的。她爸爸说:"昨晚她自己就准备好了,带了巧克力、小蛋糕、水。"

我们无所事事,到一家本地餐馆吃中饭。大约下午两点钟不到,她打电话说:"考完了,快来接。"我们听到"指令",没吃完饭就结账走了。我问她考得怎样,她说:"不知道好坏。"她爸爸白了我一眼:"你就知道问考试,也不让孩子歇歇。"

第一次考TOEFL虽然以失败告终,但她熟悉了TOEFL题型,这是很好的尝试。

她几乎没有休息,第二天就开始了TOEFL学习。她比以前更加刻苦,经常学到深夜一两点,我一觉醒来,看见她房间的灯还亮着。我悄悄走过去,发现她不是在背"红宝书",就是在做阅读,或者在练听力。TOEFL老师也抓得很紧,周边的同学一个比一个厉害,这样的氛围促使她不断上进。我心疼孩子,怕她撑不住,说考不好以后再考。她说不会的,人只要有了动力,身上会有无穷的潜力。

出国不仅要学好英语,还要保持高的学校功课平均分,就是美国大学要求的GPA。为了保持数理化的强势,我们请了数学家教,超前学习。

女儿真的很忙,她白天要去学校读高中课程,完成铺天盖地的试卷和一次一次的周周练和月考,做完功课后才能学TOEFL。我看她越来越瘦，1.71米的个子才88斤。

为了能给女儿一些帮助，我自己开始研究TOEFL，并把我的研究心得与女儿分享。

新TOEFL与旧TOEFL相比，有其自身的亮点，它使外国学生真正能进入北美课堂。过去，不少旧TOEFL高分者，在专业课程学习初期，尤其是前三个月，仍然处于失语期，而新TOEFL在这方面有很大的改进。综观已经考过的试题，如下方面值得注意。第一，阅读。试题的学术性相当强，特别在生物、政治等领域涉及比较多。考生除了多做相应的题目外，还要背诵学术词汇手册。第二，听力。话题范围广，要求考生的知识结构比较完整。平时对各种知识都有所涉猎，其中生物话题频率比较高，考题重复比较多。听力与阅读有比较大的关联，尤其在知识面上。第三，口语。各部分难度跨度极大，且范围广，学术内容深入。平时要进行限时口语训练。第四，写作。从2008年3月15日开始，有8道题与2006年第四季度和2007年第一季度重复，有6道题与旧TOEFL185作文题库的题目非常相似，因此，考生可以看过去的考题。但是，特别要说明的是，新TOEFL的作文不是直接给你题目，而是需要考生听一段内容，看一段文字，再结合所听和所看的内容进行写作。因此，新TOEFL是听、说、读、写综合在一起的一项语言测试，只要其中某一技能比较弱都会影响整体分数。

女儿说我的研究和分析对她很有启发。她也把自己的学习心得与我分享。她说，虽然她已经摸索出了一些适合自己的学习方法，但是，踏踏实实打好基础，再加一些技巧会更好。一味谈考试技巧是不行的。

新TOEFL总分120分，听、说、读、写各30分。按美国大学网上的要求，80分就可以申请前50名的大学了。即使申请研究生，80分也够了。当然，这是最低分数线，实际录取可能要高些。经过半年的学习，女儿的TOEFL突破了100大关。这样的TOEFL成绩可以申报全美所有的大学。她现在的英文水平确实挺高，国内的英语六级试卷在她的眼里也比较简单，她听英文原版电影几乎像听中文电影一样容易。

女儿曾给我写过一封信说，她到美国后发现训练TOEFL对大学学习帮助非常大。写论文使用的是TOEFL作文的写作思路。口语部分和上课发言基本一样。听力里出现的场景也都会真的出现在生活中。比如有个关于借书的听力题，学生想借书，这本书只能在图书馆使用不能带出去，但图书馆要关门了，于是图书管理员说你可以把书借走一晚上，明天早上图书馆开门的时候还回来。而实际生活中，学校的图书馆确实有这个政策，于是这段对话就能用上了。可见，出国前的TOEFL学习马虎不得。

TOEFL考不好怎么办？ 这是大多数打算留学的孩子和家长不得不面对的问题。

回想女儿的TOEFL之路，英语基础较差的她竟然能过100分，说明家长只要调动了孩子的主观能动性，他们的潜力就能充分发挥。

面对孩子的困难，家长不能只是干着急，而要想办法，给孩子切实可行的帮助，比如学法指导以及对历年考题的研究，总结出一些规律。倘若家长没有能力，也可以借助辅导班老师或朋友的力量。当然，家长不能替代孩子，背单词、做阅读、去考试，这都是他们必须面对的。家长能做的毕竟是服务性的外围工作。

当孩子考试失败的时候，家长要安慰、鼓励孩子，帮助孩子寻找主客观原因，而不是一味责骂或冷暴力。我女儿第一次考TOEFL从考场出来，我没有说"孩子辛苦了"，而是忙着问"考得怎么样"，这些行为都是不妥当的。家长要将心比心，站在孩子的角度体会他们的不容易，这样，孩子和家长就容易产生共鸣，家庭会更和谐，团结产生的力量会更大。一次在网上论坛看到一位大学毕业生的"控诉"：他考了三次TOEFL都没达到100分，妈妈说他"烧钱"，爸爸说他"没用"，催促他快点就业。但是，由于准备出国读研究生，他已经错过了找工作的机会。他很苦恼，说要离家出走。我回了他一个帖子："失败是成功之母，希望你能坚持，你一定会成功的。另外，你肯定是个对自己要求苛刻的孩子，90多分的TOEFL一样可以申请研究生啊，你未必非要考到100分，非要申请到排名前多少的学校，美国每个大学都有它闪光的地方。至于家长的抱怨，你可以理解为对你的鞭策。世界上每个家长都是爱孩子的，这点你要相信，因此，你不要怨恨他们，更不能离家出走。家长花了多少心血把你培养到大学毕业，你一走了之是不负责任的表现，他们会急死的。你可以把自己的苦恼与他们沟通。沟通是解决问题最好的办法。"我不知道这个家庭后来怎么样了，我多么想对他的家长说："你们的抱怨有什么用呢？你以为孩子愿意多次考TOEFL吗？他的心理压力你们体谅了吗？如果他真的离家出走了，你们哭着刊登寻人启事又有什么用？不如给孩子一些温柔的开导，甚至一个温暖的眼神，一个无言的微笑。"

第五章 备考SAT

要申请排名靠前的美国大学，要拿奖学金，必须有SAT成绩。

一般而言，TOEFL是针对非英语国家学生的英语水平考试，而SAT是美国高中生的学业水平考试，俗称美国高考。SAT包括SAT1和SAT2两种考试。SAT1主要测试阅读、数学、写作，SAT2测试数学、物理、化学、生物、历史、地理等等，考生从中选择三门进行考试。SAT1和SAT2考试与中国高考"三+X"有些相似。在美国人看来，如果说TOEFL代表一个外国学生的英语水平，那么，SAT则代表他/她的学术水平和聪明程度了。

我与好几个外语界的朋友讨论，TOEFL和SAT是分开学还是双管齐下，他们各执一词。TOEFL比SAT简单，分开学的话，循序渐进，既能打好基础，孩子也学得轻松些。当然，TOEFL和SAT的词汇在难度上并不完全递进。如果TOEFL和SAT同时学习的话，孩子的压力要大许多，像两座大山同时压下来，他们需要更大的力量去努力。但是，如果等TOEFL考出来再花几个月的时间学SAT，时间上不一定允许。在报名考SAT的时候，我们不敢把成绩免费送给打算报考的大学，怕万一考得不好给学校留下不佳的印象。而考完试到成绩出来还要20天左右，所以说，分开考的话时间非常紧张，而且不允许有失败的考试。美国大学要提前大半年申请，样样都要早作准备。正如谚语所言："早起的鸟儿有虫吃。"

我们最后采取了折中的办法：先学TOEFL，在英语能力比较强但还不是很强的时候进入SAT学习。实践证明当初的选择是对的。由于有了较好的TOEFL基础，女儿的SAT学习很快进入了状态。但是，对美国文化的不了解却不是一时三刻弥补得了的。写SAT作文，她可以用严密的逻辑证明自己的观点，但是，却很难挥洒自如地运用美国的俚语、典故、名家、名篇。为了改变这种现状，我们采取的"急救"办法是读关于美国历史、地理的英文简写本，写读后感；看欧美名著改编的英文版电影，看《大国崛起》类的中文影视作品，写观后感。这样既能开阔视野，又为写作积累素材。当然，我寥寥数语的勾画似乎很轻松，其实整个过程是相当紧张而艰苦的。女儿除了背诵SAT词汇、做真题外，其余的时间都泡在读书、看影视作品中。令人高兴的是她取得了显著的、立竿见影的成效。她集中精力在较短时间内强化SAT1就达到了名校的录取标准，而美国孩子一般要准备一年的时间。至于SAT2，对于有了SAT1基础的中国学生就是小菜一碟了。

女儿真的很忙，根本没有时间顾及学习以外的事，因此，报名考试之类的小事就由我操办了。说是小事，对没有经验的我而言一点也不简单。

SAT在中国大陆没有考点，最近的在香港。如果香港的考点满了，只能去新加坡、马来西亚等地，很麻烦。所以，我要及早报名。

当时我不会在collegeboard（SAT考试官方网站）上面报名，只能慢慢摸索。从"太傻"网上查得别人的报名步骤，欣喜若狂，按照该步骤提示，一步一步填好表格。可是，报名需要存有美元的VISA卡，因为我事前不知道，只能中断报名，到中国银行办了双币卡。20天以后拿到卡，重新上collegeboard报名，可是，在付款的时候又碰到障碍，连试几遍都失败。我只得求助一位朋友，她以前给她女儿报过名。在她的指导下，我知道了需要填写VISA卡反面的安全码。

　　单一个小小的报名环节，竟然花了我一个月的时间。现在看来这是很简单的一个操作步骤，但在摸索阶段真是焦头烂额。

　　女儿要去香港考试，那是我家的一件大事。本来，我和她一起办了赴港通行证，打算陪她去考试。但是，她变卦了，坚决不同意我陪着。她说："我以后去美国你也陪着吗？"可是，她从来没有一个人出去过，家长难免不放心啊！她反驳道："每次和你一起去旅游，收拾东西的是我，带路的还是我。究竟谁陪谁呢？""好吧，就让她一个人去吧。"她爸爸支持。但是，由于是第一次出家门，我们采取了折中的办法：她爸爸给香港的朋友打电话，请他接机。

　　女儿乘坐的是中午的航班。我看见她检完票后，头也不回地走了。我们在验票处站了一会儿。我先生说："走吧，从这一刻开始，她就能天涯海角了。"我的泪水涌出眼眶："是的，鸟儿还没长大就可以飞了。"

　　傍晚，第一次独自出远门的女儿兴奋地打来电话："陈叔叔给我订了个大宾馆，床好大，就我一个人住，很奢侈的。"她还说，她下了飞机就买了香港电话卡，这样可以方便与家里联系。

　　SAT1考试时间长，不仅是考智力也是考体力。我叫她早点休息。事后她告诉我们，晚上，她带着从googlemap上查好的地图，到考场踩了点，这样，第二天早晨心中才有数，不会走错路，也知道留多长时间到考点。考试当天，约7:30到考点，核对自己的姓名和座位编号，并把座位编号记在准考证上。7:45带着护照和准考证进考场，找到自己的位置安静就座，准考证放在桌面上，监考老师会为学生登记报到。进入考场后，不可以随意离开座位，不可以与他人交谈，也不可以去洗手间，如需要离开座位，一定要得到监考老师的同意。8:15监考老师宣读考试规则。8:25—8:45，学生填写问题簿和答题纸上的信息。8:45正式考试，到13:00左右结束。

考试过后的下午，她打来电话告诉我们，陈叔叔说当天回去太急，给她订了两天的房间。她现在正和几个刚结识的"考友"去海洋公园玩。看来，家长的担心是多余的，现在的孩子会学习也会玩。

经过了这一次香港考试，她认为自己潜力无限，完全能应付外面的世界。

第二次去香港考SAT2，我们不再出谋划策，也不再担心了。她自己在携程网订了打折的来回机票、选择离考点近的旅馆、打印googlemap上的地图，从浦东机场国际通道安检，到香港出机场，一切都显得游刃有余。她后来告诉我，从香港机场出来后，本来她在网上选择了一辆直达宾馆的机场大巴，100港币。可是，她没找到原先订的那辆，只得问路人。那人既不会普通话，又不会英文，他们无法交流。无意中发现不远处有辆市内大巴，一问，途经宾馆，才20元港币。她说："好多事情都不是你预设的，要有应变能力。"没有人接机，我问她刚下飞机心里慌不慌，她说有点，但不厉害。

这一次的考试地点与上一次不一样。下午，她依然去考场踩点。她给我打电话说："这个考场好破啊，比上海差多了。"两个小时后来电："我吃了海鲜面，非常非常好吃。"一个小时后来电："我已回宾馆。香港的夜色不错，比上海更具国际特色。"真是个孩子，事无巨细一一汇报。可是，晚上11:00她又来电："我给服务台打了电话，请求morning call（早晨叫醒电话）。"我急了："你还不睡？明天怎么起得来？早上不要退房，时间紧。"但是，第二天一大早，她还是退房了。

据她说："很快就办完手续，没必要浪费几百块钱。"她把行李寄存，考完后，约下午两点，到宾馆取了行李。

她拎着行李箱，沿着街道走向去机场的大巴。因为时间充裕，她还到紫荆广场兜了一圈。

她晚上8:00左右从香港机场出发，回到上海快11:00了。上海下着毛毛雨，她穿着短衣短裙，瘦高的身影有些哆嗦。我说："这次没有陈叔叔接，是真正的独立出行，感觉如何？"她说："这点算得了什么。大人们总是低估孩子的能力。"

先考TOEFL后考SAT？两个一起准备？还是先考SAT后考TOEFL？

这是我们曾经纠结过的问题。我女儿考SAT的时候，去香港考试的大概只有几千人。最近听我的同事讲，2012年10月6日她陪孩子去香港考SAT，大概有六万多人，宾馆爆满，考场前人山人海，跟国内高考一样拥挤。看着一浪高过一浪的留学潮，我估计TOEFL和SAT的考试顺序可能仍会困惑一些家长和孩子。

关于TOEFL和SAT的顺序问题，我的建议是要根据每个孩子的基础以及备考时间是否充裕来决定。如果孩子基础不好，时间充裕，先考TOEFL，再考SAT，循序渐进。如果孩子基础扎实，备考时间不多，可先考SAT，把难的拿下后，估计用较短的时间就可考过TOEFL。如果孩子基础一般，备考时间不多，可先学TOEFL，在学得较好时开始学SAT，考完TOEFL后，再集中精力冲刺SAT，即双管齐下。

如何报名SAT？

如果您没有找中介机构，而是自己报名的话，家长要重视时间和细节。报名程序看似简单，但对于没有经验的家长和孩子而言，要在报名前多请教，或者在网上多研究，而不能为此浪费一个月的时间。如果家长确实不懂,孩子又没有精力报名,也可以在学习SAT的培训班请老师帮忙。另外,考试的学生很多,有的时候报名晚了就没有考位或要到香港以外更远的地方考试,因此,家长对报名问题要放在心上。

去香港考试要家长陪同吗?

孩子独自出远门考试,家长一千个不放心。事实上,车到山前必有路。当适当的担子搁在孩子一个人身上的时候,他们自然能扛下。所以,对家长而言,在收集信息上,要早作准备,集思广益;在对待孩子上,要放心大胆地给他们压担子。

上一章和本章我主要介绍了TOEFL和SAT的学习情况及有关注意事项,在此,我还要特别指出——无论怎样强调在国内学好外语的重要性都不为过。

> 无论怎样强调在国内学好外语的重要性都不为过。

我有一个朋友,儿子是某省最好的重点中学的文科高才生。朋友夫妇偶然听了中介讲座后认为国外大学比国内大学好得多,在孩子开始不知情、其后不愿意的情况下,苦口婆心做其思想工作,动员他出国念大学。最后,在没有学习TOEFL和SAT的情况下,由中介把孩子送到了美国一所不知名的大学。以下是他转发给我的一封信,他本想告诉我留学生家长多么不容易,我由此看出的却是由于孩子没有在国内接受国外大学所需要的扎实的英语学习,结果给大学学习带来了极大的痛苦。

儿子,听你妈妈偶然提及她辛辛苦苦寻找、整合甚至晚上睡梦中也在看的教学视频,寄到美国后你根本没有看。我猜测是你太忙还是这些视频不对路?希望你与妈妈沟通,她可以根据你的意见进行调整。

我了解你在新学期要学习统计学、微观经济学、世界区域地理、社会问题、计算机课程。前四门概念多，比较抽象，计算机应该是偏向于应用的，因此，你可能会出现比较大的学习困难。我想，你要有充分的面对困难的思想准备以及解决困难的决心、毅力与方法。

其实，你现在正在面对前所未有的新情况：从国内到国外；从家长陪同走向单独奋斗；从中学走向大学。前两点你做得不错，但是，从中学走向大学，遇到的许多情况应该是始料未及的。我和你妈都是从国内名牌大学毕业的，虽然国内与国外有一些不同，但是不少情况是相同的。大学主要培养人的动手、独立思考、沟通交流、寻找资料、社会调查等素质，教授们上课速度极快，主要介绍本学科的基本情况、主要学派、主流观点，海阔天空的，不可能如国内中学老师那样反反复复。因此，大学生就是按照教授提供的书单，或者自己上图书馆找同类专业书，大量阅读积累。我过去用卡片抄录要点，你现在可以扫描后存放在计算机内。只有多看，才能有比较，才能说出自己的见解，甚至写文章。

至于你现在遇到的困难我自然是能够理解的。阅读大部头的专业书，用非母语文字来看，又是一堆陌生的名词、概念，是很痛苦的事，所以，建议先看中文专业书或者视频，弄清楚那是怎么回事后，再听课、看外语专业书，有了大致方向感就能相对轻松些。不然，听天书一样，消化特别累。对于那些名词、概念，不明白的，当场问教授——美国老师应该是喜欢的，认为你喜欢他的课啊。还有不懂的，上网查，或者看中文专业书帮助理解。实在不行，你发邮件给我，我让人帮助你。

事在人为，就怕茫然或者回避。爸爸相信你能够处理好。这，只是建议。

我和你妈经历过大学以及社会工作，多少有些经验教训，与你分享，希望能够成为你的财富。同样，你也经历了一个学期，也请你把自己的感受以及你的想法告诉我们，我们在长见识的同时，也能为你出出主意。这不是双赢吗？所以，我希望你把所学的东西甚至专业知识与我们交流，因为我们也愿意同步学习你的专业内容，以便帮助你并提高我们自己。

作为父母，我们不能代替你走路。但是，我们愿意做你前进道路上的拐杖啊！

这是一封令人潸然泪下的信，拳拳父母心跃然纸上。但是，想一想孩子在国外为什么痛苦？究其原因，他缺少必需的语言准备。一个只有国内高中英语水平的孩子，要学地理、社会学等专业课，何其难。事实上，留学生家长根本做不了孩子学习上的拐杖。朋友建议儿子看中文专业书或看中文视频，但是，国外的教科书大多是授课老师自编的讲义或指定的专业书，并不是中文教材的翻译。听我女儿讲，一进大学，老师就要他们阅读《自然》（Nature）、《科学》（Science）杂志上的文章，作业是写文章梗概，过了一段时间，要对文章的观点进行评价。所以，我真的不知道读中文专业书和看中文视频能给孩子多大的帮助。另外，如果帮助很大，孩子为什么不看呢？他可是省内最顶尖学校的文科生，难道他不知道学习方法？我没有与朋友的儿子交流过，但我有把握说，学好外语将为未来大学的学习扫清不必要的障碍。

第六章 一波三折的选题

TOEFL和SAT考试成绩的达标只是符合了美国大学名校的硬件要求，这是可量化的。比如，TOEFL最低100分，SAT最低2000分。如果达不到，可以再考一次甚至几次，这比中国的高考"一考定终身"要人性化，也减轻了家庭破釜沉舟的压力。可是，软件的准备却不是一蹴而就的，需要较长时间的积累。好在，我们从初中就开始涉猎了。

女儿担任过外宾导游，带领他们去上海的豫园和大观园、苏州的寒山寺和拙政园等地，锻炼了她与外宾打交道的能力和口语能力；她与大学生一起策划并实施了帮助进城务工人员子弟的活动以及与西部小学"手拉手"活动，锻炼了她的组织能力，并体会到社会弱势群体需要关爱；她到养老院做义工，培养了社会责任感和尊敬老人的爱心；她到投资公司实习，初步接触了与将来专业有关的项目。为了增强她的研究能力，我作为家庭指导教师（女儿的校长是她学校里的课题指导教师）与她一起完成了一项课题。

女儿读书的中学开设了研究型课程，学校要求每位高一学生都要参与一个课题，可以独立完成，也可以小组完成，总之，学生高中阶段要有研究的经历。学校公布老师的研究兴趣和领域，如果学生课题选材差不多，可以组成课题群，选择合适的指导教师。为了保证研究质量，一位指导教师的上限课题为10个。

刚上高一的女儿以及她的同学们都没做过课题,不知道从何下手。于是,女儿组织了10位同学,商量研究什么题目,大家都说:"随便,你是组长,你定吧!"由于女儿对画画很感兴趣,她说:"那么,我们就研究西方美术史吧。"

题目定下后,她对组员进行了简单的分工。比如,有的理出西方美术史的年代划分,有的研究具体的画家和画风。三周以后,学校指导教师(美术老师)向他们催交第一次作业,但是有的同学说要补课,没时间,有的则说家长不让上网。只有两位同学从网上拷了很多文字,但没有整理。后来,女儿用了两个晚上,把两位同学的资料和自己在网上查得的资料进行了整理,装订成册,设计了个漂亮的封面,交给老师了。老师不满意。

我说,你们不是搞研究,充其量是"剪刀+糨糊"的文献汇编。女儿问:"怎么样才算研究呢?"我给她讲了研究的几种方法,比如文献研究法、问卷调查法、访谈法、实地调研法、实验法。一个研究可以根据需要选择几种方法。我还说,你们的小组成员太多,分工不明确,特别是你们的选题太随便,不是全组成员都感兴趣的。她问我怎么办,我说为了培养你的研究能力,建议你独立完成课题。她觉得有道理。据女儿说,原来的小组解散后,其余的同学分成了三个小组,有研究苏州河治理的,有调查公交问题的。我觉得不错,有社会现实感,也符合他们的兴趣。

女儿面临重新选题。

在研究西方美术史的过程中,女儿对西方建筑产生了浓厚的兴趣,而上海的建筑在某些程度上是中西合璧的。在我的朋友的建议下,她想出一个很吸引人的创意:在1—2平方公里的区域内,并存旧上海民房

（石库门）、外国租界洋房（教堂、巡捕房、领事馆、银行等建筑）、中华人民共和国建立后的平房（部队营区留存相对多），这样可以形成旧上海建筑演进过程，把城市建设与文化遗产保护结合起来，再搞一个保护方案，建议上海市政府建立建筑保护区。这个研究具有海派文化特征，估计没有人尝试过。

我说，你到哪里找这样的区域？你怎样证明这些建筑的年代？你有时间走访房产部门、规划部门吗？她自己也觉得不太现实。左思右想，只得忍痛割爱。

我问女儿将来上大学想读什么专业，她说经济类的。我说好，你现在的研究可以与你未来的研究方向结合起来。她爸爸建议她研究"民营企业"，因为这是中国经济中充满活力的元素，解决了老百姓的就业问题。

我教女儿怎么上"中国期刊网"。她以"民营企业和家族企业"为关键词，搜索了124篇期刊论文，比如《中外家族企业的比较研究》、《民营企业在国民经济中的地位作用与发展对策》、《家族企业研究：一个具有现代意义的话题》、《超越家族主义——海峡西岸经济区家族制民营企业文化创新》，另有博士论文《转型期中的中国民营企业文化研究》。实地调研的文章也有好几篇，如《浙江民营企业的实证研究》，作者共收到有效问卷723份，从企业经营业绩与企业文化的相关关系、最适合本企业的价值观、本企业最具备的企业精神、激励手段、企业决策的影响力几个方面作调查；又如《民营企业文化实证研究——以安徽省民营企业为例》，有效问卷314份，访谈30多人，主要了解企业家对企业文化的认知以及企业文化建设情况，从中层管理人员和一线人员了解到他们对所在单位企业文化的感知情况；还有《常州与温州民营企业家的研究》、《长沙民营企业的企业伦理文化研究》等。我都

——给她复印、装订成册。她爸爸给她作了讲解。

　　同时，她爸爸还找到了某民营企业的内部刊物，该刊物从2003年创刊开始到现在，每月一期，有专门人员负责。刊物上有公司动态、先进员工事迹、中外企业管理博览等。

　　于是，女儿把民营企业的发展过程、企业文化的来龙去脉再加上案例，统统抄到一篇文章上去，题目定为《优秀企业文化促进民营企业可持续成长的个案研究——以上海H实业集团有限公司为例》。

　　我说，这不太像中学生的研究，倒像个大杂烩，没有研究的问题，没有重点，有的只是资料的拼凑，本质上与西方美术史差不多。

　　她想利用国庆长假好好修改，可是，渐渐写不下去了。她说她驾驭不了民营企业。我说："看来还得放弃。虽然你走过一些弯路，但从中你学到了许多知识，比起没研究过的人，你在民营企业方面算是专家了。"

　　转眼过了一个月，期中考试了。她那次是年级前20名，还算过得去。不知从何时开始，她对土耳其作家奥尔罕·帕慕克非常崇拜，房间的墙上贴着她从《外滩画报》上剪下的照片——帕慕克穿着黑衣，戴着白色的眼镜，手插裤袋，斯文地站在古老的弄堂口，儒雅地微笑着。女儿的书橱里，整齐地摆着《我的名字叫红》、《雪》、《伊斯坦布尔》、《黑书》、《白色城堡》、《新人生》、《纯真博物馆》，她一本接一本地读着。我推测，读小说不仅花费时间，人物的情节还会在脑中盘旋，功课的质量自然下降。我发现除了帕慕克，她还迷上了法国作家玛格丽特·杜拉斯，《写作》、《广场》、《爱》、《劳儿之劫》、《琴声如诉》、《情人》放在她书桌的隔板下，从翻阅的痕迹看，显然已经读过了。至于《达·芬奇密码》、《达·芬奇大传》、《达·芬奇讲绘画》这几本肯定已读过N遍。我说："我知道这些书都很好，但是，读书要选择时节，现在是学业最繁重的时候，等将来空下来再读也不迟。"她说："每个大人都会这样讲，但是，你现在有时间了，你还有兴趣读你中学时想读而未读的书吗？"于是，我们在"读书时节"的问题上争执不休。最后，双方都作了妥协：小说可以读，但必须是英文的，比如《哈利·波特》全集；电视也可以看，但也必须是英文的，连带有中文字幕的都不可以看。这样，既顾及TOEFL和SAT考试，也顾及她的兴趣。

女儿的同桌到我家来，我听她们俩在谈论手机的事。同桌气愤地说她的家长要没收她的手机，原因是她晚上写作业时与同学发短信，家长估计她与男生"轧朋友"，说她学习不用心，将来没有前途，没工作只能吃低保。而她说只是学习上有问题时才发短信问同学，并不是聊天。由此，她差点与家长闹翻了。女儿的同桌谈到家长对她的误解时，语气是急促的，显得义愤填膺。

我的一个朋友告诉我，她女儿已经上高二了，但是，整天迷恋张爱玲的小说，没收了她自己再买。另一个朋友说，上初二的儿子一回到家就上网打游戏，挂在网上下不来，她设置上网密码，儿子很快就破解了。家里天天吵架，电脑也被摔坏了，但家长又不敢管得太严，担心万一上网吧遇上坏人，或离家出走怎么办？我还有一亲戚，高大帅气，30出头，已是上海市某中型企业CFO。从小到大，他都是乖孩子，高考以全市前5名进了名牌大学，可是，大学毕业后不听家长的话，只谈女朋友，不结婚。家长焦急，他说家长死脑筋，与他有代沟。后来吵架多了，他干脆不回家。他自己买了大房子，有豪车，家长对他没有任何约束力了。我把这些事情说给女儿听，请她帮忙支招，目的是想了解她对这类事情的看法，同时以解读别人故事的形式把我的价值观告诉她。

我有一个同学在英国教汉语，女儿写信给她，询问她的学生是如何与家长沟通的。我的同学说："英国是西方发达国家，但它的教育比较传统。英国的中学很重视学生的个人行为规范教育，开设了PD（Personal Development），即个人成长规划课程，学生与家长相处都很愉快。"她还发来了她的学生写的关于与家长沟通的文章。

英籍印度裔11年级女生Hiral Gandhi写道：

我通常与父母在晚饭时交流，因为他们工作时间很长，我在白天几乎看不到他们。如果有急事的话，我会给他们发短信。我们经常谈论我的学习和在学校发生的有趣的事情。90%的时候，我不对他们撒谎，除非有我不想让他们知道的事情。但是，我知道我有很多同学会对父母撒谎，比如他们不想让父母知道他们与朋友们的关系，还有喝酒、毒品等事情。我是在英国出生的印度人，所以，我和父母基本不讨论这样的话题。我们基本都讨论我和父母共同经历过的事情，或者是我们马上要去做的事情。

我觉得和我的父母沟通非常快乐，并且非常愿意和他们交流。他们是我的朋友，虽然有的时候我做错事情他们会批评我。

诺丁汉本地11年级男生Nick Wabon-Raoyord写道：

我和父母沟通一点都不困难。我们基本在吃晚饭时聊天，因为白天我在学校上课，他们上班。我们一般聊我的学习、我的朋友、运动、电视节目等。什么都聊。

我现在读11年级，今年要参加GCSE（英国的中学毕业考试）了。父母对我没有什么特别的要求，他们更多的是让我自己选择。我平时的学习没有什么压力，只是目前面临GCSE考试，所以会有些忙。我的父母并不经常督促我学习，他们只是关心我学习的进展，并不会问得很细。

我有几个中国朋友，他们的父母对他们管教比较多。也许他们的学习压力太大了吧。我所知道的中国学生，他们都很努力，很守纪律，所以我们看中国学生，性格似乎都是一样的。

我和父母没有代沟。我觉得我们之间的交流非常好。但是，如果我做错了事，他们也会批评我。有一次，我因为和同学一起出去玩，还闯祸了，回来对父亲撒谎，被他知道了。他惩罚我两个礼拜，不让我出去打球，不让我看电视，就是不让我做我喜欢的事。不过，我并不恨他们，因为我知道他们爱我。

女儿还咨询了英国高考的情况。我的同学告诉她，英国的寄宿制高中一般开设30多门课，但参加高考时只需考4门，这与上海的3+1很相似。英国的高中有A-Level全国排名，公布各中学的升学率百分比，学校网站上也会把考入剑桥、牛津、帝国理工等名牌大学的学生名字放在新闻的醒目位置，这与我国高中学生考入清华、北大、复旦、交大等名牌大学后的做法有异曲同工之处。英国约有80%的家庭会给孩子请家教，家教老师一般是退休的，少数在职。家长关心子女的成才，尤其是知识分子家庭。

英国中学生与家长的沟通情况以及他们的高考压力与女儿原先的想象不一样。本来，她以为外国孩子很叛逆，家长任由孩子散漫发展，现在看来不是这样。由此，女儿产生了一些疑问：为什么我们接触到的上海学生与家长的沟通状况比英国学生糟糕？事实果真如此，还是我们碰到的是个案？造成沟通障碍的原因是什么？能不能找到一些办法使家长与孩子的沟通顺畅些？于是，课题研究的主题水到渠成般地浮现出来——研究上海市高中生的亲子沟通问题。

如何选题？家长在其中应起什么作用？下文我将结合女儿的选题历程谈谈我的看法和建议。

爱因斯坦说，提出一个问题往往比解决一个问题更重要。可见，选择科学的、可操作的问题是课题成功的一半。女儿的选题可谓一波三

第六章　一波三折的选题

折。从西方美术史研究到上海建筑研究再到民营企业研究，最后才确定为上海市高中生的亲子沟通问题。为什么会出现研究不下去的现象？仔细分析一下，前三个选题也值得研究。比如，用文献法研究西方美术史（如果切口再小些更好），从中找到一些规律，可以对上海的文化创意提出一些可参考的建议。但是，文献法对孩子的综合能力要求很高，她的归纳、类比、分析、提炼能力都跟不上，最后只能"剪刀+糨糊"，堆砌文字。对1—2平方公里内的中西合璧的上海建筑研究是个不错的选题，对城市文化保护很有价值，但是，孩子能够使用的社会资源和外出调研的时间非常有限，对建筑学的知识积累很少，使得她难以开展这项研究。民营企业研究很热门，经济学工作者已经作过了不少具有前瞻性的探讨，从中学生的视野研究也是可行的。但是，孩子的经济学、社会学知识有限，对国家的宏观政策不了解，才出现了"研究不下去"的局面。虽然她爸爸已经教给她一些知识，并把内涵缩小到"企业文化"，但是，研究不应该是"教"出的，而应该是亲身探究、体验的一种过程。基于这些考虑，我们无奈地否决了前三个选题。亲子沟通的选题贴合孩子的实际，且在她的周围不断涌现这类问题，也就是说是同一事物在一定的时空里或以一定的形式多次出现的现象，而且，较易观察、较易操作，具有相当的可行性。

　　课题研究对孩子的综合素养特别是研究能力要求比较高。作为家长，我们在其中应起什么作用？重要的是要鼓励孩子，让他/她自己摸索。以我家为例，我们没有把孩子的创意消灭在萌芽状态，而是让她自我探究。我们尊重孩子对美术的兴趣，启发她思考对中西合璧建筑群研究的可行性，协助她研究企业文化和亲子沟通问题。选题过程看起来曲折，但是，这是一个极为宝贵的成长过程。如果我一开始就告诉她研究亲子沟通问题，那么，孩子的获得将极为有限。可能有家长会问："我们没有研究能力怎么办？"其实，家长有没有研究能力不是最重要的。学校开设了研究型课程，教师会指导学生的。比如我女儿的课题仍是学校课题中的一个，学校指导教师会给她提供帮助。即使对我而言，我在中学里负责教师发展工作，教师科研是我工作的一部分，但是，由于我不是大学里专门从事研究的老师，而且，我关注的是教师教育，因此，怎样从学生视野进行研究，我并不太懂，我也需要请教其他朋友，从多方面给予指导。倘若她研究建筑，我根本不懂，那就只能完全请教他人了。需要提醒的是，学校教师指导孩子的时候，家长要支持、配合。比如，孩子要用电脑查资料，家长不放心，怕孩子上网聊天，这时你不要打压，而是与孩子讲清楚道理。如果他/她连这点自控力都没有，说明他/她对研究没有兴趣，可以放弃了。

如果学校不重视研究型课程，家长自己对研究不在行，但又想培养孩子的研究素质，怎么办？可以请教朋友。在城市里，大人们生活在一个人际关系丰富的网络中，只要你有心，就一定能找到相关的指导老师。如果你生活在偏远的小镇，没有亲朋好友可以帮忙，那么，你可以借助网络，寻找网络热心人。还有一种捷径，你帮孩子买历年全国获奖的学生课题报告集，仔细研究各个课题的内容，一本书读下来，你一定能找到课题研究的规律。也就是说，帮助孩子的过程，也是家长主动学习的过程。家长不能只一味要求孩子，而自己驰骋于麻将台、电视前。

试想，一个家长不读书的家庭，一个缺少书香熏陶的家庭，怎么能培养出爱研究的孩子呢？

具体到选题问题，我建议：中学生在学习任务重、压力大、知识储备有限的情况下，最好选择自己感兴趣、具有生活情境、操作性强、切口小、科学的课题研究，研究方法可把文献法、问卷法、访谈法、观察法、实验法等相结合，使得研究结论能对当下的生活有所影响、有所启发。

第七章　艰难地开展课题研究

课题研究选题难，但真正坚持做下去更是难上加难。回望整个研究过程，大大小小的困难一直与女儿同行，其辛苦程度可以用"不堪回首"来形容。多少个夜晚，女儿做完功课后才有时间分析资料、写报告。课题研究开始于高一的国庆节，结束于高二上学期，这段时间还伴随着TOEFL学习。

我告诉女儿，研究就是发现问题、解决问题的过程。选题确定后，就要着手解决问题。首先要弄清楚你研究的具体问题是什么，亲子沟通的概念是什么，可以先看文献，了解别人是怎么阐述的。

我曾教过她如何查阅文献，因此，她熟练地在"中国期刊网"上以"沟通"、"亲子沟通"、"家长与子女"等关键词查阅文献。她把所有文献资料都复制下来后，我指导她一篇一篇阅读，找出这些文章观点的相同点、相似点、不同点，然后以填表格的形式归类、比较。这样，她很快就完成了简单的文献研究，明白了前人研究过哪些问题，哪些做得比较成熟，哪些研究还不够，自己应该在哪些方面填补前人研究的不足。

接着开始实地调研。一般情况下，研究者总是先进行问卷调查，了解"面"上的情况，再进行访谈调查，了解"点"上的情况，弥补问卷的不足。但是，女儿不知道从哪些方面设计问卷。我说你从访谈开始吧，通过访谈，对亲子沟通有了感性认识，再设计问卷。

我给女儿买了录音设备，她兴致勃勃地出发了。她认为访谈很简单，即她问对方答，回来整理录音就可以了。哪知道开局不利，第一次访谈的女生是我的朋友的学生，那女生很内向，并具有很强的防备心理，整个访谈过程不时冷场，有一搭没一搭，半个小时也没问出个所以然，以失败告终。女儿反思失败的原因，认为对方与她不熟，不信任她。带着第一次的教训，她胸有成竹地开始了第二次访谈。这次的访谈对象是她的初中同学。也许因为太熟悉了，讲着讲着就离开了"亲子沟通"的主题，谈起了初中时的各种趣事。女儿回来整理资料的时候，发现她的同学讲了很多话，但能用的资料很少。她这才意识到，访谈并不简单，需要技巧和智慧。

我告诉她访谈最基本的注意事项，比如，访谈前要作充分的准备，想问对方什么问题不是临场发挥的，而是开始就要写在纸上，记在脑中。我说你看了电视上的访谈节目吧，看似无意，其实主持人都精心设计了访谈提纲。访谈时间要由对方定，人家忙的时候、累的时候你去访谈，即使人家不拒绝你，效果也肯定不好。访谈时的机智很重要，"见什么人说什么话"，对于熟悉的或不熟悉的，年长者或同龄人，访谈的开场白是不一样的。访谈过程中，自己也要学会控制场面，比如，对方对某个问题感兴趣，滔滔不绝，而你不需要了解那么多，你如何有礼貌地把他/她拉回来？再如，你很想对某个问题作深入的了解，可是，对方却蜻蜓点水，你又如何引起他/她的兴趣？如果对方拒绝回答怎么办？是直接放弃，还是换个话题再问？或者等待对方愿意的时候再访谈？还有捕捉细节的问题，对方的语气、表情、无意识的动作，都透露出他/她的内心世界。有的时候，"说的不等于做的"，因此，如何去伪存真也考验你的洞察力。还有一点要注意，访谈者要尽量保持价值中立，不要被对方的情绪所牵引，轻易表达自己的观点。你需要的是倾听各种声音，分析话语里所隐藏的信息。我同时告诉女儿，访谈有技巧，但更关键的是你要带着一颗真诚的心去面对被采访者。

她吸取了上两次的教训，又开始了第三次访谈。这次，她首先告诉被采访者，绝不把他们的信息透露给任何人，访谈内容只为研究服务，而且成文的时候用化名代替他们的真名。在建立基本的信任后才开始访谈。后来，她比较顺利地采访过职业高中离异家庭男生吴东、市重点中学住读女生李静、因交友而苦恼的怡然和非要住读的富商女孙枚四位高中生。

访谈家长要难得多。首先，谁愿意作为被访谈对象？我找过一位我比较了解的、亲子沟通有问题的朋友，当她一听我说谈孩子的事情，马上拒绝了。我想，是不是因为熟人不好意思谈家里的隐私？是不是成绩好的学生的家长更愿意谈论亲子沟通话题呢？于是，我请同事介绍了他的高二学生家长张一，这位父亲非常用心，在亲子沟通上有不少值得借鉴的方法。怡然的家长是我的朋友，他们待人真诚，善良助人。为了我女儿的课题，他们一家三口都成了被访谈对象。更难能可贵的是，他们毫不掩饰女儿的早恋问题，愿意把自己的教女经验与别人分享。现在，怡然已经是中国最著名的学府的学生了。我女儿去北京，一定会去看怡然。燕园见证了她们的友谊。葛青是中学语文老师，是怡然妈妈的朋友。她的女儿拒绝与她沟通，葛青的苦恼和困惑具有一定的代表性。女儿说，访谈大人时，她的心很忐忑，最怕的是大人拒绝她预先准备好的问题。她采访时也不断调整心态，比如葛青抱怨孩子的时候，她很想告诉家长现在的孩子是怎么想的，但是，为了保持访谈中立，她耐心静听。（以上高中生和家长的名字均为化名，具体访谈实录见本书第二部分"我的故事说给你听"的第一章。）

学习访谈的过程，是理论与实践相结合的过程，也是女儿积累与他人沟通经验的过程。采访技巧为她未来的工作作好铺垫。大二暑假她在上海一家咨询公司实习，大三时她的专业课需要调研一家美国能源公司，她都用上了做课题时学得的采访技巧。

完成了访谈，对亲子沟通问题有了一定的感性认识，接着进行问卷调查。

本以为女儿能比较容易地设计出问卷，但是，事情并不像我预想的那么简单。选择题部分，结构混乱，逻辑性不强，不利于后期分析。开放题是："你与家长沟通存在的主要障碍是什么？为什么会出现这种障碍？"这两个问题的假设是子女与家长一定存在沟通障碍。我引导她，对于大样本的调查，你首先想知道什么？她说是上海市高中生的亲子沟通究竟有没有问题？如果有，占百分之多少？什么原因造成沟通障碍？手机问题、上网问题、着装问题、早恋问题、学习问题是不是主要的因素？还有其他原因吗？其中哪个因素最严重？家长与子女交流时的态度如何？我很高兴，告诉她这就是问卷的结构，你可以按照想知道的内容分成几个点，每个点问一至两个问题。可以是单选题，也可以是多选题，还可以是开放题。问卷调查的题目不能太多，一页纸为好，要不然填的人觉得烦，不认真填写，问卷的效度就大大降低了。问卷的开头要有说明性的语言，告知对方问卷调查的原因，还要告知是无记名的，只为研究服务，最后要感谢对方。后来，女儿主动在网上以"问卷调查设计"为关键词，查阅了好几篇学习资料，进行了系统的学习。

终于，女儿的问卷设计出来了，我看了还不错。但是，因为问卷的内容对后期研究作用极大，我不敢贸然定下来，就联系了几位擅长编制问卷的朋友帮忙修改。他们毫不犹豫地放下手头的工作帮助女儿。女儿吸取了老师们宝贵的、有价值的建议，重新设置了问卷。我对女儿说：

"你要记着这些老师对你的友好,更要记住一个人要成事,必先成人,对帮助你的人心怀感恩,日后有能力的时候,也要对需要帮助的人伸出无私的手。"

女儿提出一个问题,既然研究的主题是亲子沟通,也就是说是对家长和孩子双方的调查,那么是否需要增加"家长问卷"。为了让调查具有可比性,两份问卷内容大致相同,只是语气不一样。我想到了收集问卷的难度:学生可以在学校做问卷,家长就不容易集中了。你不是校长,不可能让他们开家长会。如果你请学生把"家长问卷"带回家,可能不容易回收,而且信度也不高。怎么办呢?她又想了个办法——模仿搜狐、网易、新浪这些大网站的做法,通过建立网上论坛,设置话题,收集数据。如果在网上挂出"家长问卷",估计点击率会比较高,家长们没有顾虑也可能比较客观。女儿设想,把题目都设计成单项或多项选择题,就可以节省家长们的答题时间。她把帖子挂到"天涯论坛",第二天一看,没有一位家长点击。看来利用网络收集资料也不容易。

因为找家长合作收集资料太困难,而且沟通的关键是子女,所以女儿最后决定不再调查家长,而是集中精力把研究主题定位在"高中生眼中家长与子女沟通状况的调查研究"。我认为这样很好,减轻了研究的难度。更让我高兴的是,女儿作为中学生,研究定位角度新颖,思路独特,以小见大,从自己熟悉的身边问题入手去研究,这是好的开端。

关于问卷的题目还有一段插曲。女儿开始设计的课题题目是"90后学生眼中自己与家长沟通状况的调查——以上海市市区高中生为例",我问她"90后"与"80后"有什么不一样,为此,她进行了简单的调研。比她大10岁的表哥说,"80后"和"90后"都是独生子女,家境都比较优越,似乎没有太多的差别。她也请教了学校老师,他们认为如果用了"90后",那么就要与"80后"作对比。"80后"都上大学或工作了,如果调研他们,同样需要不同的样本,这自然又是一个浩大的工程。于是,在成文的时候,她把题目中的"90后"去掉了,改成"关于上海市区高中生与家长沟通现状的调查与研究"。

经过这样的反复折腾,女儿说她很有收获——设计问卷的过程是全方位思考的过程,也是不断调整自己研究思路的过程。

女儿打算对上海市区的高中生进行问卷调查,因此,我们需要选择调查的具体学校。打开上海地图,我们确定对8个区18所高中发放问卷,学校的类型有市重点高中、区重点高中、一般高中、职业高中。除了女儿所在的学校和我工作的学校外,其余学校由我的同学和朋友介绍。本来发放问卷是很简单的事情,没想到也遇到了不少困难。

有一天晚上,我先生开车,我们一起把问卷送到我的三位同学家。先去闵行区的Z老师家,她是一所职业中学的团委书记。快到时,我给她打了五个电话都没人接,估计她离开家了。我们只得把问卷放在小区的门卫处。接着去普陀区的H老师家。小区有两个门,我们走岔了,几经周折,才和他接上头。他是一所市重点中学的高三班主任,他对女儿说:"你这么小,竟然做这么大的课题?"女儿说:"切入点比较小,只是样本量大,面比较广吧。"

先生看时间已是晚上9:30,问我们是不是回家。女儿说不行,要尽早发了,才能有充裕的时间统计数据。本来要去卢湾区的R老师家,可是,实在太晚了,我们打算把问卷放到中学的门房间。想不到的是,中学的大门黑洞洞的关着。我说:"不可能吧,每个单位都有门卫的。"先生说:"可能还有别的门。"我们沿着学校兜了一圈,也没发现有别的门。女儿不甘心,再沿着墙找,发现不远的地方是一所中学的大门,心中一阵狂喜。敲门,门卫露出一张疑惑的脸。女儿说明来意。

门卫说:"隔壁是高中,我们是初中,两家单位,不搭界的。"女儿不死心地请求道:"我把问卷寄放您这里,明天有人来取,不麻烦您。"可是,那个中年门卫不答应,他说一大早他就回家了,别人来接他的班。女儿说:"少了也不怪您。"他还是不同意。女儿只好回到车里,告诉我们发生的一切。

我们无奈地回家,已经11点了。先生说:"今晚开了两百多里路。"女儿说:"怪不得看到你一路打哈欠呢。谢谢你啦!"

送完问卷后,我又给我的同学们一一打电话。我怕他们太忙,敷衍问卷调查。我关照他们要亲自发放问卷,要在学生不紧张的时候做,体育课后、考试前后都不要做,卷前语一定要念。我拜托的同学与我都很要好,自然满口答应,并保证问卷的信度。我也把做问卷的注意事项教给女儿。我说:"别小看这个环节,万一学生乱填,信度不高,等于白做。"

其他学校的问卷调查也是如此进行的。女儿读书的中学她自己做,我工作的学校由我完成。

收集英国方面的资料也不顺利。女儿请我在英国的同学帮忙对她的学生进行问卷调查和访谈,她爽快地答应了。但是,由于没有讲清楚时间的急迫,她出去旅游了。女儿很急,可是没办法与她联系,没有她的英国手机号码,E-mail发过去都是自动回复。一个月后她回学校了,根据我女儿的请求,她给学生布置了作文,题目是《我如何与家长沟通的》。这样,女儿才得到了几篇有用的资料。女儿把问卷发给我的同学,她翻译成英文,但过了很久也没把做过的问卷寄过来。因为课题必须按计划进行,女儿不能等她了。直到她回国,才给我们带来了一大包完成了的问卷,而女儿的课题已经结题了。真是件憾事!女儿说,收集英国资料出现的问题就是沟通问题。如果女儿以礼貌的、郑重的、急迫的语气告知我的同学，事情的结果一定要好得多。可见，有效的沟通多么重要！有的时候"不好意思"会误事的。

上海市的问卷全部收上来了，厚厚几叠。接着的任务是在EXCEL表格内输入数据，女儿主要利用晚上做完作业后的时间。高中生作业很多，她抓紧白天一切可以利用的时间高效率地完成作业，这样，晚上回家才有多余的时间做自己的事情。有的时候，她回到家，一会儿就完成作业了。我不相信，怕她在学校抄作业。她说："你没看到我在学校苦做功课呀。说实话，一个人只要有了目标，做事就不会拖拉，效率自然高了。"女儿深有体会。

另外，为了使上海市的数据有可比度，女儿还对福州市的高中生进行了问卷调查，由我的福州朋友帮忙打印、发放问卷。他很认真负责，有经验有水平，给了女儿无私的帮助。福州的数据花了三个晚上输入完成。

写作对一个没有研究经验的孩子来讲，是件十分艰难的事情。但如果坚持下来，将获益无穷。女儿的研究报告是断断续续完成的。比如，作观察研究的时候，每天都记一点感想。访谈作完后，及时整理。问卷调查报告逐条分析。然后，她把这些资料整合在一起，算是完成论文了。我看后说："你能写出这样的报告，很好！但是，还缺乏论文的框架和逻辑，有点像资料的堆砌。"事实上，虽然我在学校负责科研，但那是教师的科研，从学生的视角作研究，我没有指导经验。于是，我买来全国中学生因特尔创新大赛获奖作品集，与女儿一起细读、分析优秀的论文，渐渐有感觉了。女儿依样画葫芦，打乱原有的资料顺序，重写。

当时碰到的比较突出的一个问题是，访谈全文可否放进正文。福州朋友认为拖沓，不要放；女儿认为真实，要放进去。我也倾向于放进去。经过几次磋商，我也请别的老师指导，他们都说放进去是可以的，但像写书，不像写研究报告。女儿认为他们说得有道理，同意修改。要使论文更科学，质量更高，女儿还该读些学术著作。我在我的研究生导师那里，无意中发现了一本很有价值的书，是台湾学者黄丽莉的博士论文《人际和谐与冲突——本土化的理论与研究》。我复印了这本书，带回家给女儿读。书很厚，很理论，深奥难懂。女儿不太看得懂，我指导她只看部分章节。黄丽莉提出的人际关系中的"和谐"和"冲突"的分类给女儿提供了有益的借鉴。黄丽莉把"和谐"和"冲突"分成几小类，女儿选取了与家长、子女有关系的四种（"抵触式冲突"是她自己的创造）。为了全文统一说法，她用"障碍"代替"冲突"。借用并改造他人的理论分析处理自己的材料是这本书给她的方法论指导。

另一个问题是如何处理问卷的开放题。学生回答的问题很零散，女儿不知道怎么处理。我指导她读李家成老师的《在高三和大一之间》。在推荐这本书之前，我已经阅读了，并且就一些问题与作者作了沟通。作者把开放题按关键词归类，分为一级主题和二级主题。这个分类法对我们很有启发。女儿学习并借鉴了。

每一个成功的孩子背后都有一对不计辛劳的家长。虽然，在研究的每一个具体的点上，我不一定手把手指导，但是，整个宏观进展我心中必定有数。

> 每一个成功的孩子背后都有一对不计辛劳的家长。

女儿的论文总算写得有点眉目了。我把初稿发给几位专家朋友审阅，他们提了很好的修改建议，但女儿不知道怎么改。我说："你的课题是学生视角，如果他们帮你改了，就是成人视角。高中生想什么，大人们并不知道。"记得有个专家提出，女儿的研究主题不清，要她理出三个主要问题，围绕这几个问题写深写透。那是个礼拜六的晚上，女儿想了好久也不知道从何入手，以致无法入睡。本来，她打算用这个课题参加英特尔创新大赛。她说："我改不出来，太难了，我想放弃。况且，上海市高手如云，我也不一定比得过人家。"我激将说："你实在想放弃，就不做了吧。"可是，她内心并不想真正放弃，因为她付出了太多。

为了了解这个研究是不是有社会价值，我把女儿的论文修改稿寄给报社，结果得到了编辑热情洋溢的鼓励，并整版报道。另一家报纸则在第一版介绍了论文中的"伪沟通"亮点，这促使女儿进一步挖掘"伪沟通"的深层次原因，成为后来论文最吸引人眼球的创新点。在"百度百科"中，有名词解释"伪沟通"指：

家长和孩子之间含有"水分"的沟通，这种没有质量的沟通只停留在对生活琐事的了解，缺乏真正的思想交流。在中学生家庭中存在这种现象：一些父母与子女谈话，内容局限于询问学习和日常生活情况，并不触及子女内心，不关注子女成长过程中可能产生的性格和心理健康问题；而子女也不能换位思考，理解体谅父母，与父母交流往往敷衍了事。"伪沟通"从沟通形式看，父母与子女似乎交流得不少，但实际上这种沟通是浅层次的，没有进入深层次，没有触动心灵和思想；从沟通内容看，父母与子女的沟通以学习成绩、学业表现为主，忽略了孩子内心的多种需求。这样的沟通大多质量低、效果差，几乎属于无效沟通，因此被称为"伪沟通"。"伪沟通"的特点在于：双方以自我为中心，缺少沟通艺术，且渠道单一，单纯关注学习，忽略全面发展。

以上对"伪沟通"的概念界定和特点介绍均来源于我女儿的论文。"伪沟通"是女儿的原创，也是她获得创新大赛一等奖的创新点之一。

论文凝聚了许多人的关心和爱护，我记不清究竟修改过多少遍。总之，在我们的心中，只有更好的文章，没有最好的文章。

在课题过程中，家长该扮演什么角色？

女儿的课题是学校课题群中的一个，但是，学校老师要指导的课题多（女儿的指导老师是校长，事务更为繁忙），我每天与孩子接触，在能力许可的范围内，当然比学校老师的指导更便当、更到位。但是，我也看到有的学生家长连孩子在研究什么也不知道。于是，我联想到在孩子课题研究中家长的定位问题。

我认为家长既不能"失位"也不能"越位"。家长应是孩子登山时的拐杖，给他支撑，而不代替他走路。代替的结果便是孩子不会走路。如果在孩子登山能力不够的情况下，家长对孩子不闻不问，只能导致孩子望山兴叹，无奈地放弃登山。我认为正确的做法是，家长有能力的出力，没能力的出钱，请人带孩子上山。如果既无力又无钱，就请学校老师帮忙。在学校的组织里，老师是无私地带孩子攀登的人。在我女儿完成课题后，我积累了一定的指导学生做课题的经验，我曾带过我校80多位高中生开展课题研究。我的学生上了大学后回到母校看望老师时告诉我，她曾经自豪地告诉大学老师，他教的研究方法中学里早就教过了。一般来说，家长对老师的要求，老师在可能的情况下都会满足的。如果家长和老师都没有能力，我在上一章讲过，可以研究网络资讯，或者研究他人的获奖作品，它们都是高水平的老师，只是需要你自己琢磨。

> 家长既不能"失位"也不能"越位"。

还要说明的是，研究对孩子主要是一种经历，家长不要有太高的期望和要求。我女儿做课题的时候，我们没有明确的目的，一定要得什么奖。况且，有些大奖也不是你想得就能得到的。只不过后来学校组织研究型课程成果答辩，女儿脱颖而出，被送到区里。在区少科站老师的指导下，参加了区专家组的答辩，得到区一等奖，再被送到上海市参赛。

可见，我们一路走来，只应了那句"无心插柳柳成荫"。研究是孩子难得的人生经历，无论过程是否顺畅，结论是否正确，孩子自己的感悟、反思才是无价之宝。

另外，培养孩子综合素质的方法有许多种，未必一定要做一个完整的课题。家长可根据家庭条件、孩子的兴趣、学校能提供的帮助等等，去寻找一条最适合自己孩子的路径。成才的路有许多条，请家长运用自己的智慧当好孩子的参谋和支持者。

第八章 淡然面对中央电视台等媒体的专访

由于女儿的课题获得了上海市英特尔创新大赛一等奖、市长提名奖入围奖、华东师范大学"夏雨奖",而且"亲子沟通"是个司空见惯的、每家每户都存在的话题,记者对女儿和她的研究产生了兴趣。

成功似乎是一夜之间的事。报纸、杂志、电视台找到学校,通过校长室,又通过班主任找到女儿。可是,女儿一直是个低调行事的人。她的价值观是"不显山,不露水"、"山外有山,人外有人"。她认为课题研究已经结束了,论文交给了主办单位,可以说是公共财产了,媒体可以引用她的成果,给更多的人以帮助。况且,她那时即将考SAT,考前的复习很紧,没有时间和精力应付媒体。

我同意她的观点。但是,她的目标是张扬个性的美国大学,她将来面对的一切都需要自己的努力和争取,其内敛的价值观可能会制约她的发展。我动员她积极面对媒体,但她反应冷淡。班主任老师是个善良、认真的语文老师,对女儿一直很好,女儿也很喜欢她。班主任说:"一个人只有经历多了,将来才能坦然面对人生的高潮和低谷。而且,你也在为学校争光、为班级争光。"在我们的劝说下,她才同意采访。

东方卫视的主持人是个聪明漂亮的女孩。她到我家里来做这个节目。在女儿的房间,她以聊天的方式进入采访主题。比如,你为什么想做这个课题,遇到什么困难,如何克服的,研究影响你的学习吗?这些话题在女儿的论文中都已写到,因此她侃侃而谈。节目还拍摄了我家的一些情况以及我女儿采访过的怡然同学的家庭。整个节目做得很好,针对性强,有时代气息。播出那天晚上,我收到已经毕业的一个学生的短信:"老师,侬女儿蛮灵格。真了勿起!"我问她怎么知道这个节目,她说:"正好调到这个台,看到你们后,我马上给许多同学群发短信,让他们一起收看。"我哈哈大笑:"见笑了!"她回:"在学校,您是好老师;在家里,您是好妈妈!"

接着,五六家著名的报纸、杂志介绍了女儿。有的从研究型课程开设的角度,有的从学生创新思维培养的角度,有的从研究内容本身挖掘家庭教育的内涵。其中,有本杂志的采访最有趣。他们委托上海某大学新闻系的在读研究生采访。她俩约好,在徐家汇的茶馆。两个人聊了很多,不限于研究本身,还有各自的生活。女儿说:"不仅是她采访我,我也采访了她。我从她身上,了解了许多新闻系的'新闻'。"

不知道远在北京的中央电视台怎么会关注到女儿的研究。编导通过很多渠道,找了一个月,终于找到女儿,请她到中央电视台做一档访谈节目,并请家长共同参与。

女儿起初不愿意。上海的采访她是勉强接受的,现在要到北京去,即使是双休日,也会拉下她的SAT功课。而且,在课题答辩阶段,她要作较多的准备,这段时间外语学习已经被挤掉了不少。她再次强调,研究成果是社会的,大家可以共享,目前应该把全部精力用于学习。

校长是女儿课题的指导老师,得知这件事后找她谈心:"中央电视台是国家级电视台,这对传播你的研究成果更有好处。既然研究是为社会服务的,就应该让更多的人知晓,使更多的家长与子女关系融洽,使更多的家庭和谐相处。而且,大风大浪的历练会使人拥有一颗宠辱不惊的平常之心。"校长一番入情入理的话打动了她,她答应了。

第八章 淡然面对中央电视台等媒体的专访

初春的一个周六的晚上，上完SAT课之后，我们一家从虹桥机场飞往北京。到北京时，夜已深。编导已给我们订好了宾馆，在中央电视台北门往西不远的地方。同时，她发来一则短信："明天早上9:30我会来接你们的，下午3:30去演播室录像。"

编导和摄影师一男一女，两位年轻人。他们把我们带到对外经济贸易大学。原来他们想在这里拍一些有关校园生活的外景。在离东门不远的草坪边，摄影师根据编导的要求，拍摄一组镜头。

镜头一：女儿沿着石板小道来回走，旁边是夹着书匆匆行走的大学生。

镜头二：女儿坐在湖边的长椅上，眼望湖水，黑色的书包放在她的左边。

镜头三：我和女儿走过湖面上的小木桥，边走边聊。因为她比我高，摄影师叫我俩调个位置。走了一遍不行，因为我的鞋跟陷进小木条里了。再走一遍，OK！

镜头四：女儿和爸爸从草坪中间的水泥羊肠小道走向图书馆。摄影师叫他们挽着手臂，她不同意，因为她没有与人挽手臂走路的习惯。编导说："行，你怎么舒服就怎样做，不要打破你原有的生活习惯。"

编导说这些镜头是为了交代女儿的成长环境，播出时穿插在访谈中间。

拍完外景，编导把我们带到她的同事家。她的同事是一位单身小伙子，也是摄影师，住在对外经济贸易大学的教工单元里，他说这是母亲给他的房子，因为她是大学教授。他的家不大，小两室一厅。唯一有特色的是中央电视台自己制作的挂历，全是他们的同事的照片。这些同事当然也是我们极为熟悉的主持人。女儿看到欧阳夏丹的照片问道："她不是上海台的吗？"年轻的摄影师笑道："看来你不大看电视。她已调到中央台好长时间了。"

编导又开始张罗镜头了。

镜头五：我们一家三口坐在餐桌边。女儿与爸爸妈妈面对面，聊些家常。

镜头六：女儿一人整理问卷，不时用笔记录。

镜头七：女儿坐到客厅的大沙发上，面对阳台刺眼的太阳光，抱着一个大大的熊娃娃，很郁闷。

镜头八：摄影师拍下报纸、杂志记者对女儿采访和报道的文章标题。

这些镜头是为了说明女儿的研究过程和效果，播出时作为背景画面。女儿说："我觉得拍电视就是在构思一篇作文。"编导说："是的，只是我们的作文是用画面来说话。"她还解释说："本来是要去上海拍外景并且拍你家的，现在这样既节省了开支又节省了时间。当然，我们需要反映的实质是一样的。"女儿说："这叫来源于生活但高于生活。"大家都笑了。

中午，编导带两个摄影师和我们一家共六人去文学馆路的北京饭店吃饭。席间，摄影师对女儿说："我一边拍一边想你像谁，现在终于想起来了，像名模孟广美。"编导说："你这样一说，还真像呢。"另一摄影师说："我看更像杨澜，秀气、知性。"突然他又叫道："还像我表妹，高高瘦瘦的，还有酒窝。"女儿开玩笑说："看了半天，我全是别人翻版。其实，我就是我自己。"

下午去中央电视台做访谈节目。只有编导与我们同去，因为那两位摄影师是专门拍摄外景的，而访谈场景有专门的内景摄影师。

进入高大的摄影大楼，先到化妆室。有浓妆有淡妆，我们选择了淡妆。前面的一个节目到预定的时间还没做完，等了约半个小时，我们到另一幢大楼拍摄。

沿着长而深的楼梯，我们走进了摄影室。那是一间非常高大的房间,但被深蓝色的帘子隔开,里面的面积大约80多平方米。三台先进的摄像机对着中间的沙发。几个工作人员不时忙碌着。

女主持人是北京一所著名大学媒体学院的教授,40多岁,异常端庄美丽。她看到女儿,问多大了,读几年级,女儿一一回答。她开心地说:"真是巧合,我女儿比你大7天。"我觉得她身上有一层母性的光辉。室内摄影师在调灯光,重新摆布景。乘此空隙,女主持人与女儿攀谈起来。从学习到交友,从研究到生活,无所不包。过了一会儿,男主持人过来了,他是北京某医科大学的教授。于是,两位主持人和女儿就编导预先给的话题、他们对此项节目的见解进行交流,基本达成共识。女主持人告诉女儿,家庭是和谐社会的组成部分,这个节目想让女儿以研究者的视野,从孩子的角度谈谈亲子沟通问题,由此引起社会对青少年成长的关注,并对家长们提出可行的建议。

我环顾四周,发现这个摄影间还有另外两个栏目。我们经常看到的一档著名的法律节目,文字、图片、标志都贴在另一面墙的蓝色玻璃上。看来,这个房间的利用率极高,摄像机换个方向拍,就成另一档节目了。因为摄影师还有些前期工作没做完,男主持人就与我先生聊上海男人和北京男人的区别。为什么上海男人爱做家务?如果北方女人和上海男人结婚会怎样?我说:"上海男人爱做饭的比较多,但打扫卫生、收拾衣物等还是女人做得多,男人弄不干净。"女主持人说:"其实,即使上海女人也还是辛苦的。男人们烧了一顿饭,大家看得见,他很有成就感,也可以就此说事儿。而女人们干的是琐碎的、看不见的活。"大家正聊得起劲,摄影师说:"一切准备就绪。"进入拍摄状态。

室内访谈前后可能有两个小时,围绕女儿熟悉的亲子沟通问题,加上两位教授深刻的剖析,既有谈话节目的轻松,又浸润了学术气息,定位准确,相信能给观众一些帮助。节目快结束时,女儿告诉两位教授,打算把研究成果以书的形式发表,两位教授非常赞同,还说,如果以后读他们的研究生，一定欢迎。最后，女主持人对着镜头竖起女儿论文蓝色的封面说："孩子的研究虽然结束了，但研究成果带给我们的思考却是无限的。"

三位摄影师分别关闭镜头。我们五人合影留念。此刻已是晚上8:00，所有人都没吃晚饭。

中央电视台与东方卫视的区别是由节目定位所带来的。东方卫视侧重女儿的成长本身，拍了她读书的中学和家中的情况，并且以女儿研究的一位同学的故事阐述了研究的效果。而中央电视台侧重于研究所带来的思考以及社会意义，所以，他们由教授领衔主持，外景和女儿的获奖照片只是交代事情的来龙去脉。

中央电视台播出的片子只有短短的半个小时，但是，为此付出的时间却长达两个多月。先是编导选题，接着花费了一个多月才找到女儿，再安排我们全家去北京，这是个烦琐的过程。实际拍摄过程从早上9:30到晚上8:00，整整十个半小时。另外还有后期片子的构思和剪辑等工作，并且报销了我们的来回机票和宾馆的费用。女儿深深体会到：做每件事都很不容易，真是"台上一分钟，台下十年功"。

半个月后的一天，我又接到中央电视台另一频道的编导打来的电话，请我们到北京做节目。我告诉她："感谢您的邀请，我们已经去北京拍摄过了，不想再做其他节目。"女儿的研究被中央电视台两个频道的编导选中，说明亲子沟通的问题的确是社会的热点问题和重要问题。

面对孩子暂时的"成功"，家长该有怎样的心态？面对即将来临的漂洋过海，孩子应有怎样的心态？这两个问题是在接受中央电视台等媒体采访后我的思考。

第八章　淡然面对中央电视台等媒体的专访

不由得想起了两个故事。一个是中学语文课本上王安石笔下的方仲永。他天资聪慧，5岁时便能"指物作诗立就，其文理皆有可观者"。同县的人感到奇怪，渐渐地"宾客其父，或以钱币乞之"。于是，其父感到有利可图，"日扳仲永环谒于邑人，不使学"，结果仲永长大后"泯然众人矣"。该故事告诉家长：在孩子的成才过程中，后天教育比天资更重要。试想，倘若仲永的父亲不唯利是图，而是目光长远，给仲永创造良好的学习环境，聘请优秀的指导老师，仲永会是怎样一位人才呢？我想，那不仅是仲永家庭的幸运，更是国家和社会的幸事。第二个故事是关于著名相声演员的家庭。该相声演员的女儿从小具有很高的艺术天赋，初中时就是著名的童星，但是，父亲发现女儿的学习成绩直线下降，于是，毅然把女儿送到国外留学深造。父亲认为，女儿过早成名，看似风光，但对长远的事业不利。如今，女儿学成回国，成为一名出色的制片人。倘若该父亲像方仲永的父亲一样，女儿会不会因没有深厚的文化底蕴，即使红极一时，最终销声匿迹呢？两位父亲在对待天才孩子的成功时采取了截然不同的态度，因此，他们的孩子的成长结果也截然不同。我女儿不是神童，但是，她取得了一点点成绩。这个时候，家长要保持冷静的头脑。如果我们鼓励女儿参与一些社会活动，甚至创造一些机会让她"出名"，结果将会非常糟糕。近的说影响她学校功课的学习和SAT考试，远的说她的心态浮躁了，做什么事都静不下来，将来会一事无成。

我也想起了女儿读五年级的暑假，我们一起去湖南旅游。在岳阳楼门口，一位卖茶少女推销一种茶叶，名叫"小平茶"。少女介绍说："这种茶叶很奇特，泡在开水里一会儿会全部沉下去，再过一会儿又全部浮上来，沉沉浮浮会有三次，就像小平同志三起三落。"我觉得很有意思，就买了茶叶，并给女儿讲了邓小平同志的故事。登上岳阳楼，面对烟波浩渺的洞庭湖，我和女儿一起背诵《岳阳楼记》。我们体验范仲淹的万丈豪情，特别是"不以物喜，不以己悲"，"先天下之忧而忧，后天下之乐而乐"。事情过去这么多年了，我和女儿都记得"小平菜"和岳阳楼前的直抒胸臆。

女儿长大后学了辩证法，她对"不以物喜，不以己悲"有了更深的认识。在物欲横流、结果导向的浮躁社会，个人的成就往往与名和利直接挂钩，这个名和利就是外在的"物"。在暂时的成功面前，如果一个人太把自己当回事，孤芳自赏现时的"物"，则终究会失去更美好的未来。人生不仅有阳光，还有阴雨。如果一个人在遇到挫折和困难的时候，只看到自己的弱点和失败，就会沮丧，会限制自己的潜力，减少自己的发展机会。因此，不因为名和利的获得而骄傲和狂喜，也不因为暂时的失意潦倒而悲伤和放弃。

女儿是个普通的孩子，她有自知之明。遇到困难时她能坚持，获得荣誉时她保持平和。得之不喜，失之不忧，可谓宠辱不惊。她在高中一篇随笔中曾写道："人生最美是淡然。淡定从容，闲看庭前花开花落，漫随天外云卷云舒。在平凡的人生中，让自己拥有一份淡雅清香的韵味，一份坦然宁静的心境，一份淡泊名利的境界，一份悠然自得的生活，这是一种修炼，也是一种境界。宁静淡然不是不思进取，而是以平和的心态、百折不挠的精神去追求自己的理想。"写这本书时，她一再向我强调，我们是社会群体中普通的家庭，普通的家长，普通的孩子。她不肯透露自己太多的信息，觉得那有"炒作成名"之嫌。她说，如果读者认为我们"成功"的话，那么，成功不在高高的山顶，而在他们的左邻右舍，可以借鉴，可以复制，是一种平民的成功。

留学在外的孩子，受到学业、生活、情感等多种压力，希望家长在孩子出国前就要关注其心理健康问题，这是家长们在追求国外名校"硬件"时容易忽略的"软件"问题。最近常有媒体报道留学生在海外的心

> 家长在孩子出国前就要关注其心理健康问题。

理问题。专家解释说,有的孩子从未独立处理过事情,依赖心理强,遇到挫折只会跟家人抱怨或自我封闭。还有的孩子由于家境富裕,遇到挫折后,从优越到自卑的落差太大,心理上无法承受,从而导致抑郁和自闭。因此,送孩子出国前,家长首先要调整心态,不能只给孩子当经济支柱,更应该注重跟孩子的沟通,了解孩子的内心想法。

我希望我的孩子无论面对失败还是成功,都能保持一种宁静淡然、豁达大度、追求进步的心态。让孩子拥有这样的心态不是一朝一夕的事情,而是家长贯穿在生活的小事中,在自己的言行举止间。拥有"人生最美是淡然"、"不以物喜,不以己悲"胸襟的孩子才能拥有快乐的人生。

第九章 参加三好学生体育测试

区里给学校四个三好学生名额,高二年级只有一个指标。学校为了公平起见,制订的方案是:首先由各班级学生选举,年级汇总;接着请体育老师把体育不合格的去掉;再由学校面试答辩挑选;最后确定正式名单并张榜公布。

由于女儿的学习成绩和综合素质不错,因此,她以全票被同班同学推荐。体育测试中,女儿的长跑、100米短跑、篮球等成绩优良。最后,学校领导、德育处、年级组等各个部门的老师组成答辩小组面试。女儿经历了多次采访,具有较好的临场经验,因此,又是全票通过。

学校推荐的优秀生名单交区里,被推荐的学生要一起参加区体育测试和面试答辩。区里的测试非常重要,如果不合格,不仅自己当不了三好学生,还会减少区里对该校下一年的名额,因为区里会认为该校推荐的学生不是全面发展,要为此负责。

女儿从学校体育老师那里得知体育测试共三个项目——800米长跑和立定跳远是必选项目,掷实心球或50米短跑两个项目中可以选择一个。女儿向我分析她的优势、劣势。800米长跑应该没有问题。在紧张的学习之余,我们家一直注重体育锻炼。每周两次到家附近的绿

第九章 参加三好学生体育测试

地跑步,既增强了体质、锻炼了耐力,有助于学习,也"无心插柳"为今日的测试作了超前准备。立定跳远肯定没问题,女儿1.71米的个子使得她在这个项目上每次都得满分。两个自选项目都没底。女儿虽然个子高,腿长手长,可是,细细的胳膊没有力气,掷实心球的成绩一直不好;学校的100米短跑没问题,但是区里测的是50米短跑。由于50米距离太短,如果起跑快成绩就很好,如果起跑慢了一拍,就可能有问题。她很清楚自己的弱点。由分析可知,女儿的必选项目属于优秀,自选项目有一定的实力,但不是百分百的把握。对我们而言,不能有任何闪失。自己过不了事小,给学校抹黑,减少下一年三好学生的名额事大。

只有四天就要参加区里组织的体育测试了。我们非常重视这次测试。我翻阅了体育资料,看看如何提高掷实心球的成绩。我照着资料介绍的握球方法,让女儿练习。两手十指自然分开,把球放在两手掌。两手的食指、中指、无名指和小指放在球的两侧将球夹持,两食指中间距离为1—2厘米。两大拇指紧扣在球的后上方成"八"字,以保持球的稳定。握球后,两手下垂自然放于身体前下方,这样可以节省力量。在预摆时增大摆动幅度。握球要稳,两臂肌肉放松。女儿说:"你还是别瞎折腾了,我弄错了你也不知道,我明天去做给体育老师看。"

但是,第二天到学校,一节课连着另一节课,根本没有时间。在体育课上见到了体育老师,但是他不可能为女儿一人练习,他有整个班级的授课。看来,在学校请老师帮忙是不现实的。晚上,在小区球场的路灯下,我们继续练习掷实心球。有个热心网友这样说:"本人掷实心球超有经验,以下方法超有效。第一,两脚前后开立,相距约50—80厘米,两手将实心球高举头后,身体稍后仰,有稍微背弓。第二,投掷时,将实心球由头后经头顶至体前,预摆1—2次,当第二次预摆开始时,由肩带动上肢蹬地和前臂,摆速加快,利用下肢蹬地和腰腹的力量,快速将实心球摆到大约上肢与身体成45°夹角方向时,用力将球抛离双手,同时下肢及两脚交换位置。"我从网上下载资料,与女儿一起研究,找出掷得不远的原因所在。连续试验了几次,有一次达到要求,其余都不过关。

关于50米短跑,我看网上资料,有的说蹲式起跑好,有的说站立式好,我们试验了几次,有时蹲式比较快,有时站立式比较快,没有找到规律。

女儿说:"我一定在某个地方有技术错误,还是找专业老师训练比较好。"

我向同事请求帮助,她是水平高、教学经验丰富的体育教练。她欣然答应放弃双休日,陪女儿训练。

周六上午,我们一家三口加上教练一起来到区里指定的测试场地给女儿训练。教练说:"实心球和50米短跑都训练,然后根据稳定状况选择一个参加区里的测试。"

那天很热,教练给女儿讲了投掷实心球的动作要领后,她一下子就达标了。原来,投掷实心球除了臂力外还要借助腰部的力量,而女儿以前一直是用臂力蛮干的。用教练的话讲,女儿的问题是腰腹收缩与两臂用力不协调。女儿单纯使用手臂力量,而腰部没有协调做动作。找到了问题症结所在,女儿根据教练的指导,对手臂与腰部的协调进行专门的练习。先进行徒手练习,注意蹲地、收腹、投球协调,再由轻球到重球训练。怪不得教练带了好几个球来了。教练说,这是学生常犯的错误。由于我不专业,不知道问题所在,所以花了冤枉时间训练,还不得要领。

第九章　参加三好学生体育测试

女儿一遍一遍练习，她爸爸一遍一遍捡球，直到累得她手臂抬不起来了才停止练习。休息10分钟后，教练给女儿进行了五次模拟测试，她只有一次未达标。对我们而言，这一次也不可以存在。由于练习的时间太长，教练建议让手臂休息下，因此，接着训练50米短跑。

教练和她爸爸一起用软尺量好距离后，教练给她讲起跑要领。对她来说，50米成绩的好坏完全取决于起跑的快慢。在教练的指导下，女儿练习了几遍，没想到每次成绩都很好，她一下子有了自信。可是，她突然怀疑教练计算时间错了，因为她从没跑过这么好的成绩。又训练了几次，依然每次成绩都很好。她问教练是不是秒表有问题，教练说要不然叫你爸爸看手表？结果成绩还是很好。这时女儿才相信，原来她的50米短跑很强啊。教练说，女儿50米短跑的实力很不错，只是以前信心不够。前几次训练，我没有秒表，而是看我的手表，可能由于我不专业，计时有误，造成了女儿的心理负担。教练让女儿自己选择一个项目参加区里的测试，女儿说，肯定是50米短跑。虽然掷实心球改正了错误动作后，成绩达标基本没问题，但没有50米短跑有把握。教练把选择权给女儿很重要，这说明她对这个项目有了信心。女儿的自选项成绩很好，因此，她说周日她自己训练，不需要教练也不需要家长陪同了。

周一下午，区里正式测试的时候到了。我又把教练请来，一方面给女儿心理安慰，另一方面给她做热身运动和测试前指导。我说："体育测试时的不确定因素很多，有教练指导很重要。"

所有参加测试的学生都先参加800米长跑，这是女儿的长项，她以第二名的成绩轻松过关。其实，她还能跑得更快，但是，这不是比赛，而是过关考试，她说她要为后面的测试节约体能。

主考老师给了她"合格"后，她参加立定跳远，这也是她的长项。她轻轻一跳，超出线很远。

意想不到的是，在我和教练到达之前，女儿已和其他同学一起进行了800米自测，腿部肌肉有点受伤了，再加上刚刚又测试了800米和立定跳远，她的腿很疼。教练让她躺在草地上，帮她按摩腿部肌肉。然后，教练又让她站起来，继续按摩，还不时鼓励她："过了这一关就是全面胜利了。你训练阶段的成绩很稳定，这次肯定也没问题。"

50米短跑是随到随测，两人一组。教练看到一位男生走来，叫女儿和他一起跑。教练说："男生比你跑得快，能把你的成绩带上去。如果跟跑得慢的女生一起，你的成绩也会下来。"果然，女儿以超过训练的最好成绩通过。

好了，我终于松了口气。我比女儿还紧张。

为了参加区三好学生体育测试，女儿进行了四天的训练。四天虽短，它给我的启发却是难忘的。

第一，**家长对待孩子任何事情的态度都要认真而专一**。不要因为不是学习之事，就不管不问，不要因为觉得是琐事、小事就不认真。体育不是每一个家长都重视的，更不是家长们愿意去认认真真准备的。800米长跑是耐力跑，不是一时三刻练得出来的。如果我们家平时不注重长跑，女儿不可能有这么好的成绩，当然，在学校选拔时就可能被淘汰了。我们一般每周两次，周五晚和周日晚的6：30至7：30到公园长跑。锻炼的目的一是为了女儿有好的体力迎接高中阶段的各种挑战，二是全家有一个好的沟通环境。在树木葱茏的公园，有一条路专门用于跑步，我们开始是走路热身，聊聊家常，走两圈后，开始跑步。女儿养成的体育锻炼的习惯一直延续到大学，并成为她生活中最重要的一个部分。在一封信里她这样写道："健康是最基础的也是最重要的。中国学生往往缺乏锻炼意识，缺乏紧实的身材线条。我发现美国人十分注重健身。一开始我仍旧坚持自己的生活方式,只在绿树成荫的路边或操场上跑步,后来在朋友的带动下去了健身房。健身房里,年轻的学生挥汗如雨,男男女女,各种肤色,个个充满活力。健身房是如此的美妙,以至于那里成了家、教室、图书馆之外我最常去的地方。学校的健身设施非常好,几个健身房分布在学校的各个生活区,从早上6:00开到第二天凌晨2:00,费用十分低廉。买了健身卡之后,可以任意参加健身课,使用健身房里的设施和各种场馆。学习到深夜,去健身房跑个步或者游个泳,回家洗澡睡觉,那是十分惬意的事。而且,运动让人快乐,精神状态也很好。看到自己紧实的身材、优美的线条,让人十分有成就感呢。"这就是孩子对锻炼发自内心的感受,它让孩子由内而外充实、快乐、美丽。家长们,培养孩子一个锻炼的好习惯吧,它会使孩子受益无穷。孩子的健康比什么都重要!

第二,**专业的问题要请专业人士帮助解决**。区三好学生体育测试有两个自选项目——投掷实心球和50米短跑。测试前,我在网上查阅资料,并和女儿一起进行了锻炼。可是,我们的练习不得要领,几乎没有进步。可是,教练只看了她的投掷方式和起跑,就一下子找到问题的症结所在,破解了难点,女儿的成绩突飞猛进并且很稳定。对我们而言的难点,在教练那里则是学生司空见惯的错误,是她教学的要点。由此可见,专业性强的问题要请专业人士指导,可以减少弯路,事半功倍。

第三,**要善于整合周边的人际资源**。我们生活在世界上,实际上是生活在人群中。有困难的时候,不要一味地遮盖自己的不足,最好能勇敢地敞开心扉,请求别人的援助。作为老师,我见到过各种各样的家长,有木讷内向的,有活泼外向的,有好面子的,也有不怕家丑外扬的。一般地,只要家长有需求,老师都会倾其所能帮忙,所以,不要怕麻烦老师。只有"麻烦",才能家校合作,帮助孩子健康成长。另外,请求别人帮忙也是对对方的肯定。我感谢教练时,她说:"只是帮个小忙,不必这么客气,你请我是看得起我。"的确是这样,教练在我心中是位乐于助人、业务精湛的好老师。也许有人说,被人拒绝了多没面子啊。那也不要紧,你站在别人的角度想一想,可能人家是无能为力,也可能是另有隐情,不管如何,要理解别人。再说,为了孩子,受点委屈又有什么关系呢?

第十章 寻觅合适的好大学

上海学生出国绝大多数都请中介帮忙。一是孩子没有时间,单应付学校的作业就够孩子忙了;二是对留学一无所知,无从下手。即使懂一点点皮毛,也不敢自己做,害怕有闪失,耽搁孩子一年。中介毕竟专业,他们每天都做同样的事,与很多大学打过交道,知道什么样的学生匹配什么样的学校,而家长和孩子没有一点经验。

鉴于以上原因,我们开始没有打算自己申请留学,而准备选择一个水平高的、负责任的留学中介。翻开报纸、打开电脑,留学中介的广告铺天盖地,天南海北的都有,让人眼花缭乱,无从选择。为了对留学有大概的了解,大半年的时间,每个双休日,我都在沪上各大中介听讲座、咨询。

虽然没有双休日,但苦中有乐。我不仅听讲座,记笔记,而且,我把各个讲座的内容比较、分析,找到他们的共同点。如果说法不同,我再在网络上查询究竟谁的讲法更接近事实。中介的讲座都是免费的,从选校到组织材料,从学校管理到签证,无所不包。我真的长了见识,也结识了好几位朋友。比如,有位中介老师是清华大学毕业的,在美国读了博士,加入了美国国籍,现在在上海帮助更多的学生进入美国读书。他非常友善,当我告诉他我打算自己申请时,他对我没有丝毫的怨言。而且,每当我遇到困难咨询他时,他都耐心地一一解答。甚至,我女儿拿到大学通知书的时候，他还告诉她带什么物品比较好，怎样与外国同学相处，怎样听课。他还讲述自己的求学过程，点点滴滴中，体现了人性的美好。对中介老师，我很愧疚，他们没收过我一点报酬，却无私地给我提供了很多信息。

别人讲得再好也不如自己亲自探究。我研究的学校是《美国新闻与世界报道》（*U.S News & World Report*）排名前100的大学和前50的文理学院。

说到选校，一个绕不开的话题是大学排名。**如何看待大学排名？**这是家长很关心的问题。

现在去国外念书的孩子多，爱攀比的中国人不仅要比在哪个国家，还要比排名。不仅比学校的名气，还要比专业排名。可是，各个国家都有自己的排名，可谓"排名满天飞"，排名的指标不一样，导致结果也不相同。我只挑选比较热门的几种排名介绍给大家（介绍无先后顺序）。

第一，《美国新闻与世界报道》排行榜。《美国新闻与世界报道》是美国综合性报道和评论的英文周刊，自1983年以来，开始对美国大学及其院系进行排名。该排名的指标是学术声誉、新生质量、学生保持率、招生选拔、师资质量、经费资源、学生毕业率等，通过向各大教育机构发放问卷和网站调查的方式获取数据。2013年增加了三项指标：基于收入和种族的各项毕业率；大学的各项经费预算数据；各所大学的连通性方面的数据（"连通性"主要与学校怎样和学生保持联系有关，如计算机设施、无线网络、交互式数字工作区、技术支持、网上交流等）。

它的排名分为：全球TOP200大学排名、美国全国性大学排名、美国国立大学排名、美国文理学院排名、美国硕士学位大学排名以及基于各个专业的美国大学排名等。该排名体系中，等级一（Tier 1）为最好的大学，等级四（Tier 4）则为较普通的大学。比等级四分数低的大学或者不愿意接受《美国新闻与世界报道》排名的大学被列为"未排名"。其中，国家级大学和文理学院均以全美国为一体统一排名，其余的则以地区分成南部、北部、中西及西部四个独立排名。以往等级（Tier）划分大约是每50名为一级（即Tier 1为第1—50、Tier 2为第51—100等），其中前25所被称为明星级大学，后来Tier 1及Tier 2被合并统称Top Tier，其数目亦是约数，而不再必然为50个一级。

第二，《普林斯顿评论》（*Princeton Review*）排名。与《美国新闻与世界报道》排名方式与角度不同，《普林斯顿评论》没有对学校进行整体排名，但它从学生关心的学校的政治倾向、生活质量、宿舍条件以及社交生活等62个方面进行了排名。排名结果也不是请专业机构完成，而是对122 000名学生进行调查得出的。该排名分类繁多，如综合最好的大学、管理最好的大学、资助最好的大学、学术最好的大学、校园最漂亮的大学、最重视体育的大学、学生最快乐的大学、最偏民主党的大学、最偏共和党的大学等等。从这个资料你可以了解到学习以外的信息，确定你是否喜欢这所大学。

第三，上海交通大学的"世界大学学术排名"（*Academic Ranking of World Universities*）。2003年首次发布，该排名以学术成果和学术表现为指标，对全球1200所左右的大学进行排名，选取前500名网上公布。该排名采用客观指标和第三方数据进行分析，其评选标准为：获诺贝尔奖和菲尔兹奖的校友折合数（10%）；获诺贝尔奖和菲尔兹奖的教师折合数（20%）；各学科领域论文被引用率最高的教师数（20%）；《自然》和《科学》杂志上发表的论文折合数（20%）；被科学引文索引（SCIE）和社会科学引文索引（SSCI）收录的论文数（20%）；由上述五项具体指标得分之和除以全职教师数目而得的师均学术表现

（10%）。虽然欧洲一些大学对上海交通大学排名的方法提出质疑，认为对它们的评价不够公平，但它已被世界所认可，引起了一定的国际反响。据说有的国家的大学校长为了改变自己学校的排名，表示要来中国做做工作，可见这份排名的影响力着实不小。

第四，《泰晤士高等教育》（*Times Higher Education*）世界大学声誉排名。自2004年11月起，该刊每年都会与QS合作，公布世界大学排名直到2009年。2010年，它与QS正式解除合作，改与汤森路透社集团合作，推出新的世界大学排名，QS亦独立推出新排名。该排名的评选标准是：经济活动与创新，即从产业界获得的研究经费，对照教职员人数（10%）；国际化程度，即国际师生和本地师生的比例（10%）；制度化指标，即大学部师生比、大学部和研究所的学生比、授予博士学位人数、教学品质调查、学校预算（25%）；研究指标，即学术论文发表（数量）、论文引用率（影响力）、年度研究经费、政府专案补助与企业赞助、研究的国际学界声望（55%）。英国《泰晤士高等教育》一年一度的排名近年受到批评，被指责过于依赖人们的主观印象。为此，该刊物宣布修改评选方法，以求做到"更高深、更透明、更严谨"。

第五，福布斯美国大学排行榜。该排行榜囊括了650所高校，由大学学费与绩效中心（Center for College Affordability and Productivity，简称CCAP）专门为《福布斯》编撰。该中心是一家位于华盛顿特区的智囊机构。该排行榜根据大学的毕业率、学生满意度、学生负债率和毕业后成功率等指标评估大学的排名，有针对性地忽略了一些短暂易逝的衡量标准，如"声誉"以及那些鼓励浪费的、考虑不周的指标，试图站在高校消费者即学生的角度来评估这些院校。但有人批评说，福布斯美国大学排行榜较为注重学校的财源财力。

以上是众多排行榜中比较知名的五个。如若对更多的排行榜感兴趣，读者可进一步探究。

第十章　寻觅合适的好大学

排行榜有时也会引发风波。2012年11月27日上海《新闻晨报》刊登了一篇关于大学排名的文章。据介绍，2012年11月14日《美国新闻与世界报道》数据研究中心主任罗伯特·莫尔斯（Robert Morse）通报将乔治·华盛顿大学在2013年9月再次发布大学排行榜之前除名，原因是该校把新生来自全美顶尖高中的数据从58%提高到78%，教务长发现问题后及时更正，并上报《美国新闻与世界报道》，结果导致除名。据了解，美国近几年很多高中已经停止向大学提供学生班级排名数据，即使提供，为了展示高中教育质量优良，提供的数据也屡有掺假行为，而大学没有义务核对数据的真实性。由此我想，是不是更多的无意中造假的学校不敢诚实地公开说明，而有意造假的则更为隐蔽？乔治·华盛顿大学被除名后，引起了广泛的舆论讨论，也对国际学生的择校产生了一定的影响。罗伯特·莫尔斯指出："虽然排名说明问题，但不说明一切，需结合地理位置、校园生活、学科广泛度、专业知名度、学生活动、体育项目、学费及奖学金的可能性综合考虑。"文章最后提醒中国学生，排名并非选择大学的唯一标准，理性选择才能找对适合自己的学校，让留学物有所值。

我个人认为，只要能上排行榜的大学都是好大学，虽然对排行榜的指标有争议，但毕竟都具有相当的科学依据，而且我们心中的好大学都榜上有名。再说，美国大学各有特色，比如，在美国亚利桑那州的凤凰城，有个雷鸟商学院，可能大多数中国人知道沃顿商学院、哈佛商学院，但几乎没有人知道雷鸟商学院。可是，偏偏是这个不知名的商学院被誉为"国际管理教育第一校"，是全球公认的培养国际化商业领袖最成功、最有经验的教育机构，连续多年在《美国新闻与世界报道》的商学院排名中位居国际管理教育第一名。

这又涉及另一个问题：**大学排名与专业排名哪一个更重要？**我是这样选择的：如果读本科，主要以《美国新闻与世界报道》上的综合性大学或文理大学排名为主，同时考虑专业排名；如果读研究生，可分两种情况——打算回国就业的，选择综合排名高的，因为国人大多只知道大学的名字，对细节性的专业不太了解；准备在国外就业的，以专业排名为主，因为在国外的工作圈子里，大家对各个大学的强势专业非常清楚。比如学计算机的，卡耐基·梅隆大学肯定比哈佛大学强，但回国后，人们对哈佛肃然起敬，对卡耐基·梅隆却知之甚少。说到底，根据孩子的留学目标、硬件和软件、家庭经济状况等选择的大学才是适合的好大学。当然，虽然不看中大学排行榜，但你选择的大学最好在各大排行榜前100名中出现，退一步讲，至少是中国教育部认可的大学，这样对大学的信度才有保障。"野鸡大学"万万不可选择，无论他们说得怎样花好桃好。

我不是美国大学的校方代表，也不是中介，而且不能因为我个人的喜好而对那些我没有选择的大学说三道四，因此，我用大学的英文首字母代替校名，具体描写我和女儿的选校过程。

我们把美国地图研究透了。开始对选校没有特别的要求，只是先听"过来人"讲一讲，以便从中有所感悟。

我有个学生，是班上最优秀的。她的母亲是上海一所著名高校的英语老师，曾在明尼苏达州的S文理学院（Liberal Arts College）做过访问学者。这所上海高校与S文理学院从20世纪80年代就建立了合作关系。我的学生以雅思7.5、SAT1980的成绩进入该校，并获得每年4万美金的奖学金。全校都是小班上课，我学生的班级只有12位同学。老师对所有学生都很关心、友善。她刚去时外语课程选择了法语，一个月后就要求看原版书，老师耐心地一遍一遍帮她改作业，纠正读音。一学期后，她就能讲流利的法语，写作也基本过关。S文理学院校园活动丰富，音乐节特别有特色，乐器演奏者水平之高令人赞叹。国际生只有1%，全校有12位中国学生，不可能出现华人扎堆的现象，有助于英语水平迅速提高。学校有学生自主经营的有机农场，提供新鲜的蔬菜和水果。我的学生从教师、学生、校园特色等方面的介绍让我心动。

G学院是艾奥瓦州（Iowa）的一所文理学院。在中介举办的宣讲大会上，来自G学院的上海学生现身说法。这位高大的男生已毕业，即将读研。他给我们放了他在G学院拍的录像。从录像中看，校园美丽幽静。据该生介绍，G学院与中国有着较深的渊源，抗日战争之前及1987年以后在中国建有办公室，现在学校国际学生中人数最多的就是中国学生。全校只有1500名学生，师资强大，是美国通识教育的典范。他最后幽默地说，他即将去沃顿读金融学博士了，他的女朋友没申请到，但将有"沃顿丈夫"，这是女朋友最自豪的。听众都被他的霸气逗笑了。回到家，我查了谷歌地图，发现学校处于偏僻的艾奥瓦州，周围是大片的稻田，这虽然与车水马龙的上海迥然不同，但环境十分有利于学习。该校奖学金丰厚，中国学生每年都有拿到全奖的。G学院也让我满意。

M大学是位于密歇根州的一所综合性大学（University）。我的朋友夫妇在这里当老师。朋友研究生毕业后到加拿大读博士，然后到M大学任教，是教育系的博士生导师。朋友的先生是美国南方人，是M大学科学哲学系的博士生导师。他俩到上海旅游时，我女儿曾和他们一起去苏州，一起在淮海路购物。朋友告诉我，M大学的师生都很善良，学术水平也很高。因为有朋友夫妇的关照，我也很喜欢这所大学。

I大学是艾奥瓦州的一所综合性大学。我同事的哥哥在这里当教授。同事热情地向哥哥询问情况，从来信中得知，这所大学虽然在《美国新闻与世界报道》综合大学排名60多，但是，它的物理、经济等都很不错。最出色的是护理专业，全美顶尖。而且，它有世界著名的写作中心，许多中国作家都在这里待过，甚至连女儿喜欢的土耳其作家奥尔罕·帕慕克也是从这个写作中心到纽约去的。这让女儿很激动。我后来把它作为保底学校，我不知道是女儿优秀，还是它们的朴实厚道，学校自动给了奖学金。过年的时候，校长热情地向未来的学生写来新年贺信，虽然可能每个被录取的学生都收到这封信，但是，校长在细节中体现的真诚让人感动。女儿写了封婉拒信给招生办公室，招办老师诚恳地询问为什么不来？是学术原因？是地理位置？是招生人员的态度？是宿舍原因？十几个选项让女儿选择。我们预订的宿舍也全额退款了。I大学的细致、周到、热情很值得我国学校管理者学习，这才叫精细化管理。

我和女儿在地图上标出我有感性认识的文理学院或综合性大学，女儿惊讶地发现，所有学校都在纯朴的、寒冷的中西部。

这个时候，几个问题浮现出来：**文理学院和综合性大学哪一个更适合？选校要不要看地理位置？**

选择文理学院还是综合性大学？我们首先要弄清楚它们的区别，然后才能确定选择哪一类大学。我查阅了大量的资料，从以下几个方面进行了分析。

学位提供。文理学院一般只提供本科教育，极少数提供硕士学位。综合性大学则提供从本科到博士的教育。

办学规模。文理学院在全美大约有250多所（没有准确的数据），规模小，一般2000人左右，小班授课。综合性大学规模大，有的大学就是一个小镇，有几万人。综合性大学的通识课程学生数比较多，有的达到100人，而专业课也是小班授课。

师资力量。综合性大学有很多包括诺贝尔奖得主之类的大学者，文理学院则不多。但这并不是说文理学院的教授不如综合性大学的教授，而是文理学院的重点不放在研究而在教学上。综合性大学除了教授上课外，有的专业还有助教来答疑。助教大多是教授的博士生，他们也经过了严格的挑选和培训。

课程设置。综合性大学专业设置齐全，且应用性强。文理学院注重的是通才教育，课程包括艺术、人文、自然科学、社会科学等门类。当然，也有极少数的文理学院开设了工程专业，这是美国教育的"异质竞争"。

奖学金数额。文理学院的学费比综合性公立大学贵，但奖学金比综合性公立大学多。总体比较下来，学生花费差不多。

未来发展。从就业看，综合性大学有优势，因为综合性大学知名度高，专业齐全，应用性强。文理学院的就业形势弱一些。从继续读研看，两者差不多，可能文理学院稍强一些。从人脉关系看，在综合性大学中能交到更多的朋友，本科生可以从硕士生和博士生身上学到许多做人做学问的道理。文理学院小巧，人际关系比较温馨，同龄人之间能结成好朋友。

另外，综合性大学里也有文理学院，但它只是大学里的一个学院，不是独立的办学机构。如果孩子对未来的发展方向比较模糊，职业定位不明确，可选择文理学院。

文理学院与综合性大学孰优孰劣，见仁见智。有人说，文理学院代表着经典、小规模、高质量的本科教育；也有人说，如果你有能力选择综合性大学，不要选择文理学院，外国的"之乎者也"对中国人没用。从我的研究看，这两类大学最本质的区别是文理学院更多培养孩子全面的人文素质，而综合性大学更多培养孩子走向社会的专业素养。比如，文理学院开设古希腊哲学史，而综合性大学开设会计专业和物流专业。

在弄清楚了文理学院和综合性大学的区别后，女儿对自己从个性、兴趣爱好到未来目标进行了分析。她的性格既不外向也不内向，开朗中含有冷静，两种大学均可选择。学校的办学规模她不在乎，大有大的好处，小有小的好处，因此，两种大学均可选择。申请大学前，她在公司实习过，对能源行业比较感兴趣，可以就读工程学院；她研究过民营企业，对经济领域感兴趣，可以就读理学院；她在银行实习过，对金融有所了解，可以就读商学院。由此看来，综合性大学比文理学院更适合于她。

如何选择大学的地理位置？是朴实偏僻的中西部，还是金融发达的东北部？是阳光明媚的西海岸，还是热情开朗的南方？是不是只选择有熟人的学校？

我偶然认识了一位年轻白领。她告诉我，她目前在美国中部密苏里州的一所著名大学读法律硕士，因为学校周围是一片玉米地，找不到实习地，她只能申请休学一年，到上海市淮海中路的一家涉外律师事务所实习，因此，她强烈建议孩子到大城市念书。恰巧也就在那几天，电视上播报美国南部的飓风，美丽的小镇一片狼藉。宁可不出国，也要考虑安全。对加州，我是"爱恨交加"。我喜欢加州的气候，但是，加州华人太多。华人多有华人多的好处，但也有同种族人聚居的缺点，因此，我一直拿不定主意是否报加州的大学。我去找中介朋友商量，她说："如果读计算机，你最好去加州，因为那里有硅谷。如果读金融，你最好去东海岸，因为那里有华尔街。"虽然她的话不一定完全正确，但是，说明了地域经济与专业选择的关联。东海岸尤其是新英格兰地区是美国最早发达的地区，具有悠久深厚的人文基础，但是，东海岸的冬天寒冷漫长，虽然室内有暖气，但是总要出门的。

我把每个地方的优缺点摆出来，让女儿自己选择。她说，去美国是去念书的，她将来从事的工作与能源或经济金融有关系，因此，她选择东海岸。至于有没有熟人、朋友，这不重要，到了学校就会认识老师和同学的。我们以《美国新闻与世界报道》排名选择了东海岸前50的综合性大学，一共有23所，可见，东海岸的确名校荟萃。

我一头扎进这23所大学的网站，逐个研究。那些日子，女儿依旧忙碌着她的高中学业，而我每天的业余时间都在网络上，长时间用电脑，以致我的视力下降了。有些大学特别牛，几乎不招纯粹大陆背景的学生，要招至少也是中美交换生，我有自知之明，果断放弃。我又缩小包围圈，留下12所大学。我和女儿一起把12所大学在地图上标出，她说，不知道为什么，她喜欢三个州——宾夕法尼亚州、纽约州和马萨诸萨州。于是，根据女儿的TOEFL、SAT、GPA成绩以及她的获奖和社会活动，我们选定5所。C大学和N大学都在纽约州，常有企业界人士现身说法。P大学和p大学都在宾夕法尼亚州，其商学、工程学都是一流。B学院在马萨诸萨州，我朋友的女儿在那里读会计硕士，评价很好。这几所大学在《美国新闻与世界报道》都是第一等（Tier 1）大学，在其他著名的排行榜中也很靠前，可以说，能被其中任何一所录取都是幸运的。美国东海岸的名牌大学从不缺乏来自于全世界各地的优秀学生的竞争，我没有经验，没有十足的把握能录取，因此，我还把艾奥瓦州我同事哥哥所在的排名60多的大学作为保底，因为那里是奥尔罕·帕慕克曾经写作过的地方，学术也很不错。

至此，我们选下了女儿喜欢的、适合的6所大学。

选校的过程像剥笋。那么多的大学像一个完整的笋，我们一层一层剥开，直到最后找到适合自己的那几个笋瓣。我希望与大家分享选校心得。

第一，请中介申请还是DIY（自己申请）？

如果家长和孩子英文够好，可以自己申请。同时，家长要多听中介讲座，多请教过来之人。非常重要的一点，家长要与孩子商量、沟通，不能越俎代庖，毕竟去上大学的是孩子。可以把选择的学校在地图上标出，写下选择的理由，家长问孩子答或孩子问家长答，把所有问题都想清楚了，再确定学校。

如果请中介申请，要积极配合中介，把你们的想法告诉他们。在写材料的时候（从第十一章至第十五章我将详细讲解），要挖掘孩子的经历和独特的人生感悟。对中介不能"一付了之"，认为人家收了钱，就没你的事了。中介其实起的是咨询、提炼和翻译的辅助作用，主角仍是孩子和家长。

第二，选择多少所学校为宜？

我认为6所比较好。要实事求是地分析孩子的硬件和软件，选校要有梯度，不能都报在同一档次的大学，要有保底学校。具体而言，2所冲一冲，3所符合孩子实际情况，1所保底。申请得太多，白白浪费申请费，而且，得到的录取通知书多了，又要面临最终的选择，因此，没有必要申请太多的学校。我曾看到一则新闻，北京一位非常优秀的学生，各方面条件都很出色，好像是北京市高考状元，但是，美国前10的大学竟然一个都没有录取他。这个孩子是自己申请的。我真的无法想象，似乎那些学校串通好了一样。而上海市也有位优秀学生，被前10所有大学录取。我猜想，可能同一档次的大学录取标准差不多。我研究了网上对这两个孩子的介绍，北京学生更符合中国传统的优秀（后来他去香港读大学了），上海学生更符合西方标准的优秀（该生是美国国籍，随父母来上海读书）。

第三，家长和孩子应怎样看待排名？

关于大学的排行榜有许多种，其中著名的有五种，它们各有不同的排名指标。一般而言，能上榜单的都是世界一流大学。当然，排在前面的10所应为顶尖大学。家长可根据综合大学排行榜和专业排行榜，并兼顾自己的实际情况选校。排行榜有参考价值，但也不能完全依靠排行榜,因为即使是同一排行榜,每年也有上上下下的变化。《美国新闻与世界报道》数据研究中心主任罗伯特·莫尔斯的话是对大学排名问题的最好解答:"虽然排名说明问题,但不说明一切,需结合地理位置、校园生活、学科广泛度、专业知名度、学生活动、体育项目、学费及奖学金的可能性综合考虑。"

第四,如何选择文理学院和综合性大学?

这两类大学很难讲清孰优孰劣,它们最大的区别是文理学院更侧重通才教育,综合性大学更侧重应用性的专业教育。请根据孩子的人生规划作选择。

第五,如何选择大学地理位置?

美国4000所招收本科的大学散布在全国各地。过去,中国学生比较集中在东海岸、西海岸、南部德克萨斯州。现在,哪怕在美国最偏僻的地方,大概也能看到中国人的身影。选择大学的地理位置,也是选择了孩子未来四年的生活方式,因此,家长要慎重考虑。学校所在地繁华,孩子容易找实习工作;学校所在地偏僻,有利于孩子安心学习。如果孩子"消费能力强",建议选择安静的小镇,主要担心孩子在热闹里迷失自己;如果孩子的专业与城市联系紧密,建议选择大城市,这样能有更多的机会锻炼自己。总之,家长要认真分析孩子的具体情况,不能人云亦云。

第十一章 成绩单、在读证明和简历怎么写

定下学校以后,申请工作正式启动。我研究了准备申请的6所大学,列出了大学申请清单(Application Checklist)。

- ✔ High School Certificate of Academic Record(高中成绩单)
- ✔ Certification of Study(在读证明)
- ✔ Resume(个人简历)
- ✔ Essays(命题作文,小论文)
- ✔ Personal Statement(个人陈述)
- ✔ Teachers' Recommendation(老师推荐信)
- ✔ Common Application(通用申请)
- ✔ TOEFL/SAT Scores(TOEFL/SAT成绩)

根据申请清单,一个一个准备。其中,TOEFL和SAT必须由考试中心递送,你只要从网上填写提交就可以了。真正要准备的是其他几项内容,在本章至第十五章我将用五章的篇幅分别讲解。

高中成绩单

高中成绩单有两种写法。一种是中英文分开,即一份中文成绩单,一份英文成绩单;另一种是中英文在同一张纸上。究竟选择哪一种,可根据学校官方网站的要求。美国大学需要的中学成绩是9年级至12年级。如果孩子的初中和高中不在一所学校,需要分别开成绩证明。

第十一章 成绩单、在读证明和简历怎么写

成绩单要用学校的信纸打印，盖学校公章，签上开成绩单老师的中文姓名，写上他/她的办公室电话号码（不要写手机，因为手机显示不出官方性），以便大学查询核对。用学校的信封装成绩单，并盖上骑缝章。

9年级成绩单范例如下。

**中学学生成绩单

** Middle SCHOOL CERTIFICATE OF ACADEMIC RECORD

姓名：_____   性别：_____   出生日期：_____
Name：_____   Gender：_____   Date of Birth：_____

9年级（___年___月—___年___月）9the Grade (___/___—___/___)				
课程 Course	第一学期 1st Semester		第二学期 2nd Semester	
	考试 Exam Result	考查 Pass/Fail	考试 Exam Result	考查 Pass/Fail
语文 Chinese				
数学 Maths				
英语 English				
物理 Physics				
化学 Chemistry				
政治 Political Science				
体育 Physical Education				
音乐 Music				
历史 History				
实验（物理）Experiment (Physics)				
实验（化学）Experiment (Chemistry)				

Note:

Full Mark: 100   A: 100—90   B: 89—80   C: 79—70   D: 69—60   F: Below 60

地址：   邮编：

Address: Post Code:

电话：   Telephone No:

THIS IS THE IDENTICAL TRANSLATION OF THE ORIGINAL

校名
School Name
时间
Date

10年级至12年级成绩单范例如下。

高中成绩报告单
School Report of Senior High School

学生证号Student Status No.: _____

兹证明学生_____（姓名），____（性别），出生于____年___月___日，该生于____年___月至____年___月在本校高中学习，该生的在校成绩如下：

This is to certify that Student _____, _____, born on _____, _____, studied in our school from September, _____ to July, _____. Her/His academic records as follows:

课程 Course \ 学期 Term	10年级 10th Grade		11年级 11th Grade		12年级 12th Grade	
	第一学期 1st Semester	第二学期 2nd Semester	第一学期 1st Semester	第二学期 2nd Semester	第一学期 1st Semester	第二学期 2nd Semester
政治POLTICS						
语文CHINESE						
数学MATH						
英语ENGLISH						
物理PHYSICS						
化学CHEMISTRY						
历史 HISTORY						
地理GEOGRAPHY						
计算机COMPUTER						
体育P.E.						
美术ART						

备注：以上各科成绩满分均为100分。

Annotation: The total scores of all the subjects above are on the scale of 100.

校名
school name

日期
date

以上是我给女儿以及学生申请时使用过的两个版本，读者可以参考借鉴，并根据具体情况修改。如果孩子申请大学的时间是11月，那时，12年级上学期只有期中考试，没有期末考试，下学期自然也没有成绩，那么，成绩单上只要填10年级和11年级的成绩。

在读证明

在读证明可以和成绩单合在一起，因为成绩单中对学生的介绍可以算在读证明。如果不放心的话，也可以单独写在读证明，注意要用学校信纸和信封。

在读证明中英文范例如下。

在读证明

兹证明_____（姓名），_____（性别），_____年_____月_____日生。该生自_____年9月进入_____中学就读。现为我校高三学生。

特此证明

　　　　　　　　　　　　　　　　　　　　　　　　校名

　　　　　　　　　　　　　　　　　　　　　　　　日期

Certification of Study

We hereby certify that _____, _____, born on _____, _____, started to study in _____ School in September, _____. She/ He is a Grade 12 student now.

　　　　　　　　　　　　　　　　　　　　　　　　school name

　　　　　　　　　　　　　　　　　　　　　　　　date

个人简历

个人简历是让录取委员会老师快速了解学生全貌的一份重要文件，应全面、简洁展示个人特点和优势。简历一般分为5个部分：个人信息、教育背景、社团/社会活动、实习工作、兴趣爱好。每个学生的特点都不一样，要把最亮的部分首先展示出来，给录取委员会老师留下深刻的印象。

高中生的人生经历不多，而且为了节约评审老师的时间，不让人感到冗长厌烦，简历一般控制在一页纸以内。但是，我女儿的申请简历写了整整两页纸。说到底，还是因人而异吧。以下是我节选的女儿的申请简历。个人信息放在简历的最上端，并与下文分隔，是为了给人留下深刻的印象。教育背景一般先写高中，再写初中。如果申请研究生，就先写大学，再写高中，初中可省略。获奖没有就不要写，如果写的话，一般写重要的奖项，当然，区级或学校级别的也可以写。活动可分为体现领袖气质的和参与的，也可以两者合在一起，按由近至远的时间顺序写。实习经历有就写，没有不要编造。我女儿发表过6篇文章（1篇数学，1篇物理，4篇社会科学），另有大量的媒体采访，这两个是她的特点。虽然我在原简历上删掉了一些内容，但还是能看出我女儿申请大学时是怎样一位学生。

每一位学生在写简历时，都既要简洁、全面，又要重点突出，显示与众不同。如果简历大同小异，就不能给录取委员会老师留下深刻的印象。

RESUME
Chong Chen

Gender: Date of Birth:
Address: Telephone:
                                           E-mail:

Education:

Awards: – Shanghai High School Sociology Project Competition—May 2008—2nd Place

– The 23rd Intel Shanghai Adolescent Science and Technology Innovation Fair—March 2008—1st Place

– Shanghai Adolescent Science and Technology Innovation Fair—Awarded Eligibility for Mayor's Award—March 2008

– Shanghai × × District Excellent Student for 2007—2008; Awarded 2008

– East China Normal University Xia Yu Award—March 2008

Activities: – **Leadership Activities:**

– Shanghai × × Middle School Student Activities Club—Vice President

– Coordinated Wenchuan Earthquake Relief Fundraiser—May 2008

– Coordinated the 16th School Talent Festival—January 2008

– As a financial officer of the school's student council—September 2006—Present

– As a leader of Students' affairs office in the school's student council—September 2006—Present

– Produced monthly wall newspaper—September 2006—Present

- **Participation:**

– As a Tour Guide in Suzhou and Shanghai for foreign professors—July 2008

– Volunteered at × × District × × Nursing Home—September 2006—Present

– Organized an elementary school donation project in coordination with Shanghai Jiaotong University—September 2005—Present

Internship: – Shanghai × × Investment Division—Summer 2007

Followed under the mentorship of investment professionals and learned the basic functions and workflow of a business investment firm.

Publications: – "Use of Mind Map during High School Physics Study", published in Fujian Debate Magazine, November 2008

– "The Reason for the Forced Communication Between Parents and their Children", published in Teaching Cases of New Course, combined July and August edition, 2008

– "Learning and Application of Vector Quantities", published in Shanghai High School Newspaper, July 12, 2008

– "The Forced Communication Between Parents and Children and How to Resolve it", published in Middle School Psychology Guide Magazine, Issue 4, 2008

– "Shanghai High School Students' Communication Problem

with their Parents and How to Resolve it", published in Shanghai Educational Research Debate Magazine, Issue 3, 2008

– "When Parents Become their Children's Most Familiar Stranger", published in Family Education Newspaper, January 21, 2008

Media Recognition:

  – Television Interviews/ Programs:

  – Interviewed by CCTV and program aired was entitled "Mom, Dad, Listen to Me" —April 11, 2008

  – Interviewed by Shanghai OTV and program aired was entitled "Family's Children" —January 16, 2008

  – Citations and Coverage in Newspapers/ Magazines/ Internet Publications:

  – Readers Magazine published a short article spreading the concept and the first ever use of the term "Forced Communication" —Issue 15, August 2008

  – Interviewed by from *High School Students' Heaven* Magazine. Published article entitled "*The Study of the Mind Bridge between the Two Generations—The Story of a Shanghai girl named Chen Chong*" —July 2008

  – Shanghai Elementary and Middle School DeYu Webpage published an article entitled "Chen Chong's Individual Research Achieved the Focus of Media and Educational Specialists" —January 11, 2008

- China Youth Newspaper published an article entitled "Forced Communication Makes True Communication a Challenge for Parents and their Children" —January 18, 2008

- Jie Fang Daily Newspaper published an article entitled "High School 10th Grade Female Student Spent One Year Researching the Communication Between Parents and their Children. And Also Emphasized How Students Should Choose Research Topics from their Own Personal Experiences" —January 5, 2008

- Shanghai Evening Newspaper published an article entitled "High School Student Studies the Communication Between Parents and their Children in Shanghai" —December 16, 2007

- Family Education Times published an article entitled "High School Student Says No to Forced Communication" —December 7, 2007

- Shanghai High School Newspaper published an article entitled "High School Student Researched the Communication Conditions of Two Generations" —December 4, 2007

The above articles have also been published in various other websites

Interest/ Hobbies:

– Fashion Design; Arts and Crafts; Painting; Traveling; Singing; Dancing; Guitar; Tennis; Badminton; Swimming

第十一章　成绩单、在读证明和简历怎么写

在申请美国大学时，开成绩单、在读证明，写简历要注意什么？

成绩单、在读证明都从9年级开始，由学校老师写，只是要记住签老师的中文名字，留下老师的座机电话联系方式；使用具有学校名字的信纸和信封，盖上学校的章，包括信封上的骑缝章，有时还要在骑缝处签名。在去学校开证明前，要把大学的申请要求看清楚，并告知老师。

简历的写作有一些技巧，除了个人信息、教育经历等必需的要素外，不能写流水账，要简洁、明了，突出自己的亮点，让录取委员会老师一眼就辨认出你的"与众不同"。

第十二章 推荐信只是推荐者的事吗

在Common Application（通用申请）上，有To The Teacher栏目，要求老师对申请者作出评价。除了回答如"What are the first words that come to your mind to describe this student"（要描述这个学生，你脑海中首先跳出的是哪几个词）这样的问题，还有一个栏目Evaluation（评价），让老师写一段文字描述申请者。这就是常讲的"推荐信"。

推荐信看起来是推荐者的事，但也需要申请者做一些前期工作。比如，你打算请谁作为推荐人？有的学校要求2—3封推荐信，那么，你选择哪些老师来写推荐信？语文老师、数学老师、英语老师、科学老师等学科老师？还是班主任、年级组长或者宿管老师？如果这些老师对你的推荐除了用词不同，其实质都差不多，怎么办？是你写好推荐信然后随便找个老师签名，还是老师自己写推荐信？如果校长根本不熟悉你，他的推荐信内容是客套的、僵硬的，没有血肉，怎么办？看来，推荐信并不是小事，如何处理这些问题是有讲究的。

想一想录取委员会老师为什么要推荐信，他们一定是想了解"他人"眼中的申请者，那么，他们希望看到的是个性丰富、情感饱满、每个侧面都不一样的学生。因此我们推断，写推荐信的老师要从不同的方面描写申请者。比如，语文老师、班主任、宿管老师这一组，分别代表了学术能力、管理能力和生活能力。如果你请语、数、英三位学科老师写推荐信，反映的面就比较单一了，都是学术类型的。我女儿请了英语老师、数学老师和校长写推荐信。当时，请英语老师还是语文老师，我们很矛盾。虽然这两位都是学科老师，但代表了不同的专业方向。女儿的TOEFL成绩已经超过了100分，说明她的英语水平是过关的，从这个角度说，英语老师的推荐作用不大。但是，英语老师为人非常好，而且她能直接用英语写推荐信。语文老师是班主任，女儿在班级组织过不少活动，常年给班级出黑板报，在学校开学典礼上发言，接受媒体采访，评三好学生也是先从班级选举出来的，诸如此类的事情，班主任是知情者、亲历者，可以说，班主任是最熟悉学生的老师。后来，由于我们请了同样熟悉女儿的校长，所以，忍痛割爱没有请班主任。

女儿的英语老师同时担任年级组长。她工作踏实，为人谦和，教学水平高，对所有学生都十分了解。她教了我女儿两年多，对女儿的总体印象是聪明、刻苦，具有组织能力和领导才能。在推荐信中，她举例说："我曾要求班上学生以小组为单位收集可口可乐公司的信息然后编排一个剧目，陈冲自愿担任组长，给小组同学分配不同的任务，扮演不同的角色。一周以后演出。陈冲作了简短的关于可口可乐公司的演说，作为开场白。然后，小组其他同学扮演公司领导，采访想加入他们公司的另一组同学。陈冲小组同学的精彩表演得到了大家的一致好评，也给我留下了深刻的印象。"英语老师还说："尽管陈冲成绩很好，但她还是充满了强烈的求知欲。她不仅学好词汇和语法，而且学习语言背后的文化。她还积极参加课内外的各种活动，比如词汇比赛和诗朗诵赛。陈冲善交往，有令人愉悦的幽默感，因此她有很多朋友，与同学们建立了和谐的人际关系。她对知识的好奇心和自律行为使老师们都喜欢她。"因此，英语老师向大学强烈推荐陈冲。最后，老师写上她的学校、职务、签名、E-mail、座机电话。下面是英语老师写的推荐信。

To whom it may concern,

I am writing to support Chong Chen's application for the admission to your college.

As a teacher, I have come in contact with thousands of students in my teaching career. Ms. Chen stands out as one of the most excellent students because of her academic achievements and personality.

As Ms. Chen's English teacher, I have taught her English courses for more than 2 years, from Grade 10 to present. Judging by her performance in my classes, I would say that she is an intelligent and diligent student with a good ability of listening and speaking in this language. She is always motivated to learn new concepts and ideas and quickly applies it to her work. In the course of English study, Ms. Chen shows her organization and leadership abilities. For example, I had asked the class to collect information on Coca Cola then to perform a role-play as a team. Ms. Chen volunteered to be a team leader. She assigned her team members different tasks and then directed them to prepare the role-play during the whole week. At the presentation, after Ms. Chen made a short speech on the Coca Cola Company, the team acted as leaders of the company and interviewed another team who were intended to join the Coca Cola Company. Their presentation caused an enthusiastic response among students and had impressed me a great deal as well. Even though she has already made an impressive achievement in my class, Ms. Chen's drive for knowledge and enthusiasm surpasses what is expected of her. She relentlessly studies not only new vocabulary and grammar, but also the cultural concepts behind the language. She is an active participant in many activities in and out of school, such as English lexical competition and poetry chant.

On a more personal level, Ms. Chen has excellent communication skills and a pleasant personality as well as a good sense of humor, which helps her win many friends and establish a harmonious interpersonal relationship with peers. Her teachers like her for her curiosity and self-discipline. I have no doubt that Ms. Chen has a very strong potential to complete her studies and deserves an opportunity to reach her goal. Thus, I highly recommend her without any reservations. I think she will be the most suitable candidate. Should you need any further information of this distinguished young student, please feel free to contact me.

数学老师是位严谨的老师，对学生极为负责。我找不到数学老师写的中文推荐信原件了，只得把英文推荐信大致翻译成中文："我教过陈冲两年数学。陈冲所在班级是学校理科班，她在班级非常突出，在学习过程中表现出独特的品质和潜力以及坚忍不拔。陈冲在数学概念和解题能力方面有些天赋。她在2008年7月12日的《上海中学生报》上发表了论文《试论向量知识的学习与运用》。这篇论文说明了向量如何有助于解决传统问题，并提出了新的观点。面对代数问题，她能从几何的角度思考，运用充分的想象力解决抽象问题。她还把论文内容讲给全班同学听，引起了同学们的讨论。她谨慎的研究作风和清晰表达成果的能力给我留下了深刻的印象。陈冲具有强烈的学习愿望。面对挑战，她思维开阔，充满自信，她相信坚持一定会成功。她的这些特质在学生中不多见，我很赞赏。她平常问我的问题不仅具有她的知识视野而且显然是独立思考过的。作为老师，我为能教到这样聪明而有个性的学生而自豪。"最后，数学老师向大学强烈推荐陈冲，并留下E-mail和座机号码，希望对方若有问题直接与她联系。数学老师的英文推荐信如下。

Dear Sir and Madame,

I've been Chong Chen's mathematics teacher for two years. Throughout the years, I have developed a good understanding of her exceptional character and her talent in mathematics. I hope my recommendation will provide you with a better understanding of not only her academic achievements, but more importantly, her determination and persistence as a young adult.

Chong Chen has an innate capacity to understand mathematical concepts and problem solving. She has achieved a deep understanding for the study and has published a paper entitled *"Learning and Application of Vector Quantities"* in *Shanghai High School Student Newspaper*, July 12th, 2008. The paper illustrates how Vector Quantities' function in facilitating the traditional problem solving process. As a useful and practical tool of problem solving, the paper gives a new standpoint of how a theory can be applied practically to provide a solution. She demonstrated her knowledge effectively in this area by giving a lecture to her fellow classmates and conducted a class discussion on the topic as well. I was very impressed by her meticulous research skills and her ability to clearly and eloquently communicate her findings.

Chong Chen has made a lasting impression on me throughout these years. She demonstrated a desire to learn even when other students felt that it was just easier to give up. She had the confidence to face challenges with an open mind and knew that in the end, persistence will prove to be worth the effort. This trait of hers is hard to find in many students and one that I greatly admire. Her determination is not only reflected in her classroom achievements, but also in her outlook for her future. For example, the type of questions she asked can clearly demonstrate the scope of her knowledge as well as her independent thinking. I feel that as a teacher, I am deeply proud to have the opportunity to teach such a bright and personable student.

As a teacher, I hope that all my students will do well in life. But when it comes to Chong Chen, I know that I do not need to hope, I know she will. As long as she's given the opportunity, everything is within her grasp. She is dedicated to her studies and to her passion for better understanding the vast world around her. I hope that you will take account of my recommendation and give careful considerations to her admission. Should the need arise, please feel free to contact me at （数学老师的E-mail信箱和座机号码）.

校长思维开阔、见多识广。她在学校倡导研究性学习，希望每一位高中生都具有研究的经历，都能写一篇学术论文。学校要求学生自由选题后，可以组建课题群，把相似的主题归在一起，请学校的某一位老师担任指导教师。女儿请校长担任她的课题指导教师。当然，由于校长要指导多个课题，而且公务繁忙，作为家长，我的指导更到位些，但是，校长功不可没。她指导学生统一开题，中期展示，结题答辩，并把学校一等奖成果推荐到区里参加区级竞争。这些有组织、有步骤的活动，推进了课题的有序进展，锻炼了学生的能力。她对女儿的课题也进行了单独辅导，她推荐了两本与课题研究相关的博士论文给女儿阅读，女儿在半个月内读完后，校长提问她并讲解了可以引用的观点。在把女儿的课题成果报送区级相关部门之前，校长请上海社会科学院的专家到学校与女儿研讨、修改论文。校长在推荐信里除了充满感情地讲述了这些故事，还写道："陈冲提出的中学生与父母的'伪沟通'问题以及解决对策已经在全国流行，全国影响颇大的《读者》杂志也在2008年8月刊登了这个话题。陈冲发表了6篇论文，在中学生中不多见。在开学典礼上，陈冲鼓励同学们多关注、研究身边的问题。当陈冲的课题被报刊、电台报道后，记者要到学校来采访，我又做陈冲的工作，把课题成果与社会分享，这是做研究的意义所在。陈冲的成功是她自身的努力，也给学校带来了荣誉。陈冲在学校是个名人，但是，她仍然刻苦学习，门门功课都是全A。除此以外，她在学生社团也很活跃，担任了学生会副主席，组织了多项课外活动，锻炼了自己的领导才能，因此，她被评为区三好学生。总之，陈冲是位勤奋的、善良的、充满活力的、积极主动的学生。我们都很喜欢她。她把快乐和鼓励带给了身边的每一个人，她是学校的骄傲。希望大学考虑陈冲。"最后，校长签名、留下座机号码和E-mail。下面是校长的英文推荐信。

Dear Sir or Madam,

I am writing to support Chong Chen's application for the admission to your college. I am the principal of ×× High School. I know Chong Chen well because I've been her mentor for a project she conducted on forced communication between parents and their children.

Chong Chen has a passion for knowledge and exploration. I have witnessed her passion many times during my mentorship. Once I recommended that she read two Ph.D. theses in order to be familiar with the format and style of writing. To my surprise, she was able to complete this task within half a month. What's more, I am proud of her innovative abilities. It is Chong Chen who first coined the term "Forced Communication", and the term is now widely used among experts on parent-child communications and senior high students. In the past two years, she has published six papers in national level journals and magazines, an achievement that is rare among senior high students. In addition to these achievements, she also served as role-model for other students. In this year's school opening ceremony, she gave a speech to encourage many students to pay close attention to their surroundings, and consider investigating them.

Her achievements have drawn national attention and brought much fame to our school.

As you can see, Chong Chen is a famous student in my school who is different from most of the students. She is serious about her studies and has an inquisitive mind and always works hard. She is a straight A student. You can find this fact in her academic report. To me, her high grades are not a surprise; the surprise is her ability to maintain straight A's even with her active involvement in the school's extracurricular activities. Since her 10th grade, she has served in many positions within the student association, such as the vice-president of the student union, the president of extracurricular activities organization (in charge of organizing and motivating students to join the activities), the treasurer, and the leader of conduct and discipline. To fulfill these positions, she has to give speeches to students in large and small groups and write essays to motivate students. Due to her outstanding service and performance in these positions, she received Top Student Award of Shanghai ××District 2007—2008.

In conclusion, Chong Chen is a diligent, kind, enthusiastic, and active student. We all love her. I strongly believe that she will bring happiness and encouragement to everyone around her. She gives our school great pride. I sincerely hope that you will give her favorable consideration and help her realize her goals. If you need any further information, please do not hesitate to contact me. Thank you for your kind consideration.

假如您是录取委员会的老师，阅读完三位老师的推荐信后，您会录取我女儿吗？假如答案是肯定的，那么，推荐信的效果就达到了。由此可见，推荐信的作用与学生自己的写作起互补的作用，并且因

"他人"之笔而更客观。

写推荐信要注意如下几点。

第一，谁写推荐信？

按照逻辑，推荐信当然是推荐人写。但事实往往不是如此，中国的国情与国外不一样。在西方国家，学生升大学请老师写推荐信，老师答应后，自行写完，邮寄或E-mail给学校，学生对老师的推荐内容并不知情。当然，老师一定会对学生负责，也能让学生放心。但是，中国人没有这个习惯，尤其报考西方国家的大学，需要把推荐信翻译成英语，更增添了推荐老师的难度。因此，中国学生对推荐信的处理往往有以下三种情况。

1. 中介写。由于整个留学过程都请中介帮忙完成，所有文书资料，包括推荐信都由中介包办。有的给老师看一看推荐信，然后请其签名。有的只跟老师讲一讲，中介代老师签名。还有的根本就没告诉老师。我认为这种方法不好。虽然省去了推荐者的麻烦，但是，也没有得到推荐者的第一手资料，写出的推荐信可能千篇一律。而且，这种行为失去了国外大学要求推荐信的本意，严格说，是作弊行为，因为推荐者没有参与推荐行为。

2. 学生或家长自己写。这只是换了写作主体，与中介写的性质是一样的。万一大学打电话给推荐老师，后果不是很严重吗？

3. 推荐者写。根据大学要求，请1—3位推荐人写，能用英语写作的请他们直接写，如果不能，请用中文写，再翻译成英语。我认为这种情况是可取的，因为推荐者参与了推荐行为，表达了他们想表达的思想，是真实可信的。我女儿请的3位老师中，英语老师自己写，其他2位老师写中文推荐信后翻译成英语。

第二，如何挑选推荐人？

有人想找国内名人或外国人推荐，有人想找学校老师推荐。我认为无论找谁，一定要对申请人有所了解。学科老师的选择也有讲究，可以选申请人最优秀的学科，也可选将在大学里深造的学科。比如你想读统计专业，那么请数学老师推荐；如果要突出你的研究能力，可以让研究课老师推荐。总之，应根据孩子的具体情况，从多个角度选择推荐老师。

第三，要不要事先与推荐老师沟通？

我认为应该与老师沟通，把你的生涯目标、留学计划、专业方向告诉老师，还可把简历给老师参考，这样他/她才能有的放矢写作。如果请了3位老师，也可以简单告诉他们，希望他们从哪个视角推荐。比如，语文老师写学术能力，班主任写组织能力。当然，老师如果不愿意听从你的建议，不可强求。

第四，什么样的推荐信是好的？

好的推荐信既有对申请人特点的概括性的描写，更有细节支撑论点，这样的推荐信有血有肉、栩栩如生。对习惯写"宏大"话语的老师，在沟通的时候，你可以有意识回忆与老师交往的细节，让他/她明白这些故事对推荐信的重要。或者，你可以直截了当地告诉老师，要举例说明。

第五，推荐信要不要写缺点？

从"推荐信"的字面意思理解，似乎应该只写优点。既然是"推荐"，当然应该推荐优秀学生。如果被推荐者满身毛病，大学肯定不会接收，也失去了"推荐"的本意。但是，几位老师都挑学生最亮的点，这些亮点组合在一起后，似乎这位学生"完美无缺"。中国人的内心里是谦逊的，大张旗鼓的表扬总让人脸红。我当时与老师沟通，是不是适当写点学生的不足，可是，他们一致认为有价值的"不足"比优点难写，因为不知道哪一项不足会让大学不录取该生。最后，我们只能"毫不谦虚"地让老师们推荐了。其实，家长心里都知道自己孩子的缺点在哪里，所以，在上大学前，要好好与孩子交流，客观分析他/她的优缺点，为未来忙碌而严格的大学生活奠定基础。

第六，谁翻译推荐信？

推荐信来自不同的老师，翻译者最好也由不同的人完成，对信的格式、遣词造句，都要显示不同的风格。如果三封推荐信的英语翻译面貌相似，容易让录取委员会老师认为是同一个人所写，有造假之嫌。虽然这是个细节问题，但在严格的审查材料人面前，还是小心为妙。

第十三章　对Common Application命题作文的思考

　　Common Application是一家非营利性机构，高中生可以通过这家机构提供的系统进行申请，网址是https://www.commonapp.org/CommonApp/default.aspx。目前，Common Application已经与四百余所美国高校建立了合作关系，高中生可以通过Common Application申请其中任何一所学校。除了一年级新生的申请，Common Application还提供转学申请。现在的Common Application既支持网上申请也允许书面申请。其填写步骤是：首先，申请者应在Common Application官网注册一个账号（这一步骤不一定要等到正式申请时才进行，可以提前注册一个账号，以免在申请高峰期出现网络拥堵而无法注册）；然后，用申请好的账号登录，开始申请工作。如果选择书面申请，可以去Common Application网站的下载处下载自己所需要的表格，然后填写，再与其他申请材料一同寄出。如果采用网上申请，则登录后直接在Common Application的网申系统中填写个人的申请信息，全部填写完毕并确认后提交便可以了。在此过程中一定要注意及时保存自己所填写的信息，避免因为网络问题造成信息丢失。

　　Common Application要求学生填写个人信息、家庭信息、教育背景、学业成绩、课外活动、工作/实习经历、学校教师信息和推荐信等等。最难的是要写两篇有字数限制的Essays（命题作文）。千万别小看这两篇文章，每个申请者都要为之耗费许多心血。命题作文的题目猛然一看很简单，但你要写得与众不同，可真的不容易。另外，命题作文有字数限制，字数越少越难写，考验你的剪裁、挖掘故事的能力以及英语功底。

申请美国本科从来不缺乏"牛人"。如何选择"与众不同"的素材呢？要从自己的个性出发，从自己真实的经历出发，因为这些经历很可能全世界只有你一个人有。为了挖掘独一无二的故事，我和女儿利用"头脑风暴"，把她近三年来印象深刻的事情全部翻箱倒柜整理出来，罗列了十个有代表性的故事，每个故事都试图从不同方面展现她的"与众不同"。

写命题作文的三个步骤是审题、选材构思以及谋篇布局。

下面将从我们的经历讲讲如何写命题作文。

Common Application中的Writing（写作）题目分为两个部分。

Writing第一部分的具体题目是Please briefly elaborate on one of your extracurricular activities or work experiences in the space below.（请简要评述你的一个课外活动或工作经历）。这个题目意思很清楚，不多解释。既然是"简要评述"，字数应该不能多。

女儿开始用中文写了一段实习经历："2007年暑假，我在上海市**集团投资部实习，跟随投资专家一起分析投资案例。风险投资商主要看企业的商业模式。好的商业模式一般具有四个条件：一是具有竞争力的产品或服务项目；二是有清晰、准确的市场定位；三是稳健的财务；四是良好的团队，这也是最关键的一点。作为风险投资商，需要敏锐的目光和宽广的知识面，才能发现好的商业模式。"

我认为这个选材还可以，有自己的特点，但是缺少"活动感"，比较枯燥。

第十三章 对Common Application命题作文的思考

她又用英语写了关于自信和潜力的故事：

In the past I was always afraid of speaking English and being misunderstood. So when my Mom asked me to help Uncle Dan, an American philosophy professor, to buy a birthday present for his wife, I felt very nervous yet excited. Because Uncle Dan didn't know Chinese, we could only communicate in English. There were minor miscommunications, but to my surprise, we were able to understand each other well. Through a day of shopping, we found that we had many common interests and similarly tastes. After shopping, we discussed campus life in America over a bowl of ice-cream. When I got home that night, I suddenly found that through this one-day practice, I had overcome my fear of communicating in English, and realized that it was only my lack of self-confidence that was holding me back. Sometimes we need the challenge in order to discover our hidden potential. （过去我总是因为怕出错而害怕说英语。Dan叔叔是位美国哲学教授，当妈妈叫我陪他一起去帮他太太买生日礼物时，我很紧张，当然也兴奋。Dan不会说汉语，我们只能用英语交流。虽然有小小的错误，但让我惊讶的是我们能很好地彼此理解。购物中我发现我们有许多共同的兴趣和相似的审美。购物后我们边吃冰淇淋边讨论了美国校园生活。那天晚上回到家，我突然发现通过一天的练习，我已经克服了用英语交流的恐惧，我意识到以前是因为我缺乏自信。有时，为了挖掘潜能，我们要挑战自己。）

这篇文章谋篇布局、用词都不错，但是就故事本身而言比较平淡。

我让女儿再想想，有没有波澜起伏的事情？她写了关于编舞的故事：

I never learned how to choreograph a dance, but I participated in a dancing competition nevertheless. We had four members on our team and most of us had no prior skill and directionally lost. But even with our disadvantages, there was no way of turning back. We brainstormed, practiced, and searched for inspiration together. We were also tempted to give up because it was just too much. Nervousness was all we felt on the day of the competition, especially meeting our more experienced competitors. But, because of our team effort, we learned and choreographed the dance; because of our perseverance, we lasted to the end; and because of our spirit and dedication, we achieved 2nd place. We cried as we left the stage. We felt so blessed that our efforts were recognized, and truly understood that the only way to success is through hard work. （我从来没学过编舞，然而我却参加了一个需要自编舞蹈的比赛。我们小队四个人，大多数以前连舞都没跳过。既然报了名，就没有回头路了。我们一起讨论、练习，寻找编舞的灵感。我们想过放弃，因为我们害怕呀，尤其想到在比赛那一天会遇到那么多高手。但是，我们共同努力，编成了舞，并坚持不懈跳到了最后，竟然得到了学校二等奖。离开舞台的时候，我们哭了。我们感到如此快乐——我们的努力被承认了。我也真正理解了通向成功的唯一道路就是艰苦的工作。）

我们选择了这篇文章递交，因为这个故事中要克服的困难比较多。技术层面的编舞、跳舞，心理层面的不自信、动摇，现实层面大多数人连舞都没跳过。另外，故事体现了他们的合作、坚持、创造，由此产生感悟，要想成功，只有努力工作。我认为这个故事选得很好，谋篇布局和遣词造句也比较到位。

Writing第二部分是自选题，要求从六个题目中选出其中之一，写成一篇250—500字的Essay。录取委员会老师希望通过这篇文章了解你在学习和考试之外是怎样的一个人和怎样的一个学生，这篇文章也将展示你组织思想、表达自己的能力。Common Application的这段文字明白无误地说明了Essay的考查点和重要性。"怎样的人"、"怎样的学生"是什么意思呢？我是学英语出身的，读过很多英语小说，也看过许多好

第十三章 对Common Application命题作文的思考

莱坞大片,我记得我的大学老师们在分析小说或电影时,常向我们灌输一种美国精神,那就是——勇敢面对困难、挫折和挑战;坚忍不拔、不断与命运抗争;乐观向上,积极追求梦想;协同合作,善于组建团队,发挥集体力量;有很强的正义感和社会责任感。联想到近年的美国电影,无论是《阿甘正传》还是《海上钢琴师》、《雨人》等等都体现了以上精神。当我们站在录取委员会老师的视角想问题时,我们的思路就清晰了许多。

第一个题目是Evaluate a significant experience, achievement, risk you have taken, or ethical dilemma you have faced and its impact on you(评价一次重要的经历、成就、危机或道德的两难抉择,以及它们对你的影响)。可写的事情很多,比如,意外的冒险、主动帮助别人、善意的谎言、特殊的贡献等。这个题目的关键词是"影响"和"评价",而不在事情本身。因此,要求通过反思或分析,体现作者思考的深度。

第二个题目是Discuss some issue of personal, local, national, or international concern and its importance to you(讨论某个关于个人的、本地的、本国的或者国际上的所关心的问题以及它对你的重要性)。可以写公平、正义、自由贸易、商业、教育、环保等问题,关键词是"对你的重要性"。写这个题目出现的问题是容易就事论事,忽略了事情对自己的重要影响和意义。

第三个题目是Indicate a person who has had a significant influence on you, and describe that influence(介绍一个对你有重要影响的人并叙述其影响)。

第四个题目是Describe a character in fiction, a historical figure, or a creative work (as in art, music, science, etc.) that has had an influence on you, and explain that influence（叙述对你有影响的小说角色、历史人物、美术音乐作品或科学发现，并说明其影响）。

第三和第四两个题目的相同点是描述一个人（真实或虚构）或事物对自己的影响。题目的关键点仍然是influence on you（对你的影响）。当然，文章未必截然分开，即前段写人或事，后段写影响。可以把影响理解成"潜移默化"，把对自己产生影响的人或事娓娓道来，让这种影响自然流露。

第五个题目是A range of academic interests, personal perspectives, and life experiences adds much to the educational mix. Given your personal background, describe an experience that illustrates what you would bring to the diversity in a college community, or an encounter that demonstrated the importance of diversity to you（不同的学术兴趣、个人视角和生活经历增添了教育的多样性。请结合你的教育背景，描述一段经历，说明你会给未来的大学群体带来怎样的变化；或者讲述一段遭遇，说明这种多样性对你是何等重要）。这里的关键词是diversity（多样化，与众不同）和importance（重要性），可写体育运动、多年集邮、热心环保等等，选择的事情要比较特别。还要说明的是，这篇短文通常不是为了表现申请人各个方面都很优秀，而是表现其某一个特点或一个方面，能为今后大学校园的多样性带去新鲜的活力。

第六个题目Topic of your choice（你自己的选题）。只有在以上五个题目都不适合你的时候，才选择这一题目，否则可能会给学校留下不好的印象。

女儿对这五个题目逐个分析后，选择了第三个题目"介绍一个对你有重要影响的人并叙述其影响"。她选择了爸爸，说要写得平实、动人，让录取委员会老师深受感动。她花了两天的时间构思并写成了，我一看，的确能打动人。这是一位历尽磨难的、充满了奋斗向上精神的爸爸，但假如我是录取委员会老师，爸爸来申请大学，我一定批准。女儿好像只是远远看着爸爸的成功，并享受着爸爸的成果。简单说，女儿写出了有影响的人而没有"叙述其影响"。可见，看似简单的题目的确不容易写。

女儿重新选择了第二个题目"讨论某个关于个人的、本地的、本国的或者国际上的所关心的问题以及它对你的重要性"。本来我认为这个题目不好写，因为许多问题都有了定论，而没有定论的，她作为中学生也不容易把握。但是，她结合自身体验，夹叙夹议，倒是很好地阐述了"环保问题"。可见，亲身经历的、有感而发的文章才是好文章。女儿从小就是环保主义者，在中学里参与了环保小组，组织了一些有意义的活动。可惜，我没找到申请原稿，倒是在女儿的电子文件夹"环保"里，发现了一篇挺适合的好文章，是女儿的朋友写的。这位朋友是位才貌双全的美籍上海姑娘，在申请文书上给过女儿很多有益的建议和帮助。该文很长，我删减成适合"命题作文"的字数，以供读者参考。

I believe that today, everyone has his or her own idea of nature. And maybe there isn't one correct answer, but surely, we should first know what it is in order to protect it. I live in a modern and industrious environment. When I look out of my window, I see apartments, skyscrapers, and strategically placed trees. And to many of us who share a common view, the park or zoo may be the only link to nature that we have—a man-made nature. One of the world's efforts can be described in two easy words—"Go Green". But to what extent can one play in his or her own environment?

During the course of my experience as a volunteer, I climbed a step higher in understanding the nature that we belong to. It isn't the fact that we live in a certain location on this globe, but rather a more complex relationship with nature where we've taken more than we've given back. One of our projects was to understanding the needs of the local people, and how their economical ambitions could either contribute to environmental protection or destruction. Our project took us to a small village in Sichuan. The local farmers were encouraged to adapt to growing mushrooms rather than foresting trees or raising livestocks. This method has two main beneficial outcomes. First, growing mushrooms consumes less natural resources and can be more easily managed. Secondly, local wild animals do not eat the mushroom as opposed to other crops, so that farmers' mushroom production would not be negatively affected and local animals would not be threatened or killed by the farmers since there's no mutual interest. This way, farmers can maintain an economically stable living without much disruption to their surrounding environment. This is one of many examples how "Big Conservation" are taking steps to mainstream conservation. In our modern and ever-changing world where much of the emphasis is on financial gains, it is impossible or even practical to ask a person to completely disregard one's own personal financial ambitions. Although giving the farmers money would help in the immediate future, a better and more effectively method is to teach them to be self-sufficient.

It is not without regard that the local environment, such as soil, humidity, altitude, and so on, dictates what can be grown. The emphasis is to choose feasible alternatives in which our way of life can exist mutually along with the nature's elements and life. So despite what we already know about "Go Green", there's a reason to our actions and no action comes without consequences. As long as we are cognizant of our surroundings and our actions on the surrounding then even this small step can go the distance.

第十三章 对Common Application命题作文的思考

（对于自然，我相信每个人都会有自己的见解，但也许并不存在唯一的正确答案。不过，有一点可以肯定，为了保护自然，我们应该先了解自然是什么。我生活在一个现代的工业化环境中，望向窗外，进入视线的是无数的公寓、摩天大楼以及整齐划一的树木。对于许多与我共享这样景致的人来说，可能公园和动物园就是将我们与自然联系起来的唯一纽带了——这是一个多么"人造"的自然。其实全世界共同致力的事业之一可以用两个简单的词来描述——"走向绿色"。那么在我们自己的环境中，我们能做的事情、能发挥的作用又有多少呢？

在做义工的过程中，我对人类所归属的自然家园的认识迈上了一个台阶——自然并不是我们在这个地球上居住的某个地方，而是人与自然之间更为复杂的关系。我们对自然的索取多于回报。在义工项目中，我们的任务之一是去了解当地人的需求以及他们在实现经济目标过程中的行为是保护环境还是破坏环境。项目把我们带到四川的一个小村庄，当地农民被鼓励改变从前以造林和养殖牲畜为主的生产方式，转而发展食用菌种植。它带来的好处主要有两个。首先，种植菌类对自然资源造成的消耗相对少，在管理上也更加容易。其次，当地野生动物会啃食其他农作物，却不吃食用菌。由于没有利益冲突，当地野生动物也就不会再遭到来自人类的威胁和捕杀了。这样一来，农民们可以在不对周边环境造成太多扰乱的前提下，维持一种经济上相对稳定的生活。这就是"大环保"逐步向主流环保迈进的一个实例。在我们这个现代的日新月异变化着的世界里，经济收益被作为强调的重点，我们去要求一个人完全置自己对经济效益的渴求于不顾是不可能更是不切实际的。虽然在金钱上直接给予农民帮助能够及时为他们解决眼前的问题，但更好也更有效的帮助方式还是教会他们如何实现自给自足。

一个地区的土壤、湿度、海拔等环境因素无疑会决定当地生长何种植物，但更应强调的是选择一种能够使我们的生活方式与自然元素以及生命和谐共存的可行性。我们已经知道应该"走向绿色",但是更要行动。没有行动就没有结果。只要我们对环境以及针对环境所采取的行动有所认识,那么,即使只是一小步也可以产生甚为深远的影响。)

环保问题与每个人息息相关,是从国内到国外、从组织到个人都关心的问题,因此,这个选题比较讨巧。更难得的是,这篇文章通过"我"在四川小村庄当义工的亲身经历,把环保与经济和老百姓的生存问题结合在一起,立意比较高,最后呼吁大家Go Green("走向绿色")体现了作者的观点,说明环保问题对自己以及社会的重要性。

如何能写出好的Essay?怎样才能吸引录取委员会老师?

第一,认真审题。把题目的每一个字都看懂,但是英语中一个单词往往有好几个意思,因此不能就字面意思而论,而要站在美国大学录取学生的视角去想出题人为什么出这个题目,他想了解学生什么?学生这个特性对大学有什么好处?只有吃透了题目字里行间的意思,才能不偏题,才能写到录取老师的心里。

第二,精心选材。同一个题目,可以有多种题材来表述,究竟选择哪个题材,要好好比较。比较的点可以有多种,比如题材的独特,困难的大小,合作的程度,有没有积极进取,等等。

第三,细化情节。中国人喜欢"宏大"的句子,不善于捕捉细节、运用细节。而西方人喜欢讲故事,以生动的情节和细节寓含丰富的思想内涵。

第四,挖掘意义。Essay的共同字眼是"评述"、"重要性"、"影响"。可见,作者不仅要描述故事,更重要的是评述故事、挖掘故事的价值、阐述对自己的意义。"一千个读者眼中有一千个哈姆雷特",作者的思想深度不同,感受就不同,由此,录取委员会老师就能

第十三章 对Common Application命题作文的思考

看出你是深刻的人还是浅显的人；未来你能对学校产生影响，抑或你只是一个读书机器或耍友，难有创造性的作为。

　　Essay人人会写，水平各有高低。**家长在其中发挥的作用应该是：第一，引导孩子回忆故事、重温细节和情境；第二，引导孩子在挑选的故事中挖掘其背后的含义**。在写Essay的过程中，家长只是参与者、帮助者，而不是主角。故事是孩子的，英语写作也是孩子的。通常，外国孩子也会寻求家长、朋友或学校升学指导老师的帮助。写Essay的过程是锻炼孩子提炼、概括事例的过程，是培养孩子正确的、高尚的价值观的过程。过程本身就是一种学习，甚至会对孩子产生终身的影响。

第十四章 ▶ 令人震惊的个人陈述写作过程

除了Common Application要求的Essay外,几乎每所学校无一例外要求另外一篇文章(有的学校甚至要几篇)。例如有的大学这样写道:"有时候,同学们会认为大学的申请表并没有提供足够的平台,能够让其充分地自我展现或表达取得的成就。如果同学们还有什么想让我们了解,请通过文书部分来告诉我们。如果你想选择附加文章,请参考如下:1.你曾经历的特殊事件;2.在他国旅行或者生活的经历;3.最能影响你的书籍;4.对你最重要的一次学术经历(课程、项目、论文或研究课题);5.你在过去一年中所阅读的书单。"

关于这篇文章,不同的学校有不同的叫法,如Personal Statement(个人陈述)、Statement of Purpose(目的陈述)、Career Goal(生涯目标)、Study Plan(学习计划)等。从字面意思可以看出,后三个强调的是目的、计划、目标,要求你写出求学的目的和职业计划。而第一个只是陈述个人的情况,没有强调目的和计划,写起来更为随意些。不过,也可以把以上几个要求合而为一,即你现在的亮点是什么,将来要干什么,最终目的让大学录取你。

由于篇幅太长,本书把"个人陈述"和"学习计划"分两章介绍。读者在申请学校时,可根据学校的具体要求,把两者分开或合二为一。

第十四章 令人震惊的个人陈述写作过程

个人陈述很容易写成流水账。每位申请者都能挖掘出一大堆优点,可是,录取委员会老师见这类"优秀"太多了。你的特色在哪里呢?做义工、参加社团活动和学校的各类比赛,想出国的谁没有啊?既然人跟人不一样,你一定得有自己的特色。不清楚自己的特色怎么办?与朋友、老师商量,旁观者清,他们的建议应该有帮助。女儿的老师说,她的特色是获得过英特尔创新大赛一等奖、区三好学生、媒体采访和发表过数学、物理、社会科学方面的六篇文章,这些事情综合在一人身上,中学生中不多见。可以以时间为主线,把这些事情一一写进去。至于学习成绩,不要写或一笔带过,因为中学成绩单以及TOEFL、SAT已经证明了。老师与女儿的想法不谋而合。于是,女儿洋洋千言用英语写下了值得自豪的系列事情。

恰巧我的朋友劳拉(Laura)从美国回来,她是上海人,两岁随父母移民美国,接受了完整的美国教育,已经博士毕业了。可以说,她是中国根、美国人、中美通。我带着女儿去请教她。女儿把个人陈述给她看,她笑着摇摇头。我惊讶地问:"怎么回事?"朋友说:"名校录取委员会老师见多了这样的孩子,很多有奥林匹克竞赛一等奖之类的。"她转而对女儿说:"你的落脚点不应在事情本身,而是这些经历在你人生中的独一无二,以及你的工作对社会、对周围人产生的影响和帮助。"我和女儿都很震撼,我们沾沾自喜的"优秀"在美国人眼里完全不值得津津乐道。

朋友又仔细看了女儿的简历,提出要详写为汶川地震募捐这件事。理由是汶川地震惊动全世界,在这样特殊的背景下体现的爱心、组织能力很独特,也有说服力,易于让美国人理解。募捐能力与我女儿打算报考的经济或金融专业也有关联。她还提出,要学会放弃,必须放弃一些无关的材料。有舍才有得!

我利用网络收集美国大学录取委员会老师对个人陈述的指导，这对女儿的写作会有帮助。乔治城大学老师建议说："写完个人陈述后，你拿给自己的好友看看，并且问他们假如你从未见到过我，读了这篇文章后是否感觉对我的了解十分全面了呢？"可见美国大学希望通过个人陈述了解申请者是谁。德州大学奥斯汀分校的老师说："个人陈述的主题是你自己选择的，由于我们已经阅读了你的简历，切勿再流水账似的重复。描述一件事对你的影响，比平淡地罗列十件事要具有竞争力。"斯坦福大学商学院的老师说："希望大家把个人陈述写得生动、活泼，因为你要明白是人而不是机器在看你的文章。"哥伦比亚大学的老师说："申请人应该向学校说明，是在经历了什么事情之后，使得你现在这个目标和打算是顺理成章的。"综合以上老师们的观点，申请美国大学要求的个人陈述是，用生动的文笔写一至两件事，让学校认识申请人是谁，想做什么，最后判断申请人是否适合他们学校。

美国朋友的建议和大学录取委员会老师的指导，使我和女儿对美国的价值观、教育观有了全新的认识。这是一次精神的洗礼，包括对中华文化与异国文化的重新认识。

吸取了第一次写个人陈述"没有重点、只着重事情本身"的教训，女儿重写第二稿。她选择了两个故事——为汶川地震募捐和做亲子沟通的课题，其他如区三好学生和发表文章等事情全部放弃。

女儿写完个人陈述后，我请在美国大学教书的同事哥哥修改。女儿在课题研究故事中写了她通过问卷和访谈收集到的具体数据，并进行了整理和分析，这是事实。可是，同事哥哥说："美国大学不可能相信一个孩子能在一年半内完成这么庞大的研究，收集这么多数据。"他们还会有这样的疑问：Who funded the research? How could an organization or association entrust a large sum of money to a high school student who, as she claimed, had no experience whatsoever in doing any research at all? Who designed the research? Using the common-sense logic, it would also be inconceivable for a professional to conduct the research of this scope in one year and a half. You must address the authenticity of such as study. Otherwise, it would backfire.（谁给研究资金？一个组织或协会怎么可能给一个没有任何研究经验的中学生一大笔钱？谁设计了这项研究？稍有逻辑的人也知道，对一个专业人员要在一年半内完成这么大的一个研究也是不可思议的。你必须要说明这个研究的真实性，要不然，效果会适得其反。）。

我一看回信就傻了眼。我是女儿研究的指导者和见证者，从艰难的选题，到研究方法的学习、研究过程的实施，再到论文的写作，哪一步不是孩子自己走过来的？我真没想到同事哥哥会有这样的疑问。而且，凡是读过女儿课题报告的人，从没有提出过关于真实性的疑义。但是，我非常感谢他的直率和陈恳，他的顾虑是站在大学录取委员会的视角提出的。同事怪哥哥的话太犀利，并且说仲老师就是搞科研的，她指导的女儿能错吗？哥哥说："你说是真的有什么用？要录取她的大学说是真的才有用呢。"我虽然震惊，但不能不承认他的话很有道理。我反复阅读他的回信，反思他为什么会提出这些问题，哪些是有道理的，哪些可能是文化差异造成的。

同事哥哥大学毕业后去美国读研究生，已经是光学方面的专家、大学的终身教授了。他在美国生活了三十多年，思维已经完全美国化了。我对他提出的问题进行了逐一梳理。

关于研究经费问题。中国孩子搞研究只是中学的一门课程，没有机构支持。如果需要，经费也是家长自行解决，中国家长为了孩子成长从不计较金钱。我算了一下，女儿课题的经费主要花在打印问卷的纸张和油墨费用，而这个费用极其低廉，可忽略不计。进行问卷调查请的是我的研究生同学，他们不仅不会收取我的费用，而且还很专业。访谈对象是同学、朋友、熟人或学生家长等，这些都不需要费用。专家帮助修改论文也是免费的，他们都是我的朋友，我们有深厚的友谊。即使是朋友介绍的专家，也没要我的费用，他们说帮我女儿就是帮他们的朋友。只是我认为占用了别人的智力资源和宝贵的时间，心里过意不去。后来，我给他们送了微薄的礼品，聊表谢意。中国是一个"人情"国家，"面子"、"交情"很重要，而西方讲究规则，劳动与报酬对等，所以，西方人对此不可思议，一个没有经验的中学生竟然能做那么大的课题，谁给你资助？可以说，女儿的资助是亲情、友情和人情。经费问题完全是由于东西方文化差异造成的。

关于研究收集的数据问题。女儿的数据主要通过问卷调查得来，由于她发放的问卷量大，所以获得的数据也多。而同事哥哥说一个专业人员要在一年半内完成这么大的一个研究，获得那么多数据，也是不可思议的。为什么他会有这个想法？我们都知道，在实验室要获得一个有效的数据是相当难的，有时一个星期甚至半个月都得不到一个理想数据。他似乎把女儿通过问卷调查获得的数据等同于他在实验室获得的数据。让他误解的另一个原因可能是他没有读过课题报告全文，再加上个人陈述字数有限，女儿难以用有限的篇幅清晰表述庞大的课题内容，使他对数据问题产生了想法。可以说，研究数据问题是由于同事哥哥的个人刻板印象以及女儿的不清晰表达造成的。

关于研究项目的设计问题。读过本书前几章的读者已经明白了，是孩子自己设计、家长和老师修补的。在美国，学校鼓励孩子从小就捣鼓各种"研究"，诸如蚂蚁搬家、云的飘动、南北战争、金融危机等。美国整个社会具有研究的氛围，而中国是没有的，分数是中国教育的最大武器。近些年来，有识之士意识到唯分数的中国式教育的弊端，于是在中小学开设了探究课和研究课。有条件的家长自行担当起学校教育的校外辅导员，带领孩子作研究。我认为只要家长定位得当，没有越俎代庖，就能有利于孩子成长，有利于社会进步。因此，研究项目的设计问题也是由中美文化差异造成的。

不过，我读研究生时学过比较教育这门课，记得国外家庭也重视孩子的培养，尤其是中产阶级家庭。于是，我在中国知网以"美国家长+学校教育"为关键词高级检索，查得1205篇文章。仅仅2011年就有三篇硕士论文，即山东师范大学的《美国家长参与学校教育的研究及其启示》、四川师范大学的《美国家长参与学校教育研究》和东北师范大学的《美国家长教育权利研究》。《比较教育研究》2010年第9期刊登了同年5月5日美国教育部网站的报道——美国教育部长阿恩·邓肯（U.S Secretary of Education Arne Duncan）于本周宣布，教育部决定增加联邦用于资助家长参与孩子教育的资金，教育部还允许各州使用联邦资金举行相关竞赛，以产生更多的有关家长参与教育的好项目。教育部长说："家长是孩子的第一位老师，也是最重要的老师，抚养和培育孩子是家长最重要的工作。"他还指出，教育部过去在提高学生学习成绩和鼓励家长积极参与教育方面做得不够，主要原因是没有达成社会共识，尽管相关政策制定得很好。他希望新政策催生更多的优秀家长参与孩子的教育。因美国家长参与学校教育不是本书的研讨话题，故在此不作详细的文献综述。但是，上述研究仍表明，家长参与学校教育是国家、社会和学校所倡导的，对孩子的成长大有益处。

当然，无论如何我们得慎重对待同事哥哥提出的问题，他提示了美国大学录取的一种可能行为。女儿建议说，去掉研究获得的具体数据（本来写具体数据是为了增加可信度），降低别人的敏感度。至于谁设计课题，如何做，碰到的困难如何解决，研究感受，这些都可以在个人陈述中详写。另外，简历和校长推荐信是对课题真实性的重要补充。考虑到个人陈述的长度，经费资助问题可以不提。我认为这个处理是可取的。

于是，女儿针对同事哥哥提出的问题，再写个人陈述第三稿。她把新文章发给了美国教授丹。他们比较熟悉，她曾陪他在上海的淮海路给他太太买生日礼物。丹是美国白人，博士毕业。在他的求学之路上，写过许多次个人陈述。他给女儿的回信中，表扬她选择募捐和课题研究这两个故事选得好，很能说明自己是什么样的人。但是，仅写这两个故事还稍嫌淡薄，可再用一两句话概括其他的活动。

女儿根据丹的建议修改第四稿。我把文章发给我同学所在学校的外籍教师看，他肯定了文章的构思和素材的选择，只在少数词语上作了修改。

接着，女儿又根据申请的六所大学的具体要求，把文章改成适合各个大学的个人陈述。我有位学生家长是上海交大英语系的教授，她推荐她的有写个人陈述经验的研究生帮忙修改。最后把关的是我在美国的朋友，她是教育系博导，出版过英语畅销书，她的肯定才使修改工作尘埃落定。

个人陈述前前后后共修改过六稿，后来改成了六篇适合六所大学的文章。

During my schooling, I commit a lot to enriching my life and preparation for college, but two things stand out to be the most influential to my growth and to the community. They are fundraising for the Wenchuan quack-stricken area（27,600RMB in total）, and conducting a research project on forced communication between parents and their children（1st prize）.

Fundraising

The Wenchuan earthquake of May 12, 2008 shocked the entire world. As the vice president of our school's student council, I called together other members of the student council to discuss what we could do for people in the disaster area.

First, we held a fundraising drive at our school. Together with my colleagues, we posted advertising posters on every floor of the school. At the same time, we made a collection box for every class. Within two days we had collected 6,600 RMB, which really was an unexpected achievement.

I also had a meeting with every class's student representative. I requested that they ask their classmates to donate goods to hold a fundraising sale. On a Sunday morning, I organized 26 students, wrote slogans, and took a loudspeaker and posters to a Metro station to hold our sale. Unfortunately, we were told by station management that we were disturbing work at the Metro station and we were asked to leave. We discovered that many people were walking on an overpass, so we hung our banner with the slogan 'Please donate for the people in the disaster area' on the handrail of the overpass. We set out our books, picture frames, commemorative coins, stamps and badges which were donated by the students at our school on the overpass, and asked all the people passing by to contribute. Many people bought the goods we had for sale. One young man, after learning about our cause, contributed 800 RMB without buying any of our goods. An elementary student also donated all of his pocket money. All of our goods sold very quickly, and I suddenly thought that we could go to a flower market to buy flowers which we could sell. So we then began to have a flower sale. Overall, our sales on the overpass collected 21,000 RMB. Although the day was very tiring, we also were very excited about our success.

Through organizing this activity, I realized the following. Firstly, one can not take anything for granted. For example, we should have confirmed in advance whether or not holding a sale in the metro station would disturb the public order. Secondly, society is a big family and all members require mutual care and support. When we were holding our sale to raise money for these people in the disaster area, many people we did not know came up to us and supported our work. Thirdly, giving service to others is a very happy thing, and every person should try their best to help society. Fourthly, my leadership and fundraising abilities have been brought into full play through this activity. I really did not think that we could raise 27,600 RMB with this activity.

Research Project

Everyone has their own experiences and challenges in life, and I have mine as well. My significant experience was my research project on forced communication between parents and their children, which started in October 2006. This project lasted more than one and a half years and was entered into a very important competition, the 23rd Intel Shanghai Adolescents Science & Technology Innovation Fair. It was eligible to all Shanghai primary and secondary school students. Through numerous rounds of competition, I became the first place winner in the science and sociology field, and have been interviewed by China Central Television and various other media.

This was my first time participating in such a grand scale research project, and at first I wasn't sure what topic I was interested in. In the end, I chose to research forced communication between parents and their children. Like many things in life, this idea came unexpectedly. My friends were complaining about their problems with their parents as I was brainstorming about topics. I became fascinated with this topic because it led to such a big discussion among my friends. In the beginning, I thought that picking a topic to research was hard, but little did I know that starting and continuing the research would be the hardest part of it all. I had no idea about how to do research or even where to start. I asked myself, "What am I going to do? Where should I even begin such a daunting task?" I asked my mentor for help and she taught me how to design and modify the questionnaires. She also provided me with experts' contact information, but it was all up to me to seek their advice. While pursuing my research, I found that my research questions were not as easy to answer as I had expected. I had no prior experience in analyzing the data I collected or how to make sense of it all. At first, I was hesitant about continuing to research this topic and wanted to switch to an easier one. But finally, I realized that every topic question was a challenge and if it wasn't challenging, that was because it already had an answer.

Throughout the research, I encountered many obstacles, such as analyzing thousands of surveys and processing all the interviews while still maintaining my own high school requirements through the many long and tedious sleepless nights of writing and researching. But with each passing day and night I spent on my research project, I felt that this research project wasn't just for me any more, but to nurture a greater cause and something dear to my heart. My feelings of giving-up slowly dissipated and were replaced with the desire to persevere and the courage to endure. Through it all, I felt that my efforts were all worth it. Looking back, I feel I am blessed that I encountered these obstacles because without them I would never have felt the sense of reward at the finish line.

This research project has been my greatest achievement and it has changed me into the person I am today. When I first started this research project, my main drive was to win an award, but if winning an award were all that mattered, then the award would not have been worth the vast amount of work and effort I put into it. This research project became less of a competition with others and more of a personal competition where I was the only one competing. That's because my greatest opponent was myself. I developed the ability to adapt to all circumstances, which I hope will allow me to overcome the challenges I will face in my future. I learned that when the path I take leads to an obstacle, I must find a new path or go around that obstacle. Regardless of the difficulties I confront, I should never give up. My relentlessness comes from knowing that the answer to my question not only fulfills my own curiosity, but may also improve someone else's life. This research project has made me more appreciative and attentive to the problems around me, and has given me the passion to try to solve those problems even if I don't succeed. So perhaps the best lesson of all is the fact that maybe one high school student can make a difference, by facing one challenge at a time.

Besides fundraising and research, I have also been a volunteer in an Old Folks' Home for more than three years, teacher assistant in a primary school for the kids of migrant workers, and participated in 2008—2009 Elite-storm Day held by SIFE of Shanghai Fudan University.

（在中学期间，我做了许多事情丰富我的生活，同时也为大学作了相应的准备。有两件事对我的成长以及对社会的影响特别大。一是为汶川地震灾区募捐，获得27,600人民币；二是完成了亲子沟通的课题，获得一等奖。

募捐

2008年5月12日的汶川地震震惊了整个世界。作为学生会副主席，我马上召集其他学生会干部，商量我们要为灾区人民做些力所能及的事情。首先，我们在校内组织捐款。我和伙伴们把宣传海报张贴在学校每层楼面的墙上，同时为每个年级准备一个捐款箱，两天内我们收到6600元。真是意想不到的收获。我又把各班班长召集在一起开会，要求他们倡议班级同学捐献物品，准备义卖活动。一个星期天的上午，我组织26

位同学借喇叭、写标语、出海报，一起去地铁站义卖。可是，意想不到的是，地铁管理人员说我们干扰了他们的正常工作，不同意我们在那里义卖。我让伙伴们等在原地，自己一个人重新寻找义卖点。我发现天桥上行人很多，于是，我带领大家去那里。我们把标语"为灾区人民出一份力"悬挂在栏杆上，把全校同学捐献的书、装饰品、相框、纪念币、徽章、邮票等摆在天桥上。我们不停地向过路人宣传，喉咙都喊哑了。买的人很多。有位小伙子知道我们的用意后，给了我们800元而没有要我们的物品。还有个小学生把身上所有的零钱都掏了出来。很快，义卖品卖完了。我突然想起我们可以去花市买些鲜花来卖。于是，大家开始了卖花活动。这次天桥义卖，我们共筹得21,000元。这天我们虽然很累，但心里很激动、很温暖。

通过组织这个活动，我深切地感受到如下几点。1. 凡事不能想当然。比如，我们在地铁口义卖，肯定会引起秩序混乱，事前应该先调查。2. 社会是个大家庭，成员们之间需要互相关爱、扶持。我们为灾区人民义卖的时候，很多不相识的人也支持了我们的工作。3. 为别人服务是件十分幸福的事情，为社会分担责任是每一个青少年应尽的责任。4. 整个募捐和义卖活动，我们共筹集27 600元。这锻炼了我的领导能力和募捐能力。

课题研究

每个人都有自己独特的经历和挑战，我也不例外。我最有意义的经历是2006年10月开始进行的关于高中生亲子沟通的研究。该研究持续一年半完成，然后被选送参与全上海市中小学生都可以参加的英特尔创新大赛，获得社会科学类一等奖，因此，我被中央电视台以及多家媒体采访。这是我第一次做这样大的课题研究。开始我不知道如何进行选题，后来由于我的朋友抱怨与父母的沟通问题，引发了我以及其他朋友的共鸣，最终选择了亲子沟通问题。选题难，实施研究更难。我不知道如何研究，甚至不知道从哪里着手。我向指导老师求助，她教我如何设计、如何修改问卷，她还向我提供了一些专家的联系信息，以便寻求他们的帮助。研究过程中，我发现处理问卷上的问题并不像我希望的那么容易。分析处理数据我没有经验也不明白怎么做。我犹豫过，是放弃还是继续选一个简单点的题目。但后来我意识到每项研究都不容易。如果没有挑战，那就意味着已经有答案了。

研究过程中，我遇到过许多困难。多少个无眠的夜晚，我在完成高中功课的同时，还要分析成千上万个问卷调查数据，处理大量的访谈结果。然而，随着课题的进展，我发觉研究不再仅仅属于我个人，而且培养了我的责任感，契合了我内心深处某个珍贵的东西。放弃的念头慢慢消失了，代之而起的是坚持不懈的愿望和克服困难的勇气。我的努力是值得的。回首过去，我为曾遇到过的困难而庆幸，因为没有它们我将永远不会体会到成功后的快乐。

课题研究是我最大的成功，它改变了我。开始研究的时候，我的主要愿望是获奖，但是，如果获奖是研究的全部的话，那么我就不值得花费巨大的心血和艰苦的努力。研究不仅是与别人的竞赛，更是与自己的竞赛，因为我最大的竞争对手其实是我自己。我学会了适应环境，这有利于我战胜未来将遇到的挑战。我知道了当一条路走不通的时候，必须寻找新的道路或者绕过困难前行。不管遇到多大的困难都不要放弃。对课题问题的解决不仅满足了我的好奇心，而且改善了他人的生活。课题研究使我更关注身边的问题，也给了我解决那些问题的激情，即使我不能成功。也许研究所带来的最好的经验是一个高中生通过面对挑战而与众不同。

除了募捐和课题研究，我还在养老院做了三年多的义工，在小学为外来务工人员子女做校外辅导员，参加了2008—2009年的复旦赛扶（国际大学生企业家联盟）组织的活动。）

第十四章 令人震惊的个人陈述写作过程

下面是我的朋友家的故事，同样令人震惊的是关于个人陈述。

我的朋友是上海一所著名大学的英语教授，她指导孩子申报了2013年上海纽约大学（该校位于上海陆家嘴）的本科。写完个人陈述后，朋友把文章发给在纽约读12年级的侄子修改。朋友的侄子在学校升学顾问的指导下，自己申请了10所大学，他从美国高中生的视角给朋友的女儿提出了很多建议。朋友读到侄子的来信，大为"震惊"。她难以理解侄子的建议，于是把原稿、修改稿和侄子的建议发给我，想与我讨论问题的症结在哪里。我认真阅读后告诉她："侄子的修改和建议非常到位。"与其说侄子修改了一篇个人陈述，倒不如说修改了朋友和她女儿的教育价值观。许多中国人在写个人陈述时，喜欢罗列优点，不写缺点；喜欢侧重结果，忽略过程；喜欢用空洞的大词，缺少细节支撑；喜欢写个人，忽略个体与他人和社会的关系。究其原因，我认为是中国人骨子里的"爱面子"、"重思辨"、"独善其身"等思想的体现。

下面我们一起看看朋友女儿的个人陈述以及朋友侄子的点评，希望读者从中得到感悟，从而指导自己撰写个人陈述。

朋友女儿的个人陈述如下：

My peers view me as a motivating role-model, a proactive goal-setter, a pleasant team leader, and a friend with whom they like to share a lot of ideas. In my teachers' eyes, I'm an A student who is intelligent, reliable, diligent, confident, eloquent, and possessed of rare critical thinking skills. Meanwhile, I think I'm an ambitious goal-getter who will benefit the world with my hard work in computer science.

In recent years, my parents, both college professors, have been very proud of my newfound determination, scrupulousness, and perseverance when facing setbacks. I know they are thinking of my successful recovery from my failure during the Chinese Zhong Kao system (High School Entrance Examination).

My junior middle school is one of the most excellent middle schools in Shanghai. I was in the top 10% of my 500-strong class. I had no doubt that during the Zhong Kao, I would score well enough to be admitted by the top high schools in the city. During the examinations, I quickly finished my test like usual, and believed most of my answers were right. But when I received my final score, I was totally shocked. The score was only good enough for me to attend one of the high-tier high schools in my district. I was so frustrated. After a big, loud cry, I turned to my parents and teachers for help. We sat down and started to analyze my performance in the examinations and school study. It turned out that it was my carelessness and hubris that resulted in several mistakes in my test papers which could have been avoided.

Tears couldn't help me. I had to cheer up and collect myself. I couldn't give up.

During my high school days, I deliberately improved my ability to treat tasks with great care and follow procedures in courses strictly. As an obvious result, I was able to stay in the top of my class consistently. In addition, my scrupulous and persevering personalities won me the Best Debater Prize three times in the School Debating Contest in 2010.

From this experience, I learned that learning from failures and never giving up are the fundamental components of success. There can be no success without failure. Perseverance begets accomplishment. My setback didn't defeat me but instead made me stronger and more determined. I feel lucky for having cultivated these qualities earlier than most of my peers.

（在同学们看来，我是个很有号召力的队长，乐于与我分享他们的想法。在老师眼里，我是个好学生，自信、聪明、勤奋、能言善辩，能

第十四章　令人震惊的个人陈述写作过程

进行批判性思维。我则有自己的梦想：在计算机领域里，让世界因我而不同。

我的父母都是大学教授。这些年来，面对挫折，我的努力和坚持不懈让父母引以为豪。他们高兴地看到我成功地走出中考的失利，变得坚强，开始认真做事。

我的初中是上海市最好的中学之一。我的成绩名列前茅。中考之前，没有人会怀疑我考不上市重点高中。中考时，我像平常一样快速做完试卷，自认为大多数答案都是正确的。但是，当我收到中考成绩时，我完全震惊了。我的成绩只能上一所区重点中学。我很沮丧，大哭一场后，我向父母和老师寻求帮助。我们坐下来分析我失利的原因。事实表明，是骄傲自大和粗心大意导致我犯了一些本可避免的错误。

哭，无济于事，我必须振作起来，绝不能放弃！

在整个高中阶段，我有意识地培养自己做事认真仔细的习惯。持之以恒的性格和严谨的做事方式很快使我的学业成绩稳定在前列，还使我在2010年学校辩论赛中三次赢得了"最佳辩手"的称号。

这段经历让我认识到，从失败中学习和绝不放弃是成功的重要因素。失败是成功之母，坚持不懈是成功之父。中考的失利没有击垮我，而使我更加坚强。与多数一帆风顺的同龄人相比，能及早地培养这种坚定的意志是我的幸运。）

朋友的侄子这样点评道：

"My college professor parents have been very proud of my newfound determination, scrupulousness, and perseverance when facing setbacks." This is good, but the way you have written it is bland. You want to show that the pride is significant and special: They are truly proud because you have overcome deep personal challenges; you have gone far beyond what they expected, etc.

"My junior middle school is one of the most excellent middle schools in Shanghai..." That's fine, but again, it is boring. A story about how you took a test, expected good grades, instead got bad grades, studied really hard, and got better is stale. They won't be paying attention after the second sentence, so anything about yourself you are trying to convey will not make it through. I can't give good advice on what kind of story you need to tell; but it needs to be sincere and about something important to yourself, not about what you think other people will find admirable.

"Tears couldn't help me. I had to cheer up and collect myself. I couldn't give up." This is good. This is the kind of writing that is honest and inspiring, and you should do more of it.

"During my high school days, I deliberately improved my ability to treat tasks with great care and follow procedures in courses strictly." This is okay. It's good to talk about how you made a directed effort towards changing yourself. But when you follow it with "As an obvious result, I was able to stay in the top of my class consistently," that ruins the point. They don't really care whether you stayed in the top of your class, and it tells nothing about how your failure and solution actually changed the way you think or what you believe; it just tells a boring result.

"From this experience, I learned that learning from failures and never giving up are the fundamental components of success..." This conclusion is true, but it is obvious. It's nothing special. Everyone is expected to have known this since they were small children. What you might say is something like this: Before this incident, I had been aware of the advice "there can be no success without failure," but I foolishly thought that it might not apply to everyone, that I was somehow immune to it; I thought that with my record of successes, trying my best would be good enough for any challenge. But my failure taught me that there is no one who can receive everything without having to fall down and stand back up over and over. [etc, connect it with specifics in your story]"

（"我的当大学教授的父母以我的努力和坚持不懈而自豪"这是好的，但是，你的写法是乏味的。你要表明这种自豪有意义而独特。他们真正为你自豪是因为你已经战胜了个人面临的挑战，你已经大大超越了他们的期望。

"我的初中是上海市最好的中学之一……"，这个写法可以，但仍然是乏味的。而且，你写了一个毫无新意的故事：你如何参加考试，期望得到好成绩，结果却得到了坏成绩。录取委员会老师对这样的故事毫不感兴趣，所以，你努力表达的一切基本无用。关于个人陈述应该选择怎样的故事，我不能给你好的建议，但是，我认为故事一定要真实，对你而言十分重要，而不是迎合他人的口味。

"哭，无济于事，我必须振作起来，绝不能放弃！"写得真诚，值得鼓励，应该多写。

"在整个高中阶段，我有意识地培养自己做事认真仔细的习惯，在学习上严格要求自己。"你讲到通过怎样的努力改变自己，这很好。但是，你接着写"明显的结果是，我的学业成绩稳定在班级前列"，真令人扫兴！你要知道，录取委员会的老师不会在意你的成绩在班级是否名列前茅，他们在意的是，你失败的经历和处理问题的方法是不是真的改变了你思考问题的方式甚至你的信念。遗憾的是，你用"外显的成绩"替代了"内心的改变"，写了一个没有价值的结果。

"这段经历让我认识到，从失败中学习和绝不放弃是成功的重要因素。"这是个显而易见的结论，人们从孩童时代就知道，因此没有特别的价值。你可以这样写：在事情发生之前，我已经知道"没有失败就没有成功"，但是，我愚蠢地认为也许我是个例外，我一直的成功和努力足够让我能应对任何挑战。然而,我失败了。它给我的教训是:一次次摔倒,一次次爬起来,这样才能成功。在故事中还要用细节支撑这个观点。)

I'm sorry for my harshness, but I would be insulting you if I patronized you instead of bluntly telling you what I think.

This kind of essay is the exact kind of essay college admissions officers don't want to see. It is not really your fault. Don't blame yourself too much. But what you need to know is that what Americans look for in essays is fundamentally different from what Chinese look for.

You're missing the entire point here: this is a personal statement, not another opportunity to tell them how good you are at anything. Its purpose is to show them how you think, as a person, not what the mask you put on as a model student looks like. You're not here to tell them what awards you won or what grades you received. Instead, you should be writing to give an insight into your mind: what are your most important personality traits? And I mean your real personality traits, not fake ones like "hardworking" and "intelligent" that you put on display for teachers or people grading your tests. How do you truly approach problems? How do you treat and evaluate other people? What are your real interests? What are your personal philosophies? What are your greatest fears and insecurities, and how do you deal with them? Tell a story, don't write a resume, and use the story you choose as a way to convey these things.

The picture you're painting of yourself in this essay is fake. It's phony, anyone can see through it in an instant.

(请原谅我的直率,你的个人陈述是录取委员会老师不想看到的。这并不是你的错,不必太自责。但是,你要知道,美国老师在个人陈述

第十四章　令人震惊的个人陈述写作过程

中寻找的东西与中国老师根本不同。

你遗漏了最重要的一点：这是一篇个人陈述，而不是仅仅告诉对方你特别擅长做什么。它的目的是向对方展示，作为一个人你是怎么想的，而不是一个好学生的表象。你不必写你获得了什么奖项，成绩有多好，你要写你最重要的个性特点是什么——我的意思是真实的个性特点，不要写诸如"努力、聪明"之类的空话。请讲述一个事例，不是写一篇简历，说明白以下几点：你是如何处理问题的？你是如何对待和评价他人的？你真正的兴趣是什么？你的个人哲学是什么？你最大的恐惧和不安全感是什么？你如何应付它们？在你的个人陈述中，你给自己绘制的形象是虚假的，任何人都可以立刻看出来。）

There are a few main rules about this essay, and I will explain them in no particular order.

Don't repeat information already given in the rest of your application. It's boring. They asked you to evaluate an event and its impact on you, not list your achievements. Things like "I was in the top 10% of my 500-strong class" and "[I won] the Best Debater Prize three times in the School Debating Contest in 2010" should be in the proper section of your application where you are asked to list your awards and scores. This space is for telling them things that cannot be expressed by numbers and certificates.

Don't write a resume. Tell a story. Don't get distracted by listing your advantages; you have to write them into the story, so that they show naturally in your experiences. The old advice about creative writing is "Show, don't tell." Instead of saying, "I am diligent," tell a story about how hard you worked and all the hard times you put yourself through to get what you wanted. Instead of saying, "I have thought about myself deeply," tell a story about a revelation or reflection about your own thoughts and beliefs.

Don't lie. You don't have to present a perfect image of yourself; they know nobody can be perfect. As a side point to this, it is a bad idea to just give a list of good personal traits like you do in the first paragraph. I know you're not lying about them; you do have those traits, but whatever your purpose actually was, writing them out will only look like arrogant boasting.

Be optimistic. Your essay has no problems on this issue. Just a reminder that it's easy to start complaining or blaming other people or yourself.

Be yourself. This is the most important thing of all. How do you talk to your true friends? How do your thoughts flow in your own head? I don't have to meet you or talk to you to know that the way you speak in this essay is nothing like the way you speak in real life. They want to hear what you, as a young student, have to say, not what your academic persona displays.

Specifics are better than generalizations, but be careful. Don't use tiny examples like "I helped someone find their wallet" to prove big points like "I am compassionate." Instead, while you are giving a general description of a big thing you did, use small, specific details to give the description life. When the US President (an excellent public speaker, by the way) makes his speeches, he describes what problems the nation is facing, with numbers and big generalizations—but he puts in a moving story of how one day he was moved by meeting a woman who told him while crying that her son desperately needed help that the government could not give—to connect with and bring out the human compassion in his listeners. This is probably an unreasonable expectation, but it's an example of what should be done.

（关于你的个人陈述，要遵循几条主要原则，次序不分先后。

不要重复申请表中已有的内容。写一件对你有巨大影响的事情，不

第十四章 令人震惊的个人陈述写作过程

要列举你获得的成就。不要写我成绩名列前茅、我获得"最佳辩手"奖等。这些在申请表中都有体现。要利用这里的空间体现那些数据和证书之外的内容。

不要写成简历，要讲一个故事。把你的优点写进故事中去，这样你的优点就能自然地表现出来。关于创造性的写作，有这样一句古话"展示，不要告诉"。比如，要表现"我很勤奋"，请用故事说明你是如何努力的，经历了怎样的磨难才达到了目标。又如，要说明"我深刻反省自己"，也要用故事展现你对思想和信念的评价与反思。

必须真实。不必展示你多么完美，人无完人。就像你个人陈述的第一段，我知道你没有说谎，也知道你的确有那些个性特征，但是，你把它们罗列出来就像是吹牛了。

要乐观，不要抱怨别人，也不要指责自己。在这一点上你的陈述没有问题，我只是提醒一下。

表现真实的自己。这一点最重要。你如何与真正的朋友谈话，你脑子里常有怎样的想法。我无须和你进行面对面的交流，通过这篇个人陈述，我就能看到一个生活中真实的你。我想要听到的是作为一个学生的你要说的话，而不是学业表现。

事例要具体，不要泛泛而谈，但也需特别小心。不要用"帮人找到钱包"之类的太小的事例来说明你"具有同情心"这样的大的观点。反之，你对所做过的大事进行概括描述时，建议使用具体的细节令描述栩栩如生。比如，一位擅长演讲的美国总统用数据和概述来描述国家所面临的问题。然后，他讲了一个令人感动的故事。有一天，他遇见一位母亲哭着说，她的儿子急需政府的帮助，却无法得到。总统被她深深打动。通过这件事，总统让他的听众感受到他的恻隐之心。这可能有些匪夷所思，但举例说明就要这样。）

如何写个人陈述？ 这是留学申请中必须面对的大问题。我根据自己和朋友家庭的亲身经历，建议如下。

第一，弄清楚大学为什么要个人陈述

大学希望通过个人陈述了解学生是怎样的人，未来有什么打算，是不是适合他们学校。因此，个人陈述实际上回答两个问题：我是谁？我打算干什么？后一个问题也可以根据某些大学的要求，写成单独的读书计划。

第二，选择合适的素材，减少文化歧义

每个孩子都有许多精彩的故事，选择什么，舍弃什么，要通盘考量。个人陈述一般选择一至两个事例，简练生动，说明自己是什么样的人。写个人陈述的过程是一个不断了解异国文化和价值观的过程，应特别注意选材和表述要符合评审者的文化习惯。

第三，不要借鉴范文，要陈述真实的故事、真实的情感

现在网上关于个人陈述的范文铺天盖地，我反对借鉴模仿。录取委员会老师见过的个人陈述不计其数，你还是老老实实根据学校的特点，写你真实的故事、真实的感悟比较好。曾经有这样一个故事：某学生到了贫困地区支教或旅游，无意中看到了一个衣着褴褛的孩子明亮的眼睛，随后产生联想，引起感动，之后就立志帮助这些穷人。于是，这双"眼睛"在很多申请者的文书中出现，以致哥伦比亚大学的招生官说，最俗的主题莫过于那双"眼睛"了，来自全世界的考生，似乎都对那双眼睛感兴趣。这个故事说明，学生鲜明的个性、真实的感受很重要。再比如，你按照时间顺序记叙了自己如何去大公司实习，只叙述事件是不够的。录取委员会老师需要的是故事，打动人的故事。要打动人，就不能说别人说过的故事，就必须独特。这需要孩子与家长联合起来，用几个星期乃至几个月来构思和写作。

第四,研究你想申报的大学,以此判断个人陈述是否适合这所学校

如何证明你是这个学校最适合的人?这需要你对学校作出充分的调研,比如,从学校的官网上了解他们的办学思想、校园文化,看校友博客了解学生的心声,然后有针对性地把自身特点与学校特点联系起来。要让录取委员会的老师感到你的个人陈述是专门为这个学校写的,你是有诚心的。那些不加改动就可以适合多个学校的个人陈述会让你的申请大打折扣。

第五,请具有不同文化背景的人提修改建议

不同人的视角能使文章越来越完善。比如,精通东西方文化的人能从教育价值观方面把关,纯粹的外国人能从语言的地道方面把关。当然,对不同的建议甚至是相左的建议,自己要拿主意,不能人云亦云。总之,个人陈述只有更好,没有最好。

第十五章 对学习计划的反思

有的学校对个人陈述没有特殊要求,作者可以自由发挥;有的学校要求写"学习计划"、"生涯规划"或"读书目的陈述",其实都是一个意思,就是学校想知道学生未来有什么打算、要干什么,以此判断他们要不要录取这位学生。本章讨论的是如何写学习计划。

上一章讲过,女儿的个人陈述给六位朋友看过,其中一位是在国内的中国人,两位是美国白人,三位是美籍华人。他们同时也看过女儿的学习计划。

在学习计划中,同事哥哥提出的关于"华人数量"的问题让我震惊。女儿受我的影响,在申请某个大学时这样写道:"华人数量比较少,有利于我快速融进当地文化,有利于语言的提高。"他说:"这种话绝对不能写进个人陈述。美国人崇尚多元文化,希望你给它带来'多样性',如果你想和他们一样,他们不乐意。"我在"醍醐灌顶"中突然明白——民族的才是世界的。由此我又联想到,中国孩子远涉重洋,只是为了向外国人学习吗?难道我们不应该在输入的同时也输出中华民族的独特吗?

> 中国孩子远涉重洋,只是为了向外国人学习吗?难道我们不应该在输入的同时也输出中华民族的独特吗?

第十五章　对学习计划的反思

女儿根据同事哥哥的建议修改成学习计划的第二稿，发给了美国教授丹。他提出实习内容太多，毕竟，中学生不是工作人员。于是，女儿减少实习篇幅，修改成第三稿，接着发给了另外四位朋友看，他们都没有疑义。

学习计划如下。

I'd like to choose economics as my field of study at University of ××.

My reasons for making this choice come from a positive influence from my father, my innate interest in economics and my internship at a reputable investment firm in Shanghai.

My father, a professor in Shanghai ×× University (one of five top universities in China) and a cofounder in a venture capital corporation, exerts strong impact on my life. He introduced me to the field of economics when I was at an early age. Because of him, I got the opportunity to read such famous economic classics as Richard Duncan's *The Dollar Crisis: Causes，Consequence，Cures* and Adam Smith's *The Wealth of Nations*. At his guidance, I began to taste the riches of those works of economics in senior high school.

Due to my father's influence, I was endowed with an innate interest in economics. My father's personal success in the capital markets only intensified my positive impression on economics. As I read more and dig deeper, my interest in economics grew increasingly denser from day to day. Until my internship at Shanghai ×× Group ended, I decided to devote my entire career life to economics. However, I felt I was critically in lack of theoretical study if I want to pursue a more extensive and higher growth in this field. Therefore, I would like to further my study at your university and choose economics as my academic field.

Of all the branches and majors of economics, I am particularly interested in industrial economy and intend to focus my study on this specialty. I initially got this thought when I did a research on mathematical modeling and its application in the stock market in 2006, but it was only when I interned in Shanghai ×× Group did I make up my mind. During the 2007 summer internship, I learned the basic functions and workflow of a business investment firm under the mentorship of senior experts of industrial economy. This experience greatly stimulated my interest in economics, to be more exact, industrial economy.

After finishing my study at your university, I plan to go back to China and start a career in economics or finance in Shanghai. For one thing, Shanghai is the engine of China's economy and will most probably push me up in my career ladder if I work here. For another, Shanghai is where I was brought up and where my family and friends are. It is my HOME. Besides, I am the only child in my family and have the obligation to take care of my parents when they get senior. Therefore, I will definitely pursue a career in economics or finance in Shanghai after my graduation.

（我想申请你们学校的经济专业，原因一是深受我父亲的影响，二是我自己的兴趣，三是我在上海一家投资公司的实习经历。

我父亲是上海××大学的教授，同时也是一家风险投资公司的合伙人。幼年的我就耳濡目染了经济学方面的知识。因为父亲，我有机会阅读过理查德·邓肯的《美元危机：成因、后果与对策》和亚当·斯密的《国富论》。父亲的指导使我在高中时代就领略到了经济学的丰富。

由于父亲的影响，我对经济学产生了内在的兴趣，而且，父亲在资本市场的成功强化了我的兴趣。随着阅读的加深，我的兴趣与日俱增。在上海××集团实习结束后，我决定未来从事经济工作。然而我发现，要在这个领域追求更高更广的成长，我还缺乏理论知识的支撑。于是，我选择你们学校读经济专业。

在经济学分支中，我对产业经济学特别感兴趣，打算专门研究这个领域。2006年当我研究数学建模在证券市场的运用时萌生了这个想法，但直到2007年暑假我到上海××集团实习，我才下了决心。我在产业经济学方面的资深专家指导下，了解到商业投资公司的基本职责和工作流程。这段经历极大地激起了我对经济学的兴趣，确切地说，是对产业经济学的兴趣。

学成后，我将回国，参与到上海快速发展的经济和金融事业中去。一方面，上海是中国的经济中心，很可能将我推到职业生涯的高端；另一方面，上海是我成长的地方，我的亲朋好友都在这里。上海是我的家！我是家里唯一的孩子，有责任赡养父母。因此，毕业后我将在上海追求我的事业。）

如何写学习计划？什么样的学习计划是合理且出色的？

我以女儿的读书计划为蓝本来分析这两个问题。这篇读书计划当时请好几位老师看过，而且他们大多数是美国人。但是，我不知道是他们不太看重学习计划，还是认为孩子到大学后可塑性大，或者是别的什么原因，总之，他们认为过关的学习计划以我今天的眼光看有很多毛病。

读书计划或者说生涯规划写什么内容？肯定与大学的专业有关。写作主线是打算选择什么专业，为什么选这个专业，毕业后打算干什么。我女儿开门见山阐述了她的专业选择，这是好的。

为什么会制订这样的读书计划？需要写理由。我认为女儿的读书理由合理但不出色。她写了父亲的影响，这是真实的，但是，我后来才知道，几乎每个孩子都会写到家人的影响。最近看到我朋友的女儿申请美国大学会计专业研究生的学习计划，与我家如同一辙：

My first interest in accounting was aroused when I was a little girl. At that time I often watched my grandfather, an old accountant busy over piles of files and an abacus (a typical Chinese old-style calculator). Seeing him so lost in his work I couldn't help wondering what was so fascinating in that clacking instrument and what was the connection between the papers and the square instrument made of wood and bamboo. As I grew up, I gradually got to know what the accountancy is.（当我是个小女孩的时候，我对会计产生了最初的兴趣。那时，我经常看到我爷爷——一位老会计忙于用算盘计算着一摞一摞的账本。看到他那么忘我地工作，我情不自禁地想知道那个噼里啪啦的算盘里有什么东西令人着迷，那些账本和木质的算盘间有什么关联。随着年龄的增长，我渐渐懂得了会计学是什么。）

朋友女儿比我女儿早一年申请，但她们的职业兴趣起源异曲同工。我忽然想到，美国大学录取委员会老师看到这些学习计划时会不会想：怎么中国孩子都是家长干什么自己也干什么？这叫家族传承吗？能不能干点别的工作？事实上，女儿后来读了工程学院。由此不能不提到威廉·恩道尔的《石油战争》，这是她递交申请材料后读过的一本书，对她的专业抉择起到了重要作用。这本书揭示了石油和美元之间看似简单、实为深奥的内在联系，引起了女儿对能源与经济密切关系的兴趣。另一本书是彭剑锋、刘坚著的《百年壳牌》，这本书告诉读者这家"小公司"如何用一百多年的时间成就了今天在石油界呼风唤雨的巨头，如何成功进行行业资源源头的拓展性开发与控制，如何基于能源核心实现业务链条整合。石油是一种能源产品，可是它牵涉政治、经济、金融、环境、商业等方方面面，是牵一发而动全身的产品。而工程学院的能源除了石油外，还有煤炭、太阳能、风能、水能等等。这个以能源为核心的专业既有女儿一直感兴趣的产业经济，又有与国内民生和国际市场息息相关的可开拓之处。假如女儿当初写学习计划时，从一本著作入手，把其中最引起联想的一点或两点写下来,结合当今世界风云和中国实际,有理有据地说明自己对这个领域的兴趣,则要比来自家长的兴趣缘由深刻得多,也更能阐明是自己发自内心的兴趣,有自己独特的见解,哪怕这见解是幼稚的、片面的。其实,我当时和女儿讨论过以经典著作引入职业兴趣,但是,我又认为孩子不能太过深沉,文章不能太理性,具有生活气息的可能更好些。看来我那时的指导思想是不全面的。我想起杨振宁对物理的兴趣来自于他十多岁时读过的一本物理小册子,后来他又到西南联大遇到几位优秀的老师,这样的兴趣持续了一辈子,并获得诺贝尔奖。当然,也不能一窝蜂都由某本书引入,"专著兴趣源"和"家长兴趣源"同样不可取。对研究经历比较缺乏的高中生而言,也可以写听过的讲座,写你对别人学术水平的认识以及这些学术思想如何影响了你。虽然你的想法可能不正确,但如果你能有理有据地论述,也能吸引人,并能生动自然地表达你对这个专业的兴趣和热爱。总之,专业选择的理由要在真实的基础上巧妙构思。

什么样的回国理由让人信服?为了避免移民倾向,每个孩子都会写回国。回国的理由一般是独生子女、赡养父母,或者是家乡有裙带关系,有利于工作。最近我与一位美国朋友谈起文书中的留学生回国问题,她说中国孩子写的回国理由大多不能成立。孩子长大了就要离开父母,为什么大学毕业后要回到年龄未老的父母身边?父母有社会福利和保障,你可以去看他们,而没有必要每天跟他们在一起。至于利用父母的关系帮孩子找工作,更是不可思议。西方孩子18岁离开家庭,自己挣学费,这是普遍现象。我女儿有一个美国同学,她的父亲是大学教师,母亲是医生,家境优越。该同学读大二时就想来中国旅游,但是,她没有足够的钱。又打了一年工,攒足了钱,才能来中国。可是,等她上了飞机后,工作人员告诉她去中国要签证,她一下子傻了眼。好在工作人员允许她保留机票,即等她签完证无须再重新购买。可是签证费用不在她的预算范围内,她只得向父母求助,可是母亲说,她哥哥没有要求额外的费用,因此她也不可以得到。于是,她只得向我女儿和另一个中国同学借。在上海期间,我们带着她玩,当然不需要她花费。中国人说,有朋自远方来,不亦乐乎?怎么可能与人家AA制呢?可是在西方,她的父母竟然不给她赞助,害得她从中国回去后马上要打工补足签证费用,另外还要赚下学期的学费。我认为这就是东西方文化的差别。文化问题也必然体现在读书计划里头。究竟怎么写,我现在认为应从国家发展的需要以及孩子能获得更多的职业机会入手。朋友女儿是这样写的:

China, my country is experiencing a rapid economic development now. More and more advanced concepts, technology and standard practice especially in economic field are being introduced from the developed countries into the whole economic activities in China. Therefore, well-trained managerial talents equipped with western education are badly in need. Upon my completion of the graduate study, I'll return to China with what I've learned so as to make my share of contribution to the development of my motherland. With anticipation and excitement, I sincerely wish that you consider seriously and accept my application to make my dream come true.(我的祖国正经历着经济领域的快速发展。越来越多的先进理念、技术尤其是经济领域的标准做法正从发达国家进入我国,因此,国家大量需要受到良好西方教育的经济人才。研究生毕业以后,我将回国,把我所学到的知识贡献给我的祖国。诚恳地希望你们认真考虑并接受我的申请,让我梦想成真。)

她的回国理由是国家需要她这样的人才,比我女儿写得宏观,更符合西方人的观点。但是,如果再加上一两句说明自己在这个舞台能更好展示自己,即把国家的需要和自己的发展结合在一起,将更可信。再回头看我女儿的回国理由,她写了三点,一是上海是中国的经济、金融中心,二是上海是自己成长的地方,三是赡养父母。我认为可细化第一点，并用一两句话展望回国后具体可以做什么。而家在上海和有亲朋好友两个理由可一笔带过，不需要分开写。这样，既体现了大的职业规划，也符合中国的国情。

读书计划写多少字为好？ 一般在1000字以内比较好。有的学校对网上申请提交的字数有限制，你要严格按照要求，要不然上传不了，但寄材料时可附上完整的读书计划。有人担心自己的读书计划太长，会影响录取委员会老师的情绪，我要说的是，长篇小说动辄几十万字，没人愿意看吗？微型小说几百字，你都愿意看吗？当然不是。如果你的读书计划写得精彩，言之有物，长点也没关系，但如果没有什么可写，则少写为好。

到这一章为止，我已经介绍了个人简历、推荐信、命题作文、个人陈述和读书计划等文书材料的具体写作方法和注意事项。最后再提醒三点。

第一，研究自己与大学的适切度。 对大学而言，They are always searching for the right person, not the best one（他们总在寻找最适合的人，不一定是最好的人）。为什么"牛人"被拒？一个可能的原因是尽管他们优秀，但其材料反映出来的是他们未必适合这所大学。

第二，倾听自己内心的声音。 弄清楚对想申请学校的喜欢是发自内心的，还是受了大学排名等外在因素的影响。

第三，统筹安排申请材料。 材料要1+1+1=3，而不是1+1+1=1。也就是说，材料重复使用是没有价值的。因此，写文书前对材料要作通盘安排，哪些详细、哪些简略要心中有数。

第十六章 关于录取方式和奖学金等几个问题

所有材料都准备好以后,就开始根据先前选择的学校正式申请。

这时碰到的问题是**申请提前录取还是常规录取?**

在美国,大学有提前录取、常规录取和滚动录取等形式,在申请的时候要弄清楚这些概念以及想申请大学的要求。

ED(Early Decision)的意思是提前决定。只能申请一所学校,在申请时必须签署Early Decision Agreement(提前决定协议),一旦签署,意味着你作出这样的承诺:如果我被录取,一定会入学。部分大学的ED有ED1和ED2之分,意即,你若被某所大学的ED1拒绝,你可以再申请另一所大学的ED2。无论ED1还是ED2都遵循ED的绝对唯一和绑定承诺的原则。一般来说,ED1的截止日期是11月1日,12月得知结果。ED2的截止日期是次年1月1日,2月得知结果。

EA(Early Action)的意思是提前行动。可以申请多所。一般来说,EA的截止日期是11月1日。EA无绑定承诺,一般要求在次年5月1日前答复是否接受此学校的录取结果。除了普通的EA,还有两种特殊的EA,即单选提前行动SCEA(Single-choice Early Action)和限制性提前行动REA(Restrictive Early Action),具有排他性,即限制你申请其他学校的EA和ED。具体见下表。

第十六章 关于录取方式和奖学金等几个问题

提前申请类型	是否绑定	能否申请其他提前申请	能否申请常规/滚动申请
提前决定（ED）	是	否	是
提前行动（EA）	否	是	是
单选提前行动（SCEA）	否	否	是
限制性提前行动（REA）	否	否	是

ED和EA相当于国内高考的提前录取，适合申请你心中的好大学（比如《美国新闻与世界报道》排名前50的大学），其好处是录取率比较高，占录取总数的20%至50%。ED虽然具有捆绑性和唯一性，但录取率比EA稍微高一点。前50的大学里，有的只提供REA，有的只提供EA，有的只提供ED，还有的都不提供，请根据所选择学校的具体要求和你的实际情况作决定。提前录取有一定的技巧。ED一般选择的是自己的梦中大学，是想跳一跳摘果子的学校。而EA，我们可以非常巧妙地选择自己的"般配"学校，即硬件、软件基本符合的学校，一旦录取，这个学校可以成为保底校。

RD（Regular Decision）的意思是常规录取。可以同时申请多个学校，无绑定和唯一限制。录取后，可自行决定去或不去。截止时间通常在12月底到次年的2月1日，得到结果的时间是4月1日。

RO（Rolling Admission）的意思是滚动录取。在有空位的情况下，学校采取先申请先得到的政策。以循环方式，入学申请没有一定的截止日期，申请资料随时寄到，随时审核，以录满当年的名额限制为准。滚动申请无绑定和唯一限制。

也许有人问：我不能申请多个学校的ED，但又不甘心提前申请只递交一所大学，我能不能同时申请其他学校的EA或RD？答案是肯定的，但不能选SCEA和REA。而且，一旦你被ED录取，必须立即撤回正在申请的学校。违反ED协议，将失去所有美国大学，因为在校方看来，这样的学生诚信有问题。

ED虽录取率较高，但不是所有人都适合，因为它的申报截止日早且具有捆绑性和唯一性。如果你不清楚自己要选择一所什么样的学校，或者你希望获得几个学校的奖学金结果、比较之后再作决定，或者你来不及准备，那么就不要选择ED。

如何申请本科奖学金？申请奖学金对录取结果有没有影响？

美国的本科奖学金分为三类。第一类，建立在需求之上的经济资助（Need-based）。该类奖学金的发放标准是根据学生家庭的收入，包括父母的工资和家庭财产状况等。经济资助奖学金对美国本土学生丰厚，但对国际学生很少。如果你各方面都很优秀，但要求的补助比较高，美国大学一般会拒绝你。第二类，按照成绩评定的奖学金（Merit-based）。该类奖学金是以申请人自身具备的学术成绩、思想品质、发展潜力等实力因素来决定，并不考虑经济上是否需要帮助，只要学校认可申请者的学术背景，都会给予奖学金。该类奖学金并不局限于美国本土学生的申请，而是针对大部分申请者，但是，奖学金的数额不大，一般不能满足学生的需要。第三类，与资金需求无关（Need-Blind）。该类奖学金是指美国少数资金实力雄厚的私立大学，在录取的时候不考虑学生是否需要学校提供资助。如果学校认为申请人符合录取标准，就根据学生的家庭情况作出判断：该学生家庭能够承担多少费用，其余全部由学校设法提供。为数不多的私立名牌学校执行需求无关的政策，如哈佛大学和耶鲁大学。凤毛麟角的"牛人"才能获得此类奖学金。

如果你申请财力资助（Financial Aid），则需要填写一份由大学委员会（College Board）统一制作的国际学生财力资助申请表（International Student Financial Aid Application，通常简称FA）。对于最

第十六章 关于录取方式和奖学金等几个问题

后可以获得多少比例的奖金而言，填好这张表十分重要，其中也不乏一些技巧。

财力资助申请表由六大部分组成。A部分和B部分用于收集申请人及父母真实完整的信息。C部分是财力信息（Financial Information），其中第22题要求填写具体的数字来表明你家庭的主要收入来源。只要填写父母的工资、奖金等比较固定的收入即可，其他每年变化的股票、分红等数据可以不填。D部分是资产信息（Asset Information），其中第26题要求列出家庭的主要资产，选项涉及土地、股票债券、储蓄等等。建议只选Savings（储蓄），这样更符合中国家庭的现状，具体的数目可以根据存款证明上的数目来决定多少。E部分是家庭开支（Expenses），其中第29题要求列出主要家庭开支和具体数目，选项很多，如Automobile maintenance（汽车）、entertainment（娱乐）、vacations（度假）、servants（佣人）等，这些不是必要开支，可不填，因为填写了就说明你有较强的财力，但对于服装、食品等生活必需的支出则一定要填，具体数目可以自己拟定一个占总收入的百分比。如果日常开支占的比率较高，说明可用资金较少；相反，则可用资金较多。如果你要想获得较高的财力资助，就要好好算一算这一块的开支分配。F部分要填未来学习的几年里你的学费主要来源（Expected Support for Educational Expenses），应该以父母收入为主，单纯的家庭收入更容易获得财力资助。值得提醒的是该表格对家庭收入、支出、资产都有着非常详细的调查，应尽可能如实填写，不要出现家庭总收入和总开支明显不符的情况。

在女儿申请的六所大学中，最贵的那所我们填了财力资助，结果就这所没有录取，其他的五所都录取了。看来，在金融危机背景下申请本科奖学金对录取结果有很大的影响。最近，我偶尔看到一个资料，我们申请的那所大学很少对中国大陆学生发放财力资助，我才后悔当时研究不透。早知道就不申请它了，还浪费了我们几百元人民币的申请费。而且，当时填财力资助申请表时，为了家庭收入与支出的平衡，算了整整两天，最后还是没算清。我对家庭的经济账从不关心，对钱也没有太多的概念，于是，糊里糊涂交了表格。这里给读者的建议是：算不清账的人不能填财力资助申请表，要不然浪费时间、浪费文书、浪费申请费。

美国大学的奖学金也有我想不到的惊喜。位于中部的那所淳朴的大学我们没有申请财力资助，但它竟然自动给了女儿学费减半（应该是Merit-based），并且四年中每年都如此，不需要再申请。女儿后来讲，他们学校数学、物理等基础专业如果大学平均成绩超过3.5/4.0，系里会自动给奖学金，而医学、法律、商科等工作后挣钱比较多的专业没有奖学金。听听倒也公平。我还有一个学生，申请的是文理学院，第一年奖学金三万美金，但是，每年都要申请，如果成绩达不到要求，来年就不能享受奖学金，想想竞争也蛮残酷，四年不能有一点松懈。当然，这也是好事，奖学金与成绩挂钩，迫使学生用功读书。如此看来，美国本科奖学金五花八门，各所大学的政策也不一样。

关于奖学金，我的建议是：如果孩子想读名气响的大学，为了增加录取几率，不要申请奖学金。如果你看中大学的性价比，那么，就不要在乎中国人的名校情结，选择适合自己家庭的、适合孩子的大学。

材料邮寄以后，是被动等待还是主动等待？

网上填写完Common Application后，再邮寄纸质材料——成绩单、简历、老师推荐信、个人陈述和学习计划等等。

在邮寄材料这件小事上，要注意什么细节呢？

第一，准备一份材料清单（checklist）。学校所要求的申请邮寄材料一般能在官网Admission（申请）栏目查到，可根据学校要求准备材料。把所有材料装订在一起，然后把清单装订或贴在第一页，这样，录取委员会老师就不会遗漏你的材料。

第二，写清楚邮寄地址。仔细检查学校网站上的信息，找到申请所需要的邮寄地址（Mailing Address）。寄材料之前再确认是否有拼写等书面错误，避免不必要的麻烦。最好再写上对方的联系电话，万一有问题，邮递员可以联系。

第三，可用UPS、DHL等快递，并在网络上通过卫星定位实时"监控"材料。申请材料到哪里了？是否签收？签收人是谁？什么时间签的？做到心中有数。

从卫星定位上得知材料已被签收后，还要与学校联系吗？

答案是肯定的。虽说外国人做事细致，但万一碰上糊涂蛋怎么办？所以，还是应写封信询问材料是否收到、是否齐全、TOEFL和SAT成绩有没有到。如果学校说材料有问题，要赶紧根据学校的要求重新补充，以免影响审核进度。询问信正文可以这样写：

I am the Chinese student to apply for your undergraduate program. My name is ×× and my ID number is ××. I sent my application package to the Undergraduate Admission Office via express mail in late October. I am wondering whether you have received the packet and if the materials I submitted have been completed? If there is any information or supplementary material that is required, please let me know. Thank you for your time and I look forward to hearing from you soon.（我是一位申请你们大学本科的中国学生，我的名字叫××，我的申请号是××。我在10月下旬通过快递给学校本科招办邮寄了申请材料。我想知道你们是否收到我提交的材料，如果收到是否完整？若还有其他需要我补充的，请告知。谢谢，期盼得到答复。）

我每天都在网上看学校的审核状态（Status Check）。有一个学校连续两周显示"审理中"，我估计申请者太多，老师无暇顾及。我叫女

儿写了封信询问申请进度、大概出结果的时间等。在介绍了自己的姓名和ID号码后,她的信这样写道:

Two weeks ago, I was informed that my application had reached the admission office. I am wondering if it has been processed. Could you do me a favor and inform me of the status of my application? Thank you. (两周以前我的材料已经到招办了。我想知道我的申请有没有被处理。结果出来后请帮忙通知我。谢谢!)

录取通知书发放后面临新的选校问题怎么办?

我们申请了6所大学,拿到了5份录取通知书,高兴中包含着不安。本来女儿要读东北部的大学,可是,中部那所大学的奖学金吸引了她,到那里上学只有其他学校一半不到的费用。但东北部的学校是她的梦中学校,所以,手心手背都是肉,难以选择。对我来说,除了费用问题,从情感上来讲,我十分不好意思回绝任何一所。人家在众多的申请者中选择了你,你却拒绝别人,总有些不忍心。因此,我建议每个家庭选校时,不要太多。只要根据孩子的实际情况有梯度选校,一定会被录取的。有的书上介绍选15—20所大学,我坚决反对,浪费精力金钱不算,拿到通知书后新的选校问题更让人烦恼。因为是自己的选择,总有你喜欢的道理,因此到最后,这个舍不得,那个不想放弃。女儿上"校内网"和CUUS这些网站找人商量,那些过来人传递来的信息仍然无法使我们一下子作出判断。这些大学各有自己的优缺点,也可以说各有别人无法代替的魅力。美国人特别自信,无论是网页本身的展示还是女儿与学校招办老师的通信,我都深深感受到那份特别的自信。

我把5所学校发给美国的朋友,希望他们从美国人的角度帮忙选校。在密歇根大学做教授的朋友从学术的角度考虑,而在华尔街做股票分析师的朋友从地理位置以及将来就业的角度考虑,由于他们的视角不

第十六章 关于录取方式和奖学金等几个问题

一样,推荐的第一选校也完全不一样。我深切地感受到美国大学的多元化教育。每一所学校都有它存在的价值,他们的办学理念是独特的,因此,每一所学校都能招到优秀学生。尤其美国公立大学有一条政策,本州居民的学费比外州生和国际生低很多,这样,保证了本州优秀学生的加盟。我又请朋友劳拉帮忙选择,她的第一选择是位于美国中部的给了奖学金的大学。这在我的意料之中,完全符合她的价值观。

劳拉的故事很有美国文化的某些特征。她是新泽西人,高中平均成绩是满分(GPA4.0),而且软件也很出色,从小到大,一路得奖无数,音乐绘画样样精通,中学阶段寒暑假打工的钱可以付自己的学费,以她的条件读常春藤肯定没有问题,可是,她选择了家附近的综合排名60多位的公立大学。她高中毕业后直接申请博士,读五年。如果读下来,就拿博士文凭,如果读不下来,就没有任何文凭,只算高中毕业。我那时一直为她没读常春藤而可惜。她告诉我,常春藤大学没有这样的专业和高中毕业直读博士的申请方式,而且,新泽西州的制药业在全美有名,她很容易找工作。她高中毕业五年后拿到博士学位,找到了好工作,然后考了律师资格证书,这是最经济、最适合她的一条路。况且,作为本州学生,她几乎没有花钱,再加上她一直拿最高奖学金以及寒暑假打工,读博士五年,她挣的钱给上私立中学的弟弟交了学费。Why Ivy(为什么要读常春藤)?她有些不解地问我,并且,我作为外国人对美国大学排名的熟谙令她吃惊。她完全不知道她读的大学排多少名,而中国人砸锅卖铁也要读排名靠前的学校。从劳拉身上,我看到她的教育价值观——适合自己的才是最好的,并且,她的成就一点不比常春藤大学毕业生逊色,甚至超过相当一部分人。

我把5所大学从总体学术、专业强弱、师资水平、班级人数、地理位置、就业状况、学费、生活费等维度列成表格,让女儿自己选择。最终,她选择了5所大学里最贵的但排名最靠前的大学。如今,她大学快毕业了，她无比热爱她的母校，并为母校而自豪。我也很高兴，这是最适合她的学校，她在这里愉快地学习与生活，度过了人生最灿烂的大学时光。

选定大学后，如何有礼貌地拒绝其他学校？女儿写道：

I'm glad to be admitted into your university's undergraduate program. However, after careful consideration and deep regret, I have made my decision to turn down your offer. Furthermore, I hope my decision will not inconvenience you in any way. In order to close my application to your university, would I need to return the I-20 to you? I'm looking forward to your reply. Thanks a lot!（很高兴被你们录取。然而，仔细考虑后，很遗憾我不想去你们学校。希望我的决定没有给你们带来不便。另外，我要把I-20表还给你们吗？盼望得到回信。很感谢！）

一般学校都不需要归还I-20表，不过，还是根据对方的回信去操作。

选定学校后如何选宿舍？

兵马未动，粮草先行，选择了宿舍才有"家"的感觉。美国大学一般要求本科一年级新生必须住校，目的是培养学生对学校的感情和新生的集体感。学校的来信会告诉你如何选择宿舍。孩子对未来的"家"都会很感兴趣，女儿在学校网站对关于宿舍的栏目研究了很久，她又用谷歌地图把各个宿舍区、食堂等打印下来后作比较，我们虽然没去过学校，可感觉很熟悉了。有的学校要求交宿舍预订费，有的不需要，根据学校的要求做就行了。值得注意的是，宿舍有连同假期的，有不连同假期的。我考虑到圣诞节冷，而且，那段时间父母都在上班，建议她不要回国。于是，她订的宿舍假期也可以居住。虽然她圣诞期间到迈阿密去旅游了，但是，回校后就很方便。有的孩子没有订假期，打算回国，但

第十六章　关于录取方式和奖学金等几个问题

是,他们的行李要搬出宿舍,因为他/她没有预定假期时间,这个房间已是不属于他/她的了。我女儿让没有预订宿舍的同学把行李寄放在她的房间。不预订假期宿舍虽然节约了钱,但搬家不方便。我建议预订假期房间,孩子刚去美国,人生地疏,麻烦少更有利于他们适应大学生活。当然,每个大学的情况不一样,有的学校强制预订9个月的宿舍,从头一年9月初到第二年5月底。

　　申请大学过程中会遇到许多琐碎的问题,细节决定成败,处理好了这些小问题,申请才能顺利进行。本章讨论的问题大概有11个——申请提前录取还是常规录取?如何申请本科奖学金?申请奖学金对录取结果有没有影响?材料邮寄以后,是被动等待还是主动等待?寄送材料要注意什么细节?得知材料已被签收后,要不要再与学校联系?如何联系?如何询问申请进度?录取通知书发放后面临新的选校问题如何处理?如何婉言拒绝不想去的大学?选定学校后如何预订宿舍?由于这些问题十分细节,散落在整个章节里,需要了解详情的读者请阅读本章。

第十七章 签证准备的书面材料有哪些

签证是留学的另一个重要环节。即使你拿到了名校的录取通知书,如果签证不能通过,仍是前功尽弃。虽然现在签证不难,但是,该准备的资料还是不能马虎。即使别人都通过了,如果你没有通过,对你而言,失败就是百分之一百。

美国在中国共有北京、上海、广州、成都和沈阳5个领事馆。根据美国总领事馆的要求,获得学生签证的具体条件是:

1. 进入美国仅为在公认的教育机构(比如大学)进行全日制学习;

2. 具有进行全日制学习的诚意;

3. 在美国境外有固定住所,按计划完成学业后返回;

4. 具有足够的资金支付受教育的全部费用;

5. 具有足够的英语能力完成美国学业。

为了符合以上条件,领事馆建议学生准备两类文件。一是必须提供的文件(Basic Materials for Appointment),二是补充文件(Supplementary Materials for Appointment)。必须提供的文件是:

1. 带条形码的DS-160确认信息页;

2. 一张签证照片;

3. 护照;

4. I-20表；

5. 一张中信银行开具的签证申请费收据（2013年3月14日以后不再使用收据，只要提供收据号码或其他显示签证申请费已付的证据）；

6. SEVIS费收据。

以上材料要单独放置，领事馆工作人员会收取的。

补充材料一般从经济保障、真正的学生、回国计划等几个方面准备，每个人可能准备的材料不一样，但只要能说明以上三个问题即可。

如何准备必须提供的文件？

必交材料总体比较简单。护照在考TOEFL和SAT前就准备好了。I-20表由录取学校发放。签证照只要你跟照相馆说拍去美国的签证照，他们都知道拍照要求。带着护照到中信银行交申请费就可获得两联收据。

SEVIS的全称是Student and Exchange Visitor Information System（学生F1和交流学者J1信息系统），是一个存储在美国的国际学生和交流学者信息的网络数据库。每位外国人需要交纳一定的SEVIS费用，用于数据日常维护。所有申请人需要填写I-901表格，网址是http://www.fmjfee.com/index.jhtml，建议用信用卡交费。填表时需要用到I-20表右上方的字母N后面的号码（Enter the SEVIS identification number listed on the top right of your Form I-20 beginning with the number after the number "N"）。最后要求填信用卡的卡号和安全码，所谓安全码就是信用卡背后签名的地方右边的最后三位数。填I-901表不难，跟着要求做就行了。

比较麻烦的是填写DS-160表。学生签证填写DS-160表的北京领事处网站是：http://chinese.usembassy-china.org.cn/visas.html，上海领事处网站是：http://shanghai-ch.usembassy-china.org.cn/visas/visa-application-process.html。其他领事馆还有广州、成都和沈阳，官网上有链接。

在填写DS-160表之前，需要准备符合要求的数码照片、有效期一年以上的护照、I-20表、学生名字的标准中文电码、学生就读过的中学的英语名称和地址邮编、学生读书的起止年限、身份证号码、家庭住址的英语表达和邮编、父母的生日等。整个表格只有一处填中文（Full Name in Native Language），其余都是英语填写。DS-160表格系统不接受任何符号，比如家庭住址是六楼，要写6F而不能写6/F，再如西安，要写XIAN而不能写XI'AN。填写三个字的名字时，现用名和曾用名填法不一样，比如现在的名字叫章小娴（ZHANG XIAOXIAN），XIAO和XIAN之间没有空格，而曾用名叫章大春（ZHANG DA CHUN），DA和CHUN之间要有空格。填写表格时每完成一步都要保存（save），否则若超过15分钟没有在该系统进行操作，系统会自动退出，导致前功尽弃。填写DS-160表不难，但是麻烦，所以要耐心填写。如果填错了也不要紧，只要在签证前都可以重填，旧表会被新表覆盖。填完表格后，用激光打印机打印，颜色不能深，也不能浅，否则签证处扫描不出。在带条形码的DS-160表确认信息页的空白处贴上中信银行签证费收据第一联，签证照用胶水粘贴。签证收据和照片都不能覆盖条形码。还要在空白处书写中文姓名、中文姓名的电码以及家庭住址和邮编。

如何准备补充文件？从哪几个方面着手？

补充文件不需交给签证官，但是，要准备齐全，因为面签时你要用手头带着的材料证明你说的话是真实的。根据赴美学生签证的具体要求，我们从三个方面准备补充文件。

第一，真正的学生。这是为了证明该学生"进入美国仅为在公认的教育机构（比如大学）进行全日制学习"，"具有进行全日制学习的诚意"。

为了说明这个问题，女儿从两个方面准备材料。

1. 高中材料（High School Materials）
- 高中成绩单（High School Certificate of Academic Record）
- 在读证明（Certification of Study）
- 中学学生证（Student ID Book）
- TOEFL成绩单（Original TOEFL Transcript）
- SAT成绩单（Original SAT Transcript）
- 发表过的论文清单（Publication List）
- 获奖证明（Award Certifications）
- 简历（Resume）
- 老师推荐信（Teachers' Recommendation Letters）

2. 未来大学的材料（Materials of Future School）
- 大学介绍（Introduction of University of **）
- 与招办老师的通信（E-mail-copy of between Admission Officers and Me）
- 大学通知书（Offer Letter & Admission Letter）
- 未来所学专业课程介绍（Courses I will learn）

以上高中材料在申请大学时都准备过了，未来大学的材料在网上截图即可，很容易准备。

第二，足够的经济保障。这是为了证明"具有足够的资金支付受教育的全部费用"。常有家长问：准备多少钱签证为宜？学校发的I-20表上要求覆盖第一年的学费和生活费，但是，美国总领事馆的官网上写着"具有足够的资金支付受教育的全部费用"，也就是说，I-20表上的要求与领事馆的要求不一致。我们应根据领事馆的要求，因为是领事馆的签证官决定你能否获得签证，而不是发放通知的大学。"受教育的全部费用"一般是I-20表上的一年费用乘以上学的年限。事实上，从目前的签证通过情况看，并不需要覆盖四年的费用。我个人认为至少要在一年时间内，以多笔存款记录，覆盖孩子国外大学一年的学费、生活费、保险费和其他各类费用。当然为了保险起见，也可出示四年大学所需的全部费用。

经济担保最好的材料是银行存款证明（Bank Certificate of Deposit）。需要提醒的是，存款时间最好不要集中在很短的时间内，更不能有一笔10万、20万的大钱，那样会让签证官认为你的钱是临时借来的，到了国外会打工抢他们的饭碗。我家从女儿初三开始存第一笔钱，存款时间跨度为四年。银行存款证明是汉英双语，不需要再翻译。

存款应以孩子的名字还是父母的名字？我认为以父母的名字比较好，因为孩子没有收入。当然，即使是父母的钱，也要写父母资助担保书（Parents' Financial Support Guarantee）。在美国人看来，年满18岁的孩子是成年人，父母有权利不资助他们读大学。我们给女儿写的父母资助担保书如下：

Financial Support Guarantee

This is a letter of intention to indicate that we have financial capability and we are willing to support our only child, Chong Chen, during her stay at the University of ** to pursue her undergraduate study for bachelor's degree for whatever she may need financially. Our support will include her tuition fees, living costs, insurance fees, travel and all the other expenses. She will be guaranteed to get ** RMB per year. The money will be sent to her by bank draft.

Sincerely yours

Signature of Father

Signature of Mather   Date

第十七章　签证准备的书面材料有哪些

（写这封信的目的是证明我们有能力并且愿意资助我们唯一的孩子陈冲读本科期间的所有费用。我们的资助包括学费、生活费、保险费、旅游费以及其他一切费用。她每年会得到**万人民币。这些钱会通过银行汇票汇去。）

为了证明父母的资金来源是正当的，还需要写资金来源说明（Statement of Sources of funding）。因涉及我家的隐私，此处不举例说明。而且，每个家庭的资金来源不一样，你只要解释清楚就可以了。

在资金来源里，肯定有父母的工资和奖金，因此，需要到父母的单位开工作证明（Certificate of Being on the Job）和收入证明（Income Certification），以便证实资金来源的真实性。如果父母在两个单位工作，则证明的格式最好不一样。注意应用单位信纸，并盖单位的公章。

下面提供两种工作证明和收入证明的版本。

我的中英文工作证明如下：

工作证明

仲丽娟是我校英语高级教师，科研室主任。她已为我校工作了＿＿＿＿年（自＿＿＿＿年＿＿＿＿月起至今）。她工作认真负责，是一位好教师。

如果有任何问题，请随时与我联系。

　　　　　　　　　　　　　　　　　　　　校长签名
　　　　　　　　　　　　　　　　　　　　学校名
　　　　　　　　　　　　　　　　　　　　时间

Certificate of Being on the Job

School Address

To whom it may concern,

Lijuan Zhong is a Senior English teacher and a Research Administrator as well. She has been working in our school for more than _____ years, starting from _____ till now. She works hard and she is an excellent teacher.

Please do not hesitate to contact me if you need more information.

Principle **

School Name

Date

我的中英文收入证明如下。

收入证明

仲丽娟老师是我校全职的英语高级教师和科研室主任,她的工资由我校支付,具体金额如下:

每月支付:基本工资:_____ 课时工资:_____ 交通费:_____

年度津贴和奖励:_____ 旅游费:_____ 其他:_____

全年总收入:_____

如果有任何问题,请毫不犹豫地同我联系。

校长签名

学校名

时间

Certificate of Income

School Address

To whom it may concern,

Lijuan Zhong is a full-time Senior English teacher and Research Administrator in our school. Her salary, paid by our school, covers the following items:

Monthly salary: Basic: _____ RMB   Teaching: _____ RMB

Transport : _____ RMB

Annual bonus: _____ RMB   Traveling: _____ RMB

Others: _____ RMB

Total（yearly）: _____ RMB

Please do not hesitate to contact me if you need more information.

Principle **

School Name

Date

我先生的工作证明和收入证明开在一起。

工作和收入证明

兹证明_____（姓名），男，出生日期19____年____月____日，身份证号_____。自_____年_____月至今在_____（单位名）担任_____（职务），其近5年的收入情况如下：

年份	工资（元/年）	奖金（元/年）	津贴（元/年）	合计（元/年）
年				
年				
年				
年				
年				
总计				

特此证明。

（注：以上个人所得税由本单位统一代扣代缴）

本人签字：

证明人签字：

证明人职务：

单位联系电话：

单位地址：

单位邮政编码：

　　　　　　　　　　　　　　　　　　　　　时间：

Work and Income Certification

This is to certify that _____ (male, born on ____ / ____ / ____, ID number: _____.) has been working in _____ since _____. He is a _____.

During the serving period, his income of the last 5 years is as follows:

Year	Salary (yearly)	Bonus (yearly)	Allowance (yearly)	Total
Total				

This is hereby certified.

(The income listed above is after-tax and taxes were paid by the unit before payment.)

Signature:

Contact Person:

Position:

Tel:

Add:

P.O.Code:

Date

资金证明清单（Financial Document Checklist）：

- 银行存款证明（Bank Certificate of Deposit）
- 股票交割单或证明（Certificate of Stock）
- 房产证明（Certificate of Real Estate Ownership）
- 汽车行驶证（Certificate of Motor Vehicle Register）

以上银行存款证明、股票、房产、汽车等证明中，银行存款证明属于现金，是最有效的证明，其余三个属于辅助证明。有的家庭还有基金或其他的不动产，都写上，但作用不大，因为签证官基本上只认现金证明。

资助人情况证明

- 父母的工作证明和收入证明（Parents' Work and Income Certification）
- 父母资助担保书（Financial Support of Guarantee）
- 资金来源说明（Statement of Sources of funding）

第三，回到中国。美国领事馆官网要求学生"在美国境外有固定住所，按计划完成学业后返回"。女儿准备的清单是：

- 学习计划（Future Plan）
- 全家福（Family Photos）
- 户口本（Household Register）
- 独生子女证（Certificate of Only Child）
- 港澳通行证（Permit Passport to Hong Kong and Macau）
- 身份证（ID Card of Residency）
- 父母结婚证（Parents' Marriage Certification）

以上文件中，用于签证的学习计划可在申请大学时的学习计划的基础上修改，其余材料只是为了佐证与中国有着密不可分的联系。房产证可以证明经济保障，也可以证明在中国有固定住所。

女儿修改后的学习计划体现了四个层次。为什么选择美国深造

（Why I chose the United States to further my study）？为什么选择这所大学（Why I chose the University of **）？为什么选择这个专业（Why I chose this major）？生涯目标是什么（Career Objectives）？虽然签证版学习计划比申请版详细很多，但是，因为我在第十五章已浓墨介绍，故此处不再赘述。

本章讨论的主要问题是从哪几个方面准备签证书面材料？细化后，共讨论了7个具体问题——如何准备"必须提供的文件"？填写I-901表和DS-160表的注意事项是什么？从哪几个方面准备"补充文件"？准备多少钱去签证？存款应以孩子的名字还是父母的名字？如何写父母资助担保书？如何写父母工作证明和收入证明？本章还对资金保障、工作证明等方面的文书提供了写作参考。

第十八章 面签问题

准备完学生签证材料后，到中信银行购买预先付费的加密电话卡，致电美国领事馆预约话务中心预约签证面谈时间。打电话前要准备好护照号码、申请费收据号码等，在电话预约时都要使用。

美国签证要求面签。面签就是签证官和学生之间的交流。交流什么呢？重温美国总领事馆对获得学生签证的具体条件：

1. 进入美国仅为在公认的教育机构（比如大学）进行全日制学习；

2. 具有进行全日制学习的诚意；

3. 在美国境外有固定住所，按计划完成学业后返回；

4. 具有足够的资金支付受教育的全部费用；

5. 具有足够的英语能力完成美国学业。

归纳这五个条件，签证官想知道你本人的具体情况怎样？你去美国干什么？你有能力去吗？你会回到中国吗？

理清签证思路后，我和女儿听过五次签证讲座。有两次是美国领事馆举办的，其中一次签证官要求与听众互动，模拟面签，女儿举手表示愿意尝试。签证官问："你准备到美国哪所大学读书？"女儿告诉她学校名字。签证官激动地说："这是个好学校，很有名，我父亲就是这个学校毕业的。"女儿高兴地答："很荣幸与您的父亲成为校友。"签证官大声说："签证通过。"女儿回到座位后跟我说："原来签证是这个样子啊！但愿真正签证时能有这样的好运。"我们还听了三次中介举办的签证讲座，但他们侧重于签证书面材料的准备，对签证问答几乎没有涉及。于是，我们转向网络。网络上关于签证的文章很多，单是"签证108问"就有好几个版本。女儿进行了挑选，并结合她的具体情况作了修改。很感谢网络上热心的无名作者，他们无私地贡献了自己的心血和才华，使我们少走弯路。女儿把每一道题目的答案都写下来。我后来辅导过的学生或亲朋好友的孩子都用女儿准备的问答题，效果很好，签证官的问题从没超过这个范围。我对其中可能比较难回答的几个问题给出了女儿的参考答案。

Questions for the F-1 Student visa（学生签证问题）

一、你是谁？

（一）简单的个人问题

1. What is your favorite color? Why?

   你最喜欢的颜色是什么？为什么喜欢这种色彩？

2. What is your favorite pet? Why?

   你最喜欢的宠物是什么？为什么？

3. Which is your favorite restaurant?

   你最爱的餐厅是哪一个？

4. Do you have a cup of coffee every morning?

   你每天早上喝杯咖啡吗？

5. What is your hobby? What do you do in your spare time?

   你的兴趣爱好是什么？业余时间干什么？

6. Where is your hometown?

   你的家乡在哪里？

7. Where do you live?

你现在住哪里?

8. How long have you prepared for your visa interview?

你花了多长时间准备面签?

（二）复杂的个人问题

1. What do you think of the development in the West of China?

你如何看待中国西部的发展问题?

I am proud of the development in the West of China. The development makes the people in western areas have a better life.（我以中国西部的发展而自豪。这个发展使西部人民过上了更好的生活。）

2. What is your favorite American movie?

你最喜欢的美国电影是什么?

3. What do you like best about America?

你最喜欢美国什么?

4. What do you like best about China? What do you dislike the most about China?

你最喜欢中国什么? 最不喜欢中国什么?

5. What is your best/worst quality?

你最好的/最不好的品质是什么?

6. Who do you think was the best president of the U.S.A?

你认为谁是美国最好的总统?

7. Who do you think is the greatest leader in the world? Why?

你认为谁是世界上最好的领导? 为什么?

（三）亲属问题

1. How many people are there in your family? What do they do?

你家有几口人? 他们做什么工作?

2. Do you have a boyfriend? Will he go with you to America?

你有男朋友吗? 他将和你一起去美国吗?

3. Do you want your parents to go with you?

   你要你的父母和你一起去美国吗?

4. Where did your parents complete their studies?

   你父母哪里毕业的?

5. Do you have any relatives in the United States?

   你在美国有亲戚吗?

二、你去做什么?

(一) 关于目的

1. What is the purpose of your travelling to the U.S.A?

   你去美国干什么?

2. Where are you going to study?/ Which school are you going to?

   你要去哪所大学学习?

(二) 关于国家

1. Why have you chosen to further your study in America?

   你为什么要去美国学习?

The United States has very high standards of education and pays a lot of attention to the development of students' all-round ability. Personally I believe I have a strong desire to learn and a positive personality, therefore I think this kind of education would suit me well. What's more, I want to make some changes in my life; I have been living in China for 18 years and I want to experience new things, to see the world outside China and to learn new culture. (美国的教育质量非常高,它重视学生的全面发展,而我是个具有强烈的求知欲并且积极主动学习的人,因此,我认为这种教育适合我。另外,我希望生活有些变化。我在中国生活了18年,希望有新的经历,看看外面的世界,学习新的文化。)

2. Have you ever been to America before? /Have you ever been abroad?

你以前去过美国吗？/ 你出过国吗？

（三）关于学校

1. How many schools have you applied for?/How many colleges have you applied for? Please name them. /Which school accepted(admitted) you?

你申请了几所学校？分别是哪些？哪些学校录取（拒绝）了你？

2. Why do you choose this school?

你为什么选择了这所学校？

3. Where is your college?

你的学校在哪个地方？

4. What is the weather like there?

学校那里的天气如何？

5. When was the school founded?

学校什么时候建立的？

6. What is the school athletic symbol and mascot?

学校的体育特色和吉祥物是什么？

7. What is the color of the school?

学校的颜色是什么？

8. Can you tell me some details about your school?

你能详细介绍你的学校吗？

（四）关于专业

1. What is your major? Would you briefly explain your major?

你的专业是什么？请简要描述。

2. Please give me some details about the courses/electives covered by your major.

请详细谈谈你这个专业要学的课程。

3. Why did you choose this major?/Why did this field interest you?/ Why do you want to get the Bachelor of Science in this major?

你为什么选择这个专业？/ 这个专业为什么吸引你？/ 为什么你想在这个专业获得理学学士？

4. Do you know which school is the best for your major?

你知道你的专业在哪个学校最好？

（五）关于学位

1. When do you plan to finish your degree?

你打算时候毕业？

2. Who will be your advisor?

谁将成为你的指导教师？

三、你有能力去做吗？

（一）学业背景

1. When did you graduate from your high school?

你什么时候高中毕业的？

2. What is your class ranking?

你班级排名多少？

3. What is the most difficult class subject you have had in your study?

在学习中你最困难的功课是什么？

4. Have you taken the College Entrance Examination? Why?

你参加高考了吗？为什么？

5. In your opinion, why do you think the school admitted you?

你认为学校为什么会录取你？

6. May I see your offer letter?

我可以看看你的录取通知书吗？

7. Are you a legitimate student?

　　你是合法的学生吗？

8. What did you write in your personal statement?

　　你的个人陈述写什么了？

9. What have you done in your research?

　　你在研究中做了什么？

10. You have studied social problems, why did you choose energy science as your major?

　　你研究的是社会问题，为什么选择能源科学作为专业呢？

11. What is your academic background?

　　说说你的学术背景。

12. Tell me what standards you judge a school by.

　　告诉我你判断一所学校的标准。

（二）英语能力

1. How long have you been preparing for TOEFL?

　　你考TOEFL准备了多久？

2. When did you take the TOEFL test?

　　什么时候考TOEFL的？

3. What score did you get in the TOEFL test?

　　TOEFL考了多少分？

4. How did you do in SAT?

　　你的SAT考得如何？

5. Show me your grades. Also including your TOEFL and SAT scores.

　　把成绩单给我看看。还有你的TOEFL和SAT成绩。

（三）财务能力

1. Can you pay for your education?/ How do you intend to support yourself

during your studies in the U.S.A?/ Who will pay for you?/ Who will support your study? / Who will be your sponsor?/ Who is going to provide you with funding to study in the U.S.A? /How will you finance your education funds for 4 years? Please give me your bank statement（bank deposit certification） and your bank book.

你能负担四年的教育费用吗？谁资助你？请把银行存款证明和存折给我看看。

2. Why did you have ** HKD one-time deposit?

你为什么会一次存**万港币呢？

3. Why did your mother save more than ** RMB in a month?

为什么你妈妈一个月内存进**万人民币？

4. Why is the date on this certificate tomorrow?

为什么这张存款证明的到期时间是明天？

5. Does your family really have enough money to support you?

你家真的有足够的钱资助你上学吗？

6. Do you have any documents documenting your family's financial status?

你有文件证明你家的财务状况吗？

7. What do your parents do for a living?

你父母干什么的？

8. What is your parents' annual（yearly）income?/ What is your parents' salary?

你父母的年收入多少？/你父母工资多少？

9. How much is your parents' income and what will be the amount you will receive annually?

你父母收入多少？你每年能得到多少资助？

10. Did you get scholarship?/ Why don't you receive financial aid from this university?

你有奖学金吗？/为什么你没有得到大学的财政资助？

11. Will you work in the U.S.A?

   你在美国会打工吗?

12. Do you plan to seek financial support in the U.S.A?

   你打算在美国寻求经济资助吗?

13. How much do you expect you will have to spend each year in the U.S.A?

   你在美国打算一年用多少钱?

四、你会回来吗?

1. When are you going to the U.S.A?

   你准备什么时候进入美国?

2. How long will you stay in the U.S.A?

   你将在美国待几年?

3. Will you come back home during the summer vacation?

   暑假期间你会回国吗?

4. What is your study plan? / What are your plans after graduation? /What will you do after graduation?/Do you intend to return to China after graduation?/ How can you prove that you will come back after finishing your studies? Give me three reasons that you will come back to China.

   你有什么学习计划?/大学毕业后你有什么打算?/毕业后你打算回国吗?/如何证明你学完后会回国?请给出三个回国理由。

5. What is your career goal? / What is your dream?/ What kind of job do you hope to find in the future?And why?/ What will you do with your bachelor's degree? / Do you plan to seek employment in the U.S.A after you have completed your studies?

   你的职业目标是什么?/你的梦想是什么?/未来你能找到什么工作?为什么你能找到这样的工作?/你将用你的学士学位找什么工作?/毕业后打算在美国工作吗?

6. Your parents will pay a lot of money for you to study in America. Why do you plan to return to Shanghai to work rather than find a job in America?

　　你的父母给你支付了很多钱，你为什么还要回国而不在美国找工作呢？

7. What salary do you expect to get when you return to China?

　　你回国后期望能得到多少薪水？

8. What will you do after coming back home?

　　回国后你将干什么？

9. Can you explain why most of the Chinese students didn't come back to China?

　　你能解释一下为什么大多数中国人不回国？

10. What will you do if your visa is rejected?

　　如果你签证被拒你会干什么？

I want to know the reason (why you reject me).（我想知道被拒的原因。）

　　签证问答分为四个部分。第一部分签证官通过对学生的个人信息、兴趣爱好、亲属情况以及对某些复杂问题的看法了解申请人的大致状况。第二部分了解赴美目的，学生应紧紧抓住"读书"这一主题。与读书有关的是你对美国、对学校、对专业和学位的知晓度，通过这些细节性的问题，签证官判断你是不是真的去学习。第三部分通过对学业能力、语言能力和经济能力的判断，了解你有没有赴美读书的能力。第四部分通过回国计划和回国理由来判断你学成之后会不会回国，移民倾向会一票否决。上述签证问答并没有面面俱到，只是我女儿根据她的判断和个人情况设计的。请读者根据自己的情况作删减和补充。

女儿对面签作了充分准备。真正签证那天,我们根据美国领事馆要求,在预订时间前半小时到达上海市南京西路1038号梅龙镇广场奉贤路排队。领事馆严格遵守预约时间段允许申请人进入等候室,手袋、背包、移动电话、相机和其他任何电子设备都不允许带入。女儿只带着事先准备的、分门别类整理的签证书面材料进入。我和先生在楼下等待。据穿制服的工作人员讲,还要等一段时间,我们就去逛商场了。大概过了一个半小时,女儿借了别人的手机打电话找到我们,告知签证通过了。她还讲了一个细节,有好几个签证窗口,她仔细观察哪个窗口签得快,快的窗口说明签证官友善,结果她如愿以偿。签证官问:"你要去哪里读书?"她答了学校名。签证官微笑着说:"祝你好运!"女儿说:"怎么比讲座时的模拟签证还水?"我说:"你DS-160表上填的内容签证官已在电脑里看过了,他看你能被好学校录取,就懒得问了。"

我认为"水签"是有前提的。与改革开放初期相比,留学生个人素质尤其是英语能力有了很大提高,同时,金融危机下的美国签证政策也鼓励学生赴美读书。

本章探讨了面签问题。我再次重申我的立场——哪怕其他所有人都签过了,只要你没过,对你而言,就是100%的失败。因此,无论有多少"水签",你都必须认真对待,不能存侥幸心理。

那么,**如何才能顺利面签?**

第一,所有书面材料按类别整理。当签证官需要证明材料时就不会手忙脚乱。这样,给人的感觉是做事有条不紊,是个严谨的读书人。

第二,自信,不害怕面签。签证官的问题不是空穴来风,而是来自你本人的具体情况。只要对自己非常了解,并诚实地回答签证官的问题就能过关。

第十八章　面签问题

第三，打有准备之仗。站在签证官的立场，想一想他/她想了解什么。正如中国学生的考试离不开课程标准、考试大纲和教材一样，签证官的问题一定体现了美国领事馆官网上对获得学生签证的五点要求。在我2012年4月赴美签证的时候，碰到一件事。我旁边的窗口前是个高中生，签证官问她到美国是不是为了获得bachelor's degree（学士学位），她听不懂。签证官又问一遍，她还不明白。我真想告诉她。这时签证官改用中文说，就是去美国读本科，她一下子明白过来，赶紧说是的是的。很显然，这位学生没有认真准备，连I-20表上的bachelor（学士）都不知道。准备读本科获得学士学位的人不懂bachelor这个单词，的确有些荒唐。

第四，问什么答什么。讲话时语速平稳清晰。仍然以我碰到的高中生为例。她回答完自己是去读本科后，又接着说，我学成后会回国的，并把事先准备好的回国理由结结巴巴背了一遍。签证官看了她一眼，直接说No（不通过）。我分析她的被拒原因，估计是签证官认为她的语言能力不足以支撑她在美国的学习。她听不懂bachelor，说明她基本词汇的掌握有问题。另外，她自作主张结结巴巴背诵回国理由，进一步暴露了她的语言问题以及对外界环境的变化缺少灵敏的反应。试想一下，如果她不乱说话，而是静静等待签证官的问话，结果会怎样呢？

每位学生都要以认真的态度对待面签。认真，也是一种人生态度。

第十九章 出国前的多种准备（上）

从四月初签证通过到八月下旬的出国成行几乎有五个月时间，在这漫长的时间里干什么好呢？

首先纠结的是高考还是不高考？高考是人生的一种经历，也把在国内的教育画上了圆满的句号。我们反复斟酌并与多位国内、国外朋友商量。有朋友说，十年寒窗苦，就是为了高考。还有朋友说，你考TOEFL、SAT难道不是高考吗？再说，高三反复做题学不到新知识，与其高考考上了不去上，不如把有限的时间和精力投入到更有价值的为未来大学作准备的工作中去。一语惊醒梦中人。是啊，从这个角度说，女儿已经经历了好几次高考了，还有什么遗憾呢？经过分析后，女儿也赞同不高考。

女儿对未来所去的美国大学进行了透彻的研究。她从学校网站的"国际交流"栏目了解到学校与北京大学、剑桥大学、巴黎大学等著名学府有交流项目。这提醒了女儿——她可以利用国内这段时间到大学去旁听。这样，既增添了她在中国大学接受教育的经历，又提前体验了大学生活，了解大学的授课方式和同伴关系等。

其实，女儿是在大学校园里长大的。她很小的时候，我们住在老校区的筒子楼里。那时，管理学院的大楼还没建，几个年龄相仿的孩子整天在校园的树荫下、小道边玩耍。靠围墙的角落有个小小的假山和喷泉,流水顺着墙边流淌,像条小溪,那是他们捉迷藏的地方。大学生们白天匆匆上课,傍晚去食堂吃饭或拎着热水瓶打水,他们这些孩子则在人群里蹦来跳去。女儿刚上小学时,我们搬出学校,住到外面的小区。由于家离学校很近,放学后,她还是常常到大学的草坪上奔跑、打球、放风筝。女儿也常到她爸爸所在学院的办公室玩,大家都认识她,叫她"小明星"。每逢假期,学院的老师们集体旅游,女儿也总如小尾巴般跟随。当年看着女儿长大的年轻老师,现在都是中年人,大都成为教授或学校行政领导了。因此,当我先生提出女儿想来旁听时,分管教学的领导说:"孩子想学习我们支持。"于是,女儿顺利获得了听课资格。接着要去选课、安排宿舍。

女儿先在家里研究美国大学的课程。她发现他们系的课程非常丰富。学生的课程分为通识课程和专业课程,通识课程又分为文、理两块。在对美国大学课程基本了解后,我们去了位于郊区的大学新校区。

记得那是星期一的早晨,阳光很好,我和女儿来到了校园。离大学校门不远处,有一个大大的、椭圆形的湖,湖水清澈见底,岸边垂柳依依,我们坐在河边的长凳上,看教职员工们陆陆续续走进校园,也有在路边骑自行车的,小汽车则缓慢前行,一会儿学生成群结队从宿舍出来,匆匆走向教学大楼,整条路全被人群和车辆填满了。大概半小时后,校园内安静下来。我对女儿说:"这就是大学,与中学完全不同。"

我们先到管理学院,副院长带我们去教务处。教务老师很和善,她打开电脑,把管理学院所有课程都呈现出来,一一向我们介绍。女儿根据对美国大学课程的研究,选了经济系一年级的高等数学,二年级的美国文化,三年级的数理经济学、企业经济学和实验经济学以及选修课法语。由于中外课程设置不一样,很难选到全部符合女儿需要的课程。

管理学院副院长想得很周到,她把女儿安排在大三的学生宿舍。他考虑到这个宿舍的学生素质特别高,一位是学生会主席,另两位是高中阶段入党的学生党员。我想,女儿能与这些优秀的同学在一起生活几个月,对她的人生影响肯定很大。在此之前,女儿除了到郊区军训、学农以及参加国外大学举办的封闭式冬令营,从没离开过家,因此,到大学提前体验住读,与室友相处,是非常好的经历,对去美国读书大有好处。

我没有陪女儿安排宿舍。她拿着管理学院副院长写的介绍信到宿管科登记,交住宿费,领了被套、枕套、床单、席子和蚊帐,用自行车驮到宿舍大楼的二楼。她整理完床铺,又找大楼管理人员拿了大门钥匙,这样,宿舍问题解决了。但是,吃饭又成了新的问题。正式学生都有写着自己名字的校园卡,可以用于校园里的各种消费,包括吃饭、洗澡、到图书馆借书等等。女儿不是正式学生,不能办这张卡。她想请人帮忙。她过去熟悉的爸爸的学院在市里的老校区,而这里是新校区,他爸爸也很少来,对女儿来说,这里犹如一所陌生的大学。她找到路边的地图,按指示牌找到爸爸学院的大楼,看看有没有熟人,果然找到爸爸教过的留校当老师的学生。几年不见,女儿长得很高,爸爸的学生猛然间没认出她。女儿自我介绍后,他很热情地帮她找了张校园卡,卡的主人出国交流半年,正好不用。女儿给我打了个电话,讲述了她解决吃饭和住宿问题的过程。

第二天女儿就开始上课了。与其他同学不一样,别人按年级和专业上课,女儿则按照选择的课程上课,这与美国大学相似。女儿凭自己的兴趣和课程名称,共选择了六门课,等真正上课的时候,很多问题暴露出来。她是插班生,没有前面的基础,有的课程很困难,有的课程完全无法学。于是,女儿果断放弃了高等数学大班授课,改为请数学系的研究生单独辅导微积分、线性代数和统计等。细心的研究生还给她上数学专业英语。由于在国内打好了基础,女儿在美国大学里数学成绩基本都是满分或接近满分,她还常给其他同学讲题目。我曾问她:"中国大学的数学难还是美国大学的数学难?"她说:"难度不一样,中国大学要记住公式,通过做题,熟能生巧,美国大学更强调知识的来龙去脉和推理能力。"

女儿还放弃了数理经济学和实验经济学,但坚持了美国文化、企业经济学和法语三门课。美国文化对她来说难度比较小,她在备考SAT过程中阅读的文章比这个课程还要难。美国文化的课程目的是帮助学生了解美国文明史,包括美国法律、经济贸易、美国文学及社会生活等方面的一些重要事件。授课方式采用串讲历史、阅读文献和分析讨论等方法,使学生在结束本课程之后得到一个对美国历史和文明的轮廓印象,并且能就其中某些重要事件和人物进行深层次对话。教美国文化的老师刚从哈佛进修回来,他自编的教材很有逻辑性,女儿获得了很多知识。在美国上大学后,她也选择了美国文化课程,女儿说,美国老师的教材比上海老师的教材生动得多,学生分析案例多,小组讨论多。女儿用上海老师的逻辑和条理来分析那些案例,往往获得高分。我想这就叫游走在中美之间,吸取双方所长。还有一件很巧的事,教企业经济学的老师毕业于美国宾夕法尼亚州的一所著名大学,老师的母校离女儿即将就读的大学只有几小时车程。这在美国不算远。当她得知女儿是插班生,下半年要去美国读书时,很高兴地与女儿聊天。老师讲他在宾州的生活、学习情况,告诉女儿如何听课,如何记笔记,如何与外国老师交流,如何与外国同学交朋友。女儿听着这些,很新鲜,也很受用。法语课是选修课,学生都在晚上上课。女儿在上海学了初步的法语后,在美国大学选择的外语课也是法语。

在中国大学这几个月的学习为美国大学作了很好的铺垫,她学会了如何打理自己的生活,如何选课,如何与老师沟通,如何学习他人之长,如何记笔记,如何分析问题。

我所在的中学离大学很近。当我的同事得知女儿在大学读书时，想请她给高二学生做讲座。女儿很乐意，利用中午休息时间，作了一个小时的演讲。我也去教室听了。她的题目是《理想》。她以自己的成长经历为线索，讲述了深深感动过她的、充满理想的人和事，以及这些人和事对她的感悟和启发。接着，她过渡到现实问题。她说读书是实现理想的手段，并讲了"化整为零"的读书方法。整个讲座紧扣"理想"主题，逻辑性和实用性强。其中有一个我从没听她说过的例子。寒假，她在冬令营遇到一位叫哈利（Harry）的比利时人，他是牛津大学的博士。这位年轻人在非洲办了学校，义务在那里教书。他的女朋友是医学博士，在非洲的村子里当医生。女儿激动地说："以前曾听说有些人愿意放弃富裕的生活，甘愿为贫穷痛苦的人们付出。当这个人就站在我的面前为我上课时，我多么震撼和感动！哈利和他女朋友的理想是用自己微薄的力量改变世界上的贫困和落后。他们不仅怀揣理想，更难得的是身体力行去实现。今天的中学生应该有怎样的理想呢？每个人都要问问自己。当你想清楚了你未来要干什么并为此而努力的时候，读书就变得实在而可爱起来。读书不仅仅是一个分数，一个符号，一件你不得不做的事，更是你实现理想的手段。当然，读书也要讲究方法。"接着，她讲了"化整为零"的读书方法。据说有位心理学家做了个实验，三组人同时从不同的道路出发，跑向10公里处的终点。实验人员对第一组什么都没讲，只是让他们跑啊跑啊，他们不知道终点有多远，很快就疲惫不堪，牢骚满腹。实验人员告诉第二组，终点在10公里处。虽然有经验的人估摸着路途，但是，在超过一半路程后，他们还是显示出疲惫，速度明显降低，自信心下降。实验人员告诉第三组终点在10公里处，并沿途插上公里数标牌。这组人一路唱着、笑着，以明显超越前两组的时间到达终点，并且精神饱满，原因是他们始终知道离终点还有多远。把这个故事迁移到学习上，同学们可以把学习任务分解为一个一个小目标，就像路途中的公里数标牌一样，化整为零，每完成一个小目标，就能产生不断超越的成就感。她还以自己在学习数学和英语过程中如何化整为零为例，告诉同学们具体该怎么做。比如要背5000个英语单词，可以分解到每一天，循序渐进，就能减轻你的焦虑感，而且不觉得有那么多的单词要背了。那些与她年龄相仿的高中生津津有味地听着。讲座像一扇窗，打开了他们的世界。

高三老师听高二老师介绍后，也请女儿来讲一讲。女儿演讲的题目是《什么是重要的》，她认为高三学生"积极思考、接受今天、接受自己"最为重要。她以一个著名的故事引发大家的思考。故事中有兄弟两个，哥哥是城里顶尖的会计师，弟弟是监狱里的囚徒。记者采访哥哥，问他成功的秘诀。哥哥说，我家住在贫民区，爸爸赌博，妈妈有病，我不努力行吗？记者采访弟弟，问他为什么犯罪。弟弟说，我家住在贫民区，爸爸赌博，妈妈有病。我吃不饱，穿不暖，不偷怎么生活？请大家思考的问题是，为什么兄弟俩客观条件相同，结果却天壤之别？女儿说，哥哥面对困难，接受家庭的贫困现状，接受自己没有任何退路的恶劣现实，积极思考应对措施，通过勤奋学习获得奖学金，学成后成为顶尖会计师。弟弟面对困难，放任自己，好逸恶劳，为偷盗行为寻找借口，最终成为囚徒。今天高三的学生，客观条件也基本一样，做学习上的"顶尖会计师"还是"囚徒"，其实在于各人的选择。最后，她热情地鼓励高三学生在总复习阶段要主动思考，不要让知识处于点状，而要把知识条理化、结构化、图表化，在大脑里形成自己的知识地图；要接受自己，不管今天的成绩处于什么状态都不要自卑，要看到自己的长处，相信努力总有回报；不要总幻想明天能读什么大学，而要脚踏实地，合理安排时间，从而有计划地、细水长流地日日成长。女儿的讲座对高三同学触动很大，可能同龄人的语言比老师和家长的说教更有吸引力。

暑假期间，女儿也没闲着。7月份，她去一家著名的国有银行的国际业务部实习。她去商场买了黑色的西装套裙和白色衬衫，穿着正装，像个小白领一样，精神抖擞地去上班了。银行在外滩，她每天一早挤地铁去上班。虽然爸爸可以开车送她，但是她拒绝了。她说，要以完全独立的状态去接触社会。

银行里给她配了指导老师。刚去时，指导老师没有给她安排工作，而是给了一叠文件让她学习，如与银行有关的法律法规，本银行的管理制度和规章制度。接着，指导老师让她观察同事们在干什么，他们忙的时候，打打下手，比如打字、复印、数据录入。第一周就这样过去了。女儿对我说："银行工作太单调，没有趣味。"我说："你刚去，人家没办法把实质性的工作交给你，你只能做些打杂的工作。其实，打杂也不容易，你能保证你的数据录入又快又好、一点错误也没有？而且，数据工作培养人的细心和耐心，你能把这些工作熟练做好，就能培养你专业学习上的精细和专注。无论实习工作多么单调和枯燥，你都不可小视它、敷衍它，人的每一步付出都会有收获。"听了我的话，女儿又开始了新的一周的工作。再次面对数据录入，她放平心态，专注工作。女儿告诉我，数据录入不再枯燥了。我说："除了确保录入无误外，你还可以看看这些数据有没有值得你研究的地方，比如数据的规律，或者有的数据特别大，有的特别小，为什么会这样，说明了什么问题。"我因为不懂银行工作，不敢胡乱指导，但是，我试图向孩子传递一种职业思想——立足简单甚至单调的工作岗位，认真敬业，并在平凡之中寻找不平凡，这就是岗位创新。到第三周，女儿开始接触一些新的名词，如业务受理、内部审批、解付行的选择，她把这些词记在小本子上，回家后，她还向爸爸请教一些问题，并阅读金融方面的书籍，虽然囫囵吞枣，但她对银行业有了初步的感知。女儿说，在一个月的实习中，她最大的收获是对集体和个人有了新的认识,这是中学时代从没体会到的。她认为成熟的组织像一个巨大的机器,每个员工只能操作机器的某一个细小的环节,这个环节看起来单调甚至不重要,但是,万一出现问题,则会影响整台机器的正常运转。在银行里,也许你每天在审核进口付汇单据是不是齐全,也许你每天把头寸报给上级银行,再等上级银行报给总行,无论这些工作多么琐碎,你都必须准确无误地完成,要不然会给客户和银行造成无法弥补的损失。

8月份,女儿与朋友去内蒙古旅游了10天,呼伦贝尔大草原留下了他们出国前的团聚;然后又与家人一起到厦门住了一周,被称为钢琴岛的鼓浪屿和处处流淌着温泉的同安区留下了我们的足迹。

在出国之前,家长有必要与孩子聊聊性话题。对准留学生而言,这是家庭教育的重要一环。孩子已经长大了,恋爱是青春的必修课。如何选择合适的男女朋友?如何与恋人交往?如何处理恋爱中的矛盾?恋爱中可不可以有性接触?这些问题无论对男孩家长还是女孩家长都是现实问题。

女儿在亲子沟通课题问卷中有这样一道选择题:"关于两性话题,或者性教育方面的内容,你家长的态度是怎样的?"对上海市18所高中和福州市5所高中的调查结果——A. 循循善诱,进行教育引导:上海21%,福州22%;B. 通过间接方式偶尔谈起:上海42%,福州44.5%;C. 避而不谈:上海31%,福州29.5%;D. 视为洪水猛兽:上海6%,福州4%。从调查中我们发现:即使是上海和福州这样的大城市,家长对子女的性教育也有待提高,真正能引导子女的家长只有21%和22%。大部分家长或者偶尔谈起,或者避而不谈,甚至当作洪水猛兽。

当青春期的孩子即将离开父母的时候,家长已不能回避这个问题,但如何给孩子上这一课呢?

我有一对朋友，夫妻二人都是医生。在女儿到美国加州读高中前，父母送给她的礼物之一是避孕套，然后告诉她："真心相爱的性生活是纯洁的、美好的，但是，你要学会保护自己。"当朋友告诉我在孩子出国前她是这样教育的，我朦胧觉得这是对的，但又认为太前卫、太直接、太大胆。对于高中生，他们学过了生命科学，加之网络时代孩子早熟，他们对生命的来龙去脉了解得很清楚，我想，是不是从身边的人和电视中的故事入手，看似随意，但可引申出讨论的话题，在讨论中潜移默化地把正确的价值观渗透进去。我先生有个香港朋友，从美国大学硕士毕业后回到香港从事金融分析工作，现在已经快50岁了，有一双儿女。他来上海时，每天都给家里打电话，并给太太和孩子买礼物。他对朋友也很真诚，女儿第一次到香港考SAT就是他预订的酒店，并且就具体行程与我沟通了好几次。这位朋友对他人友善、对家庭关爱、对工作敬业，我说，女孩子找男朋友就该找这样的人。当我先生带着我们以及我的父母出去旅游时，我会问女儿："你爸爸这人怎样？"她会说爸爸孝敬老人、关心家庭成员、工作有成就。我说："你爸爸这样的人也是男朋友的好人选。"有一次，我看到报纸上有少女堕胎的报道。小姑娘是个初中生，做完手术后主动要求医生开益母草膏，医生被她的老练吓呆了。我看得触目惊心，把这个故事讲给女儿听。她说："这个小姑娘对自己的生命不负责任，对家人也不负责任。"还有一次看电视，剧中的女孩怀孕了，为了不增加男朋友的压力，不仅隐瞒了事实，而且还陪男朋友去聚会，结果昏倒了。送到医院，医生说："这样会引起大出血，留下后遗症。"我郑重地对女儿说："我特别特别不愿意你做错这方面的事。当然，万一有了，希望立即告诉家长，我们会想办法保护你的健康，千万不能像报纸上的女孩自行解决。还有，爱一个人之前，要先爱自己。把自己的身体弄坏了，还有什么本钱爱别人呢？"当然，我不敢自诩我这种教育方法是科学的，我只能说对我家孩子起了作用。

> 教无定法。父母要在适当的时候，以讨论、引导等方式，渗透正确的价值观。在子女需要帮助时提供切实可行的支持。

高考还是不高考？我相信许多留学家庭的家长和孩子都为此纠结过。高考是对国内12年教育的交代，但沉浸在题海中的高三生活不能给即将留学的孩子提供帮助，因此，我们选择了不高考，把有限的时间和精力投入到更有价值的为未来大学作准备的工作中去。

从签证到出国成行长达数月的时间里，孩子如何为即将到来的大学生活作准备？我家的做法如下。

第一，去大学当旁听生。由此，熟悉了住宿生活，学会了如何选课，如何听课，如何与大学老师沟通，与同伴交往。

第二，去中学演讲。西方国家的孩子从小就进行演讲训练，中国孩子的演讲训练比较少，因此，中学对女儿的邀请给她提供了锻炼的舞台。虽然她受到较多的媒体采访，也采访过其他学生和家长，但是，到中学去演讲却完全不一样。她要自己选择合适的主题，以生动的形式演绎，以此引起高中生的共鸣和思考，这样才能达到演讲的目的。演讲锻炼了她的选题能力和组织能力，训练了她的口才。

第三，去银行实习。银行是与数字打交道的地方，单调而程序化，但是，银行工作能培养人的细心、耐心和精准力，也培养人的协调能力和在平凡中寻找创新的能力。

第四，与朋友和家人一起旅游。这是爱的旅游，也是崇尚自然、品味祖国山河的过程。

第五，上好青春期必修课。成年孩子到了选择男女朋友的年龄，家长对他们进行性教育是不可忽视的行前准备。

以上这些有形的和无形的准备，使得孩子一出国就能很快适应。女儿曾说过，在美国读大学，即使一开始，她也没有太多的陌生感和不适应感。当然，家长们可以根据自己的条件和想法，给孩子更多的出国前准备，比如，学一种运动技能，作一次社会考察，参加几次画展，听几次音乐会，考出几门AP课程（The Advanced Placement Program的缩写，即大学预修课程），等等。出国前有太多的、有意义的事情可做，千万不可虚度这段美好时光。

第二十章　出国前的多种准备（下）

体检和预防接种是出国前的必要环节。有人问："这个环节放在签证前还是签证后？"我建议放在签证后，原因是如果你签证不通过怎么办？

我一向提倡凡事早早调研、作准备，体检和预防接种同样如此。首先列出要带材料的清单：

- ✔ 身份证和护照（填表时要用号码）；
- ✔ 3张两寸证件照（一张贴于体检表上，一张贴于健康证上，另一张贴于疫苗证上，照片可以是护照照，亦可以是签证照，如果没带，可以当场拍）；
- ✔ 美国大学要求的疫苗单（Medical Form）；
- ✔ 《上海市儿童预防接种证》（以前的接种记录关系到你是否需要接种或加强疫苗，并会将接种记录写到新的《疫苗接种或预防措施国际证书》上）；
- ✔ 800元现金（疫苗接种，医生诊断，体检，制作疫苗证书，包括填写学校的疫苗单都要收费，一般不超过800元，不可刷卡）；
- ✔ 填表用笔一支；
- ✔ 食物（因为要抽血，体检前不能吃早饭，不能喝水，抽血完毕即可就餐）。

体检时间：周一至周五上午。

地点：哈密路1701号。

体检尽量早点去，免得排长队。女儿6：30起床，洗漱完毕就出发了。乘地铁十号线到上海动物园下来，步行至哈密路1701号。

进门直走就是三号楼，不要走到一号楼，那是给外国人体检的。排队的长廊有顶棚，位置充足，还有用于填表的桌子。7：30，护士来发表格。如果大学要求打疫苗的，填两张；大学没有要求的，填一张。表上的信息很简单，但要看清楚后才能打钩。如果没有毛病，全部钩否，不要忘记签名。表格上有号码。

8：00护士开始叫号放人进体检楼。在一楼，把排队时填写信息的体检表和三张照片以及学校要求的疫苗单交给护士，她整理夹好再还给你。这份体检表在整个过程中都要用，医生每填一项都要写上，因此，你要一直拿在手里。如果没带照片的要排队拍数码照片，并把护照（或身份证）以及体检表交给护士，拿到另一个号码。

护士叫号，告诉你进入哪个房间。医生会告诉你要体检哪些项目，再去交钱。回来后进入体检房间。先在更衣室更衣。脱掉上身所有的衣服和饰物，换上护士给你的很短的袍子（建议女孩子不要穿连衣裙去），把衣服和饰物放到更衣室的柜子里锁好，自己保管钥匙。进入正式检查环节。测身高体重、胸透、去卫生间取尿样并上交、验血、检查五官、B超、心电图、量血压、听胸腔。返回更衣室，换衣取包。整个体检大约一个多小时。体检结果可以三天后亲自取，也可以选择快递。

体检完毕换好衣服后打疫苗。

也是发放号码，等待叫号。需要交体检表、《儿童预防接种证》和学校要求的疫苗单，医生会根据表格要求以及你已有的接种记录，告诉你还要接种几种疫苗，分几次接种。然后，到大厅付费处交钱，收好发票，到接种疫苗的房间。有的学校要求打MMR（麻疹、流行性腮腺炎和风疹疫苗）和流脑疫苗，做 PPD 皮试。如果需要做皮试，要提前看清时间，因为周四不做皮试。打完疫苗，等20分钟左右，便可拿到黄色的疫苗本，即《疫苗接种或预防措施国际证书》。

当然，你也可以先打疫苗再体检，根据当时人数多少灵活决定。

关于体检和接种疫苗具体事宜，我还是多年前去澳洲进修时经历过，早就记不清了。以上文字是根据女儿当天的记录整理而成，因记录简单或记忆偏差，可能具体内容有不准确之处，但体检和疫苗清单、大概流程和注意事项应该没有问题。另外，虽然记录的是上海的情况，但其他地方比如北京、成都等城市，估计相差不大。

买飞机票自然是出国的重要步骤。如果签证早，建议早订机票，越晚可能越贵。

女儿在订机票前，先通过网络联系到了几位同行者，有本科生，也有研究生。因为有了同学，自然减少了家长的担心。留学生出国的时候，由于出行人数多，往往机票比较贵。我们当时没有太在意价格，而是在意是否有人同行。毕竟孩子从未一人去过那么远的地方。

对于行李，我们比较关注，打电话到航空公司，问清楚究竟能带多重、多少尺寸的行李，免费托运的额度是多少。航空公司工作人员态度很好，解释也很清楚。当然，由于航空公司不一样，可能规定不一样，或者，同一公司的规定在不同时间也有变化，因此，留学生一定要从正规渠道多询问、多请教，不能凭道听途说作决定。

除了价格和行李，还要注意机票能否改签，能否退票。虽然突发事件很少发生，但不能不防备，总之，多一点了解没有坏处。有的机票看起来很便宜，但你要问清楚，是不是还要交其他费用。有的便宜机票加上其他费用后一点儿也不便宜。如果打算圣诞节和暑假回来，你可以计算一下，是在国内订往返票便宜，还是从美国订票便宜。一般而言，往返票比两个单程票要便宜。

还要提醒一点，虽然对机票的价格应货比三家，挑选便宜的一个，但是，也不能太挑三拣四，价格差不多就要当机立断买了。有的人犹犹豫豫，最后只能看着价格一路上涨，无奈中买了高价票。

对航班也要看仔细。在哪个机场，哪个航站楼，提前多长时间安检。让孩子带一个有国内号码的手机，开通国际长途，以便飞机在美国一落地就可联系家长，让大人放心。同行孩子的国内家长也互留手机号码，以便有信息互通有无。

第一次去国外大学带什么行李？

女儿从国内带了电脑、手机、照相机和一些衣服。到美国后才知道，只要带几天用的日常生活用品，或者惯用的生活用品，别的在美国都能买到。衣服带几件喜欢的，不要太多，以免风格不符合美国的潮流，穿起来怪怪的。带点20美元面值的现金，以备急用。学生每年有购买一台电脑的优惠价格，比国内买的苹果电脑便宜很多。特别提醒的是，换洗衣服要随身带，曾有位学生，换洗衣服在托运箱中，结果行李晚到两天，害得他不能使用日用品。关于随身液体行李，按航空公司规定，总数不能超过七件，且每件容器在100ml以下。有时候国际航班查得更严，总之少带点。

对于吃的喝的，最好不要带，以防触犯出入境食品条例，再说，国内有的食品美国超市都有得卖，价格也不贵。关于药品，除非是孩子特别需要的，其他的，最多带感冒药，打包在托运行李中，其他也不要带。学生有保险，大多数常见病不要钱。

随身携带的除了换洗衣服、洗漱用品、零用钱和手机外，还有入境时需要的材料。可把签证的书面材料都带着，再加体检和疫苗证明。快到美国时，在飞机上要填写入境登记表，学生要递交I-20表，然后，工作人员在护照上附上入境表的副联,并在护照上写上D/S,说明你读书期间的学生身份有效。

如何交学费?是带上巨额现金还是支票?抑或其他方式?

女儿出国时,我们除了给她准备了几百美元的零用钱,另外还带了一张某银行双币卡的副卡。我们不敢让她带太多的现金,怕不安全。当时想,如果学校要求现金交学费,我们就把钱打进双币卡,最多损失些手续费,总比不安全好。双币卡早就办好了,在孩子报TOEFL和SAT的时候都要用。现在国内每个银行都可办双币卡,主卡是家长的名字,副卡是孩子的名字。孩子带副卡可在国外消费,家长在国内用人民币购汇还款。女儿到学校后,学校统一给他们办了指定银行的卡,这个卡将伴随她大学四年。她把卡号以及其他信息告诉我之后,我到银行填写"境外汇款申请书",银行直接把美元打进这张卡,当然需要付"个人汇出境外汇款电汇手续费"和"对私国际发电电讯费"。学校不一样,可能交学费的方法也不一样。新生家长不必担心,只要按照学校的要求做就是了。

本章讨论了这样几个问题:体检和接种疫苗要带什么材料?流程怎样?买机票要注意什么?带什么行李比较合适?入境时要注意什么?如何交学费?这些细节性的问题家长都要关注,尤其要根据不同国家、不同学校的要求做不同的准备。

我的故事说给你听

陈 冲

第一章　高中生亲子沟通访谈实录及分析

留学之路是艰辛的。从孩子的心理压力而言，单单考TOEFL和SAT，其付出就不亚于国内高考。倘若孩子不愿意留学，不要强迫，我们有属于自己的成长之路；倘若孩子在留学过程中苦闷烦躁，要多沟通开导，多倾听我们的想法；在孩子遇到挫折时，不要指责谩骂，而要心平气和；在孩子能力不足时，不要包办代替，而要搀扶一把。

我在高中阶段亲子沟通的课题研究中，采访过多位学生和家长。他们的亲子关系有的温馨如春，有的冷漠如冬。我展示当时的访谈实录（名字均为化名），并加以分析，是希望读者们在亲子沟通中借鉴别人好的做法，避免走不必要的弯路，最终在方法论层面上产生一些迁移、感悟和启发。

家长如是说——

※ 珍惜儿子的父亲张一

我的儿子从小就是犟脾气，我常开玩笑说，如果在战争年代，他被敌人抓去了，一定宁死不屈。进入青春期后，牛脾气改掉不少，但独立意识越来越强。特别是上高中后，你越想知道的事，他越不告诉你，有时还会发生冲突。

我知道，如果我经常和儿子发生冲突，他就会慢慢关上与我沟通的大门。沟通不是简单地问他一些问题，而需要掌握一定的方法和技巧，切忌简单化和生硬的态度。

交朋友我们都知道，铁哥们，交情好的，什么都可以说。与儿子建立铁哥们的关系，是良好沟通的前提。为了达到这一点，我几乎推掉了所有的应酬，除非万不得已，一般我都不参加，当然，这对我的人际关系肯定有些影响。但是，鱼和熊掌不能兼得，人总要有所选择吧。

只要有可能，我总是陪在儿子身边。他上高二以来，我尽量少跟他谈学习，而是和他一起在小区打篮球，或是带他到外面吃饭。儿子高兴的时候，话特别多，这样，我能及时掌握儿子的思想动态。比如，他说班上谁交女朋友了，我说："你们长大了，交女朋友很正常呢。"儿子说："我可没交女朋友啊！"我又问："你要交怎样的女朋友呢？"他说："总归人要好，长相也不错。"就这样，在看似无意中，我有意掌握了儿子的交友价值观和目前情况。

光有玩的、吃的还不够，还要有共同的话题。现在的孩子知识面广，体育、政治、娱乐什么都有，而且，流行词语不断出现。为了与儿子有共同语言，我一方面读书看报，另一方面注意与单位刚大学毕业的小青年交朋友，了解他们的世界。我学会了QQ，学会了MSN，我把儿子因为要考试没空看的NBA体育新闻录下来。我还把网上的各种政治新闻下载、整理，打印给他。我的这些行为使儿子与我的关系很亲近，他把我当成了最好的知心朋友。他开心的时候，把平时不想说的话都告诉我了，比如他的学习情况，在学校的表现，与老师的关系，等等。

儿子崇拜姚明，我就买了有关姚明的书，和他一起看，一起讨论姚明为什么有这么大的成就。姚明爱国、敬业、谦逊、合作等优秀品质深深地影响了儿子。我又不失时机地买了古今中外的科学家、文学家、政治家、成功商人的传记和儿子一起看。这些书籍不仅开阔了儿子的视野，而且使他学有榜样，树立了远大的志向。

儿子是班上的团支部书记，班级管理事务很多。他的兴趣爱好又广泛，经常参加各种社团活动，这些难免对学习有所影响。但是，我不干涉，而是帮他出谋划策，教他怎样处理好学习与社会工作的关系。对于他不太愿意主动说的事，我尽量不问或找合适机会再问。有矛盾的时候，我会暂时让步，再找适当时机去解决。

我很珍惜和儿子的亲密关系。很多父亲借口工作繁忙，其实，你对孩子的忽略，会造成终身无法弥补的遗憾。孩子上高中了，很快就要读大学离开我们了，以后你想弥补也没有机会了。

进入高中后，孩子自我独立性越发明显，并且自我意识进一步增强，要求别人了解、理解和尊重自己。在这一阶段，往往会发生亲子之间的冲突，而这种冲突的原因就是孩子认为家长不了解、不尊重自己，因而慢慢淡漠双方之间的沟通。如果要打破这种现状，就要让孩子信任家长，重新建立亲近的关系。这个阶段家长容易出现这样两个问题：一是因为孩子面临着人生"最重要"的高考，因此，除了学习，家长与孩子几乎没有可谈的话题；二是家长抱有传统的教育观念，说一是一，忽视了孩子对家长情感和心理支持的强烈需要。

张一这位父亲就做得非常好，通过一系列的举动打破了亲子之间的隔阂，做到了放下家长的架子，当孩子可充分信任的知心朋友，充分理解、信任和尊重孩子，并以孩子的兴趣为突破口，建立良好的亲子关系。张一的做法很值得家长们学习。

※ 苦恼的母亲葛青

我女儿是一所普通高中的高一学生。接到通知书的时候,我们全家都没表现出高兴。初中给我们家长的教训太深刻了:对孩子要求不严;许多政策层面的事不清楚。

我至今清楚记得八月初高一新生到学校报到。一路上,我们谁都没说话,心里很难过。比起那些宽敞、明亮的重点中学,女儿的学校破旧、狭小。三年以后,他们的人生就泾渭分明了。人上人,人下人,现在就安排好了!

晚上,她回家后,我问她老师讲什么了。她一言不发。我又问了一遍,她火了:"闭嘴!"我的心"咯噔"一跳——这样不合作,预示着未来的三年又是斗争的三年。不听话,不合作,比什么都可怕!

暑假还没开始,我给她报了外面的补习班。她拉长脸,发脾气,说:"不是说好初三的假期最开心,不上学了吗?"

我说:"又不是你一人去读书,别人家孩子不都读了?你不读就落后。"

"大家都不读不就行了吗?"

"但是,大家都去了呀!"

我叫她赶紧吃中饭,她说不饿。我没有逼她。说多了,她的火更大。

我妹妹的儿子在我家玩,他才五岁。小表弟跟在她后面,拉她的手。她火了,把他的手扳开,还猛然推了他一把。小表弟哭了。她自顾自打开房门,砰的一声把门关上。

我很不高兴她的行为。

傍晚,我到她的房间,看她在写什么,发现她在做数学作业,还把错题抄在一起,答案倒着写,字很漂亮。

我还看到高一新生的作业要求,各门功课,一大堆。我在心中原谅了她的发脾气,确实是压力太大!

吃完晚饭，她看宫崎骏的《千与千寻》。故事描写了一个小女孩的离奇经历。她为了救家长和白龙，吃尽苦头，但她坚忍不拔，最后成功了。女儿评价说："欧美的片子幽默，而宫崎骏更善于把握人物的内心世界。"我说："千寻做事有毅力。人只要有毅力，没有干不成的事。"她白了我一眼，没有吭声。

看到十点，她回房间写作业，是外面复习班的。

过了一会儿，我不放心，在窗口看她，发现她在翻手机。我说："希望你做事专心。"她发火了："我就知道你偷看。"

过了些日子，她要求到书城买书，于是，我们一家三口去了。她挑了很多书，文学的、哲学的、历史的。我很高兴，只要读书了，人的品位、底蕴就会不一样。希望她不要偏激，多看世界的光明面，慢慢成熟起来。

期中考试，成绩还可以，年级前三分之一。但是，我不放心，到学校去与老师交流。先看了她的随笔，不知所云。从随笔提供的情况看，原来她躲着我们看了郭敬明、安妮宝贝的书。我曾经没收了学生上课看的那类书，乱七八糟，不阳光。不知我老了，时代变了，还是别的原因。既然学生们都喜欢，看来，我得好好研究研究。

检查她的作业，我的心很凉。书写潦草，老师批评了也不改。在学校里，只跟少数同学一起玩，不融入群体。

回来后，我把我在学校了解的情况与她交谈，她马上筑起一道围墙，并与我约法三章——不许进入她的房间，不许去她的学校，不许翻看她的作业。

我的心沉甸甸的。

我买来李镇西写的如何做家长的书。人家也是语文老师，可人家女儿愿意与爸爸交流，这是最重要的。而我的女儿自我封闭，我有什么办法呢？

我想，我的身上一定有问题，可我不知道问题出在哪里。如何解决呢？

心理学家称青春期是"急风暴雨时代"、"危险期"、"多事之秋"。步入青春期的孩子外形接近成人，这使青少年增加了很多心理体验，产生了成人感，具有强烈的平等意识，渴望自己像成年人一样受尊重，做事希望从自己的意愿出发，处处能有自己的声音，生活中与家长唱反调，以显示自己不再是个小孩子了。如果家长加以约束，就会产生反抗。

对家长而言，大多希望自己的孩子出人头地，因此对孩子特别严厉。为了达到这个目的，最多使用的两个借口便是"其他小孩都怎么怎么样，你也必须这样"；"我做的都是为了你好，你将来就知道了"。虽然听上去合情合理，但是在孩子的眼中就有了其他的解读。高中时段的孩子已经能掌握自己的行为。在处事的信心度、果断性、自制性方面都有发展，兴趣范围进一步扩大，最重要的是对自我的明确认识和对未来的追求。如果家长仍然苛刻要求孩子，那么得到的便是孩子的谎言、逃避、欺骗、冷漠。

葛青是一位家长，也是一位语文老师，她对待孩子的学习相比一般家长更为严格，因此违背了与孩子的约定，干涉了孩子自我独立的空间，换来的是孩子的自我封闭。其实每个健康的孩子都对自己有要求，期望着一个成功的、个性独特的理想自我。给孩子一个自由的天空，创造一个良好的环境，相信孩子的自我成长，这就够了。

父女如是说——

※ 渴望朋友的怡然

我出生在哈尔滨，4岁的时候随父母去了澳大利亚，在澳洲念完了幼儿园、小学。初中没念完，父母决定回国发展，我当然也一起回来了。

我们来到上海，我进入父母所在大学的附属中学读初三。开始，我成绩不是很好，因为澳洲的学习与上海还是有差距的，但三个月后，我的成绩直线上升。这其中当然倾注了父母的心血。他们对我的功课了如指掌，对症下药帮我补习功课。很快，我在年级里遥遥领先。

学习的成功没有给我带来喜悦，因为我很孤独。

刚回国时，我家住在大学宿舍里。我有同一年级的伙伴，但她们不是成绩不好，就是打扮太新潮，父母怕她们把我带坏，禁止我与她们交往。有时放学回家，我偷偷与她们玩一会儿，但不敢待得太久，怕被父母发现。同学们看出了我的心思，觉得我瞧不起她们，渐渐地，她们都不与我交朋友。我越来越孤独。

就在我渴望朋友的时候，隔壁班上有个女生和我走到一起。我们经常聊天，很谈得来。可是，她的成绩非常不好，年级里倒数。她的班主任把这个情况告诉了我的班主任。班主任急着把我父母找来。

父母没有发火，但看得出他们在克制自己。父母说："这个问题你一定要处理好。"我心里有些愤怒。在老师的眼里，我的朋友成绩不好，因此品行也不好。可是，在我眼里，她是个特别讲义气的人，她能为朋友两肋插刀，在当今这个物欲横流的社会里，有几个人能做得到？

老师语重心长地说："一个人交朋友很重要。年轻时走错一步，后面步步都错。"我相信老师、父母都是为我好，可是，他们哪里懂得我的内心呢？我需要朋友！

中考前两个月，我非常烦躁，动不动就想发火，逆反心理也非常强。父母说啥，我偏不做啥。我觉得他们再这样管我，我快崩溃了。

五一长假期间，朋友打电话来，说他们班有聚会，问我愿不愿参加，我不假思索就答应了。

第二天早晨6点钟，父母还没起床。我留了张纸条，告诉他们我出去参加同学聚会，晚上7点回来。

他们起床后发现了纸条，认为我离家出走了，非常着急，到处找我，但找不到。我在纸条上写了时间，但忘记写同学家的地址。

聚会是非常快乐的。那天，我认识了隔壁班上的体育委员，他是个高大的男生，很英俊，篮球打得特别好。

晚上回到家，快急疯的父母没有责备我，只是说，以后出去一定要说清楚时间、地点，免得父母牵挂。我知道，他们不发作的原因是怕我真的离家出走。但是，他们不知道，由于他们监管得太严，我的心已经不在家里了。

我经常与体育委员发短信，终于被母亲发现了。但是，她的涵养很好，没有及时表现出来，也许她想进一步证实吧。

有一次打电话，被父亲听见。他阴沉着脸，说是有事与我交流。我有大祸临头的感觉，同时又想破罐子破摔。他们只有我一个孩子，能把我怎样？如果再这样在精神上压制我，我就离开他们！

父母都在，他们起初脸色很严肃，但是，当我坐到他们对面的时候，母亲的脸色柔和了下来。她说："快中考了，不能分心。"父亲则强调，高中的好坏将影响我一辈子。

然后，父亲与我谈起他考高中时的往事。那是我耳朵老茧都听出来的陈年旧事，无非奶奶多么不容易，他们兄弟又是如何争气，个个都考上好高中。那时能上高中的只有10%不到。

但是，我还是假装感兴趣地听着。

其实，我最害怕的是父母与我谈体育委员的事。可是，他们竟然什么都没说，只谈了学习的重要性和学习方法。

我不知道他们是装糊涂还是真的没有觉察。或者是我做贼心虚吧，其实什么事情都没有。

由于我的基本功比较好，中考我轻松过关，进了上海市最好的寄宿制高中，而体育委员只进了一所普通高中。时间和空间的距离使我们自然疏远了。不知不觉中，我们没有了联系。

高一的时候，我参加了学生会，由于工作关系，我与几个男生走得很近。他们都向我表示过好感，我答应了其中一个。可是，别的几个也很好，我与他们也拉不下脸。

那段时间，我的情绪很不好。

周末回家，我做事心不在焉，丢三落四，父母其实已看出我的不对劲，但是，他们始终没有对我说过什么。

有一个周一晚上，父亲给我打电话，问我在学校情况如何。我有些意外，因为我离家才一天，而且，父母从不在周一给我打电话。

我对父亲说："我没什么事，一切都很好啊！"我感觉他想说什么，但终究什么也没说。我越想越不对劲，不知发生什么事了。或者，他们感觉到我的苦恼和不安了？

我给父亲再回电话："你有什么事吗？"他说没有，只是随便问问。我说："周五回家我跟你们聊天吧。"

周五放学离校，我的心情很沉重。我怎么向他们说呢？说了之后又是怎样的反应呢？脑子里乱七八糟的，不知不觉到家了。

父母都在，烧了一桌子好菜。我味同嚼蜡，实在没心思吃饭。

我终于鼓足勇气说出了最近遇到的情感障碍，当然，省略掉一些细节。父亲说："其实我早就知道了，只是想通过你自己的嘴说出。"

听他这样一说，我的眼泪流出来了。

母亲给我一张餐巾纸，说："其实没什么，每个人长大都要经历这一步，只不过有人来得早，有人来得迟些。"

我很感动。我的青春期困惑就这样被轻轻捅破了。星期天傍晚，我又得回学校了。父母送我到车站。那天我穿的裙子，母亲给我一件风衣，叮嘱我穿上。我说不冷，她说带到学校去吧，学校不比家里。

我的眼泪又流出来。上高中后，我第一次对父母产生依恋感。

但是，事情远远不是这么简单。情感和理智往往不是一回事。回到学校，我每天面对那些同学，真是抬头不见低头见。

我甚至怀疑我有"情感妄想症"。为什么别的同学能专心学习，而我，总是想东想西呢？

每周回到家，父母再也没有问起过类似的事。进入高二后，不知从哪一天起，我竟然不想那些事了。

我想：如果我什么都不告诉父母，一个人扛着，可能我会难以度过那些痛苦的日子，也可能与父母把关系搞僵。算是一个教训吧。通过这件事，我才发现父母对我的爱是各个方面的，关注到每个细节，发自内心考虑你的将来。真的是这样。

每一个转学或变更学习环境的孩子都面临着两个问题：学习和交友。学习方面，只要孩子智力正常，在家长和老师的补救下都能够很好地跟上新的节奏。交友方面，随着孩子年龄的增长，交友热情逐渐提高，迫切需要情感的力量和参加不同类型的群体活动。朋友的作用是其他人无法替代的，这是孩子社会性发展的必需品。在这个阶段，孩子的独立性变强，希望从家长的保护下挣脱出来，想要去实现自由的生活，因此，矛盾突生。

怡然渴望的朋友是讲义气、有担当，但在她家长的眼中朋友应是学习好的乖孩子。在这种矛盾的冲击下，怡然萌生出一些冲动的想法，幸而她有一对智慧的家长，将问题大化小、小化无。在这其中还有一个插曲——早恋，这种早恋带有补偿性和逆反性，但是当怡然对家长的依恋重新产生时，这些都已不是问题了。

※ 智慧的怡然父母

征得怡然同意后，我和我母亲一起采访了她的父亲（因为早恋问题是个敏感的话题，母亲觉得我自己还是孩子，不能把握，陪我去了，但整个采访过程她几乎没有插话，她认为我的事情应该自己面对）。

那是一个黄昏，太阳穿过怡然家的西窗，窗外的树影把余晖斑驳地洒落在怡然父亲的脸上。这是一个儒雅的知识分子，他的语调比较平和。

以下对话中，"我"是陈冲，"父"是怡然的父亲。

我：怡然的事她都跟我说了。我还想听听您的想法。

父：怡然小时候在澳洲时，是个非常出色的孩子。国外的环境与国内不一样，一回国，她首先碰到的是学习压力。在我和她母亲的帮助下，她很快像过去一样出色。但是，交友问题成了一件头疼的事。

我：您指同性朋友还是异性朋友？

父：都有。先是交了个成绩不好的女孩子。老师们都认为这个女生不好，可她偏偏认为很好，讲义气。好不容易分开了，又出现了男孩子。

我：您认为交男朋友更难处理？

父：（想了想）进入青春期，孩子的反叛心理、长大的意识越来越强。如何引导孩子度过这个关键期，我们感到压力很大。怡然与男生发的短信被她母亲无意中发现的时候，她母亲觉得这件事很大，当着孩子的面差点发作，被我强行制止了。后来，她母亲到房间哭了。母亲说："以前无话不说，现在突然发现她有了秘密，觉得她抛弃了我们，非常伤心。"

我：您是怎么想的呢？

父：我认为，如果父母盘问孩子，反而会把事情搞糟，只能使她说谎。不如在尊重她的前提下，让她自己说出，然后提些建议。我们从头到尾都没有责备她，只是一直帮她分析，哪里是不对的，哪里要改变。这个年龄段的孩子，如果稍不注意，他们就会觉得家里没有沟通的地方，就会到外面找朋友，通过对方的羡慕和表达，得到心理的满足。高中阶段是最危险的年龄段。

我：如果孩子不听呢？

父：是的。怡然住读后，我们根本管不着她了，她心里在想什么，我们只能通过细致的观察来分析。当她能主动说出情感困惑的时候，我们别提有多高兴。我们没有叫她立刻与男同学分手，而是试着从她的嘴里了解那个男生。有了能沟通的话题后，我们再灌输自己的思想。比如：你现在还是中学生，外面的世界宽广得很，如果你到了大学，发现还很喜欢他，不妨做做朋友。大学生谈恋爱是正常的，而中学生毕竟太小了。现在的主要任务是学习。你以后会遇到各种优秀的人，到大学看看也不迟啊！

我：您说得对。

父：我们双方把各自的观点都清清楚楚摆出来，至于她同意不同意我们的观点，肯定还要等一段时间她才能理解。但我相信，父母对孩子的关爱，她会慢慢体会的。事实证明，淡化处理是解决早恋的好办法。

我：是的。有的家庭碰到孩子早恋，家长捕风捉影，弄得满城风雨。您能够很好地处理这件事，别的家庭应该借鉴您理性的处理方式。

离开之前，我母亲与怡然父亲又聊了一会儿，主要谈我的课题研究。怡然父亲赞扬了我，说我的研究肯定对别的家庭有帮助。我和我母亲也感谢了他们全家给予的宝贵经验。

当孩子慢慢长大，从家长的羽翼中离开时，每一个家长都会有别样的心情。尤其当孩子的情感对象从家长转变为朋友时，家长就会感觉孩子已经不需要自己了，因此对孩子的干涉会不由自主地加强，想要挖掘孩子的内心。但是方式很重要，孩子更期待站在一个平等的角度去讨论问题，即使他们还不足以有明确的判断力。沟通的前提是信任和尊重，如果家长把权威放得太大，那么沟通一定失败，孩子便会在其他环境中寻找心理的满足和隐形的依恋。在这个案例中，怡然的家长很清楚，家长的角色是引导和分析，而不是训斥和强硬，他们充分了解孩子的心理特征，能够清晰分析孩子遇到的问题，懂得理性的处理方式，这才使问题得到妥善的解决。

孩子如是说——

※ 职业高中离异家庭男生吴东

我：你觉得自己与家长沟通情况如何？

吴：（没有出声）

我：你家长对你怎样啊？

吴：爸爸搓麻将两三天不回来，从我上幼儿园开始。

我：你妈呢？

吴：我爸后面结的那个人不管我的。她？我理都不理她。

我：（我一下子愣住了，不知说什么才好。他比我老练，接着说）

吴：我爸不管我的。老师家访、告状，他说我两句，说以后别这样了，我说喔喔。不了了之了。

我：后来呢？

吴：打架。

我：最近打过架吗？

吴：去年，就是高一的时候打过。我的女朋友很漂亮，那家伙居然想抢她，我火了，叫了三个哥们，跟我一起到车站等他们。过来之后嘛，（打了个呵欠）就在马路中间把他们打了。后来对方好像是……，然后第二天到学校，被传到政教处。政教主任骂我，班主任骂我。然后，（笑）班主任好像被扣了半年的奖金。

我：你爸知道吗？

吴：知道了，被叫到学校。

我：怎么反应？

吴：没什么反应，稍微有点生气吧。

我：他当时怎么说的？

吴：让我想想看。他说："干吗打人家？"然后，我就在政教处跟我爸吵了。

我：你怎么吵的呢？

吴：骂他。

我：你怎么骂你爸爸？

吴：用脏话吧，脏话。

我：为什么用脏话骂你爸爸？

吴：从小不管我，现在管我算什么意思？平时不理我，我说什么他们都不理我。

我：你觉得受到他们冷落了，是吧？

吴：啊。

我：他们怎么冷落你的？

吴：有事嘛找我，没事嘛都不说。他们叫我我也不说。时间长了就这样。

我：你不希望你家长来管你，关注你吗？

吴：不需要。

我：你爸爸管你，也是为你好呀！

吴：他烦！我前天还跟他吵架了呢！他的话没有分量。

我：没有？

吴：没有，他死了我也不会掉一滴眼泪。他有时候出去搓麻将，从早上搓到晚上。我很烦他。有时候他吃饭的时候说我，我就把碗砸了。

我：然后呢？

吴：然后他就骂我两句。我进房间继续玩电脑。很多事情在网上能说，但在现实世界很难说出口。要么就是和我朋友打电话聊聊，要么就是在QQ上找别人聊天。

我：你跟他们聊什么呢？有什么在家里不能说的想跟别人说？

吴：是一些心里的想法。想和朋友分担，但不与家长说，说了也没用。

我：你想跟你家长分担吗？

吴：不想！

离异家庭子女在成长的过程中，不可避免地会遇到更多的阻碍，其中最为明显的两点便是情绪障碍和性格缺陷。吴东有这样几种表现——打架、早恋、骂父亲，这些举动都与离异家庭家长的错误教育方式有关，而这些最终导致的便是孩子的社会性发展不良。吴东性格粗暴，并

且对待家长冷淡,这与吴东过去的经历有关。根据吴东的表述,我们可以得知,吴东自幼家长离异,跟了父亲,现在的母亲是后母。总结一句话,吴东受到的家庭教育方式便是家长对他的放任自由,缺乏作为家长的责任,以及对孩子的要求漠不关心,这些现象是在吴东幼儿园时期,甚至更早之前就出现的。根据埃里克森(E.H.Erikson)的八阶段理论,在0—18岁这几个阶段中,如果孩子没有在家长的帮助下解决每个阶段的任务,就会出现以下一些问题:信任感缺失;希望幻灭;对未来产生怀疑;缺乏自己开创幸福生活的主动性;自卑以及同一性紊乱。这些都在吴东身上得以体现。在吴东看来,现实中得不到的心理满足,只有在网络里去获得。另外,吴东的早恋行为,也可以看作是一种对于现实生活情感缺失的补偿,由于自幼缺乏母亲角色和他人关爱,便找异性交往,在其中忘掉痛苦,以谋求补偿。

※ 市重点中学住读女生李静

我:你妈妈除了很信任你以外,还好在哪些地方?

李:就那种很好很好的朋友,什么话都可以说。

我:你对妈妈的感觉是什么,你可以用几个形容词来形容吗?

李:妈妈很体贴,很尊重人。她身体不好,但总是一个人默默承受。

我:那妈妈这种表现给你一种什么感想呢?

李:总是觉得很难受。

我:妈妈对你呢?

李:妈妈对我蛮好的。妈妈说,不要让家长和子女之间有什么代沟,有什么事情就说出来。

我:现在跟妈妈怎么样,感觉?

李：很想她的，心里很想，然后就天天要打电话，发短信，跟她聊聊天。

我：天天都要跟妈妈聊，那你们聊什么呢？

李：我们喜欢什么就聊什么啊，一般是我喜欢的东西她都挺喜欢，很有共同语言。

我：一般来说，两代人喜欢的东西有很多差异的嘛，你们俩有很多共同点吗？

李：嗯。我们俩都很喜欢看韩剧。

我：你们会聊学校里的事吗？

李：会的。比如说，她问我这里读书累吗，成绩好吧，什么的。家长嘛，都关心孩子成绩的呀。

我：除了成绩，其他的还关心什么？

李：身体之类的。冬天要换被子，或者衣服，单薄了，她就给我送来。下雨了，发条短信来，就是提醒我带好伞。

我：你觉得家对你是个什么样的概念？

李：蛮温暖的，是可以依靠的地方。

我：你觉得妈妈理解你多一些，还是爸爸理解你多一些？

李：妈妈多一点，因为都是女性，有一些话可以说的，爸爸就不是什么话都可以说的。

我：妈妈一般聊天可以聊到什么程度呢？是可以聊知心话还是一般的吹吹牛，聊聊电视剧啊？

李：就吹吹牛，心里话说的不太多。一般学校里发生什么有趣的事情我觉得跟我有关系，有时候就会和妈妈说。

我：你有最好的朋友吗？

李：有的。

我：跟她们谈的知心话多还是跟妈妈谈的多？

李：应该说和朋友说的多一点。有些话不太适合跟妈妈说，就不说。

我：你的同学跟妈妈是什么样子的？

李：有些跟妈妈就像一般朋友一样，有些跟妈妈不太说话。如果妈妈打了她或骂了她，她就会记恨几个月，虽然和她说话，但那种口气很差的。

我：你那同学为什么会记恨妈妈这么久呢？

李：不知道，每个人脾气、性格不同吧。

我：每个人跟妈妈的关系都是不一样的？

李：嗯，有些妈妈很开放，而有些是那种很保守的。

我：如果妈妈误会你了，你怎么办呢？

李：算了吧，就让她骂吧，让她发泄发泄，如果她心情不好的话。

我：你不会还嘴吗？

李：如果她说得太难听了就要还嘴。

我：一般不还嘴？

李：嗯。反正如果她说对了嘛，就听进去。说得不对的嘛，一个耳朵进一个耳朵出啊。

我：你那么好的脾气啊？

李：嗯。忍忍忍，忍到后面也习惯了。

信任与沟通是维护亲子关系最好的手段。李静的话语透露出两个关键点："信任"；"什么话都可以说"。李静和她的母亲呈现出一种良好的亲子关系，莫过于做到了这两点。根据李静的描述，母女之间就如朋友一般，有共同的兴趣爱好，几乎说什么话都可以，这使得李静觉得家是一个温暖、可以依靠的地方，因为通过沟通，她的母亲理解她；而

相对应的，李静可以忍受妈妈偶尔的情绪上的发泄，因为通过沟通，她理解她的母亲。

或许很多家长会问：我也想和自己的孩子沟通，了解孩子的内心世界，但为什么关系还是很差呢？有一点需要注意，家长和子女各自担当不同角色和责任，双方应互相理解彼此的角色和责任。李静家庭中这种和谐的亲子关系便是如此，这种沟通是双向的。而大多数家长则是选择单向性的沟通，费尽心思去了解孩子而不让孩子了解自己。若此时，孩子处于成长的独立期，这种行为就会被孩子看作是家长侵犯自己的隐私，反而会达到相反的效果。

※ 非要住读的富商女孙枚

我不是独生子女，还有个弟弟。我的父母从温州来上海做生意，赚了很多钱。我们家是我妈当家，她是董事长，我爸是总经理。

我经常与我妈吵架，原因是我最好什么事情都公开于她的眼皮底下，没有自己的隐私，好像这样我就能完美地长大。

我选的是文科，成绩还过得去，老师说，我考二本没问题。我在学校很开心，与同学相处也好。可是，只要一回到家，我就心情烦躁，常会因为一句话、一件小事与我妈爆发一场大战。

最近吵过两次。一是因为我弟弟。他才上小学，数学只考了20多分。妈妈从没骂过他。可是，我考了70多，妈妈就喋喋不休指责我，还叫我帮弟弟补课。妈妈说："弟弟将来要做大生意，成绩差点问题不大。而女儿要嫁好老公，必须自己有点本事。要不然，事业有成的男人又不是傻瓜，人家也要面子的。"不知她从哪里听来的逻辑。我听得火冒三丈，与她吵了一架。第二件事是因为手机短信。初三的时候，我们班同学基本都有手机，而我，与妈妈吵了几次都没要到。后来，我考上高中，叔叔给我买了一个。妈妈还不让我用，在叔叔的干预下，她总算点头了。但是，只要我的手机短信一响，我妈就神经质地问："谁的？男同学还是女同学？"我觉得这是我的隐私，她不应该干涉。爸爸基本不问我这些事，妈妈怪他宠我。其实，爸爸对弟弟也比对我好些。这不，我把手机忘在沙发上，妈妈把我的手机拿到她的卧室，仔细查看。正好我找手机看到了，狠狠地跟她吵了一架。妈妈常说："我这样做都是为你好，怕你学坏。"我最讨厌这句话，好像没她管，我马上就学坏，又好像我周围都是坏人似的。

有的时候很羡慕有的女孩子与妈妈手拉手，像姐妹一样。我也与妈妈一起购物。可是，每次都吵一架。我要买这样的款式，她要买那样的款式。她总说我的审美观有问题，说我没品位。可她买的衣服，没一件我看得上眼。

最近，我妈碰到几个国外的客户，说女孩子要嫁得好男人，一定要"出得厅堂，下得厨房"。于是她对我进行家政培训，逼我学做菜，整理衣柜。

我的衣服鞋子都是名牌，冰箱里放的是我和弟弟喜欢吃的东西。可是，我一天都不愿待在家里。我要到学校住读，将来要考外地大学，不管与我妈吵成怎样。

物质的满足不代表精神的满足，成长的环境不是由物质堆砌的，而是家长对孩子心理的关爱。在高中阶段，孩子情绪易激动、渴望独立与自由、期待理解与尊重，孩子富有的不能仅仅是物质条件，还要有一个属于他们自己的空间。孙枚妈妈对孩子的要求过高，大大超过了孩子的自我认识，并且没有给孩子一丝丝自己的空间，这可能是由于其自身的职业问题，掌控欲太强。孙枚在这种强压之下，不得不选择一个新的环境,一个没有妈妈只属于自己的空间。

另外一方面,孙家比较特殊,有一男一女两个孩子。在这种情况下,家长的教育更要注重于情感和平等。孩子的心灵是敏感的,家长的不平等对待,很容易引起另一方的心理抵触,因此更需要家长智慧的教育方式。当做出一些不对等的处理方式时,家长需要考虑到孩子心理的不满。虽然这种不满有时微不足道,但当有更大的亲子矛盾发生时,就会成为更严重问题发生的催化剂。

第二章 ▶ 不要忽视他们

我心中的"他们"指老人和进城务工人员子女。他们是弱势群体，因此，我们不能忽视他们，而应格外关注。

去养老院做义工是我从高一开始坚持的一项社会实践活动。对我来说，这个活动不仅为申请美国大学服务，更使我走进了社会，走进了老人们的生活世界和情感世界，领略到我这个年龄段不可能遇到的风景。义工活动在我的成长之路上具有重要意义。

我通过我家所在的街道，与一家养老院取得联系，了解到养老院的地址、老人人数后，在2006年的中秋国庆长假期间第一次去了养老院。我至今记得很清楚，中秋节上午，我买好月饼后，一个人乘地铁去。之所以选择中秋节，是因为中秋节是中华民族传统的团聚的日子，住在养老院的老人们"每逢佳节倍思亲"，一定希望有人去看望他们。

根据事先的约定，院长在办公室等我。院长五十岁左右，胖胖的。他告诉我，他从哈佛大学MBA毕业后回到上海，创办实业，挣了不少钱。随着年龄的增长，他越来越觉得一个人要回报社会，这样，人生才有价值。院长办公室的墙上挂了很多照片，都是上海市领导来慰问考察的。院长为福利事业作出了自己的贡献，他回馈给社会的，不仅有物质的，还有精神的。我的心中充满了敬佩。

第二章 不要忽视他们

　　院长领着我参观了养老院。这是一家位于上海近郊的规模中等的养老院，有三幢楼。主楼是扁长的二层楼，套间格式，这是老人们的生活场所。主楼的旁边是小一点的三层楼，一楼是食堂，二楼用于娱乐，比如打牌、唱歌、练习乐器等，三楼是工作人员的宿舍。主楼对面的平房是工作人员的办公室，院长也在这里办公。养老院里绿树成荫，环境幽静，唯一不足的是室外活动场所比较小。

　　参观完毕，一位工作人员带我进入主楼。靠近大门的是两室一厅，条件不错，被褥也干净。两位老奶奶精神矍铄，看到我很高兴。我问候她们后，把月饼送给她们。接着我去其他房间一一送了月饼。我又给几位老人的房间拖地、擦桌子。我是个爱干净的人，把老人们的房间也整理得干干净净。转眼到了午饭时间，食堂工作人员用手推车把饭菜送到每一个房间，我跟着她去分饭菜。老人们已经把碗放在桌子上，我挨个盛饭。他们每个人只要一小勺。我问够吃吗？他们都说够的够的。我想大概老人的消耗少，所以饭也吃得少。分完饭后，我发现有位老奶奶手抖得厉害，就给她喂饭。她一边吃，一边掉米粒，我耐心地每次只喂几粒米。我用小调羹舀汤给她喝，一顿饭吃了快四十分钟，弄得我满头大汗。我深深体会到：人老了，一切都变得不容易，连吃饭这样的小事都不能得心应手。还有，养老院的工作人员真不简单，我只喂了一个老人就累得不行，他们每天要面对那么多老人以及各种各样的问题，甚至有突发事件，照顾老人的确不容易。

　　在我准备离开养老院的时候，一群大学生带着苹果、月饼进来了。他们看到我时面露惊讶，然后，我们就打招呼了。随着聊天，我知道了他们是我爸爸所在大学的学生，他们自发成立了帮困小组，帮助老人和外来务工人员子女。我请他们下次活动时带上我，他们答应了。我们交换了联系方式。

从养老院出来，不知为什么，我的心情有些沉重。每个人都会老的，老了真可怕，不能料理生活，连吃饭都抖抖索索，所以，年轻的时候要珍惜光阴，向养老院院长和大学生哥哥一样，多做些对社会有益的事情。这样胡思乱想着，快走到地铁口了。

一位高挑的女子从我身边疾步而过，香水扑鼻，她的打扮很入时。忽然，我看见有只脏兮兮的手拉住她的裤腿，她烦躁地一脚踢开，满脸厌恶。我顺势一看，一位年龄很大的老人趴在地上，磕头、停顿、再磕头。我看不到她的脸，只见她满头白发和枯树般的手。旁边一小孩，看不出男女，衣服脏得不见原来的颜色。又一位中年男子走过，步履匆匆，对老人、小孩熟视无睹。一群学生模样的人大声聊着什么，周围一切对他们来说是不存在的，他们沉浸在自己的世界里。

我看了一眼老人和小孩。他们面前有一只碗，搪瓷的，很破旧。碗里有两个一元硬币、一张一毛的纸币。我想给他们一点钱，可是，突然想起人们常说，乞丐比我们富有，他们常假装可怜，到了晚上，梳洗干净，到高档宾馆吃饭，穿名牌时装。我的心肠硬起来，假装没看见，径直往前走。可是，我真的觉得他们太可怜了。我放慢脚步，脑子里斗争着该不该回头。我想起城市孩子与路边这个小乞丐的天壤之别。他难道不是爸爸妈妈的宝贝吗？我停住，从包里拿出二十元，折回去，蹲下，放进老人和小孩面前的碗里。老人依然趴在地上，她看不到我；小孩呆呆地注视着我。他们没有感谢。我本来就不需要他们的感谢，我需要的是心灵的轻松。

我又想起养老院的老人们，与这位乞丐老人相比，他们也是幸福的。小孩与小孩不一样，老人与老人也不一样啊！我的心无比沉重起来。

社会上对乞讨有着各种声音。有人说，目前城市乞讨现象日益严重，绝大多数是职业乞丐而非真正的贫穷，所以，对他们应该严加监管。我认为乞丐是要分类的，对身体健康、好逸恶劳的年轻乞丐不应该同情，但对老人和小孩，应该区别对待。即使这个老人是职业乞丐，她长年累月跪在地上也很辛苦啊。如果行乞能挣很多钱，你愿意你的奶奶和外婆跪在路边挣大钱吗？况且，如果我少在外面吃一顿饭，不就能省点钱捐给乞丐吗？我曾经看到一篇报道，讲的是住在南京的一位美国小伙子，见到麦当劳门口有位乞丐老人，于是买了两包薯条陪老人边吃边聊。我们眼中的乞丐脏得无法接近，可这位美国小伙子看到的是一个孤苦伶仃的老人。我们对乞丐充满了警惕，认为他们是骗子，不值得可怜，而这位美国小伙子心里泛起的是同情与友爱。据说，老人后来告诉美国小伙子，她八十多岁了，因为子女没有能力供养，只得出门乞讨。如此看来，这位老人不是骗子，而是一个需要别人帮助的可怜人。美国小伙子说他以前做过管道工人，曾在很脏的地方工作，所以他并不介意身上脏，心里干净就可以了。说得多好啊！我又想起电视上播放过的另一则新闻，有位七十多岁的农村老人带着脏兮兮的蛇皮袋上了公交车，靠近他的一位中年男子不仅不让座，还把他的袋子扔到车窗外，并口口声声说，这么脏的人上车玷污了城市文明，损害了乘客的利益。司机把车子停下来，让老人去捡他的蛇皮袋，中年男子又与司机吵起来。这则新闻报道后，许多人谴责中年男子歧视老人、歧视劳动者。电视旁白说，老人因生活所迫，带着脏的蛇皮袋上车，我们应该关注他、帮助他，中年男子的做法理应受到全社会的唾弃。如此看来，在我们这个社会，正义是主要的，关爱老人、关注弱势群体已成为社会的主流思想。

我到养老院做义工除了长假期间比较固定外，其他时间则是见缝插针式的，因为我平时很忙，高中的学业、TOEFL和SAT的学习以及课题研究占据了我全部的时间。但是，只要有机会，我一定会去看看老人们。

记得2008年的三八妇女节那天，我考完TOEFL后才下午两点钟，就顺便去养老院看看。我预先与院长联系过，询问他们目前需要什么。他说，每人买一块肥皂、一条毛巾吧。我另外又买了些水果。

到养老院时，院长正好有事暂时不在。副院长是位新调来的中年女士，她不认识我，在我说明来意后，她非常热情地接待了我。当她了解到我是个人行为后，惊讶地说："你不是代表单位捐赠的？让你破费了。"我说："没关系，这是我自愿的。"

老人们已经认识我了。我给他们送了礼物后，还与他们亲热地聊天。眼镜阿婆是位退休老师，她拉住我的手说："你真是个好孩子，爸爸、妈妈教育得好！"她谈起年轻时当老师的事情，非常激动，好像我是她的学生一样。她说某某多么调皮，某某多么乖巧。眼镜阿婆的眼里涌现出一抹深情："他们都大了，应该有五十岁了吧。"同寝室的阿婆说："她总爱谈她的学生，她的那些学生我都熟悉得很呐！"我说："学生就如自己的孩子。"眼镜阿婆脸上的笑容慢慢褪去："有的学生比自家孩子好！"我听出了话外音，赶紧打住。可是，我还是看到她眼眶发红了。

在另一间房间里，我看到两位老爷爷。他们是两人同住一间房，被子也有些旧了，我估计他们的经济条件不是很好。靠门口的那位躺着，副院长介绍说："这位爷爷从别的养老院转过来的，已经九十六岁了。"我吃惊地看着他，只见他面色红润，皮肤白皙。我以为他最多八十出头。老爷爷耳聪目明，看到我后，挣扎着坐了起来。我马上示意他躺下："天冷，您不要坐起来。"老爷爷听话地重新躺下。我拿出他的"一份"礼物。副院长大声说："这是小朋友的心意，你收下吧。"老爷爷突然哭了，并且越哭越响。我不知所措。副院长笑着说："没事的，他这是激动！"我心里很难过。他为什么会哭呢？是不是他的孩子们从不来看他，把他像包袱一样扔出家门？或者他根本就没有孩子，或者他的孩子在国外，难得来看他，总之，他的内心是孤独的、寂寞的。

老爷爷忽然止住了哭声。他伸出清瘦的手，拉住我说："谢谢侬，乖囡囡。"我心里过意不去。我真的没做什么，只是一点小小的心意，一次短暂的探望。可是，老人的心中却掀起滔天波浪。我曾在电视新闻上看到一个真实的故事，记者采访九十多岁的独居老人，问她幸福不幸福，她说不幸福。记者问为什么，她说她有三个女儿，都成家立业了，条件很好，但是，三个人几年都不来看她。最后她还加上一句，都说女儿是娘的贴心棉袄，我家怎么就不是呢？我不知道她的女儿们看后是什么反应，但观众肯定都同情老奶奶，谴责她的不孝女儿们。

我原以为，人的情感会随着岁月变得迟钝，最后昏昏老去。现在我知道，生命会老，但情感长生。养老院的义工工作以及对老年人的关注，让我体味了很多人生哲理，想到了在我这个年龄从没思考过的问题。我以后一定会让我的父母健康长寿，幸福平安，不感寂寞。

我读高二时的重阳节，写过一封公开信，倡导同学们"关爱老人，从我做起"。

农历九月初九是重阳节。九九重阳，双九代表生命长久、健康长寿。重阳节是中华民族传统的节日，是爱老、助老的敬老节。

想一想我们小的时候，爸爸、妈妈工作繁忙，爷爷奶奶或外公外婆便主动要求照顾我们。他们有过照看孩子的经验，更有对第三代的疼爱，对我们呵护有加。事实上，他们照顾我们，付出的心血比年轻的父母要多，因为他们年龄大了，身体也不好，我们这些精力充沛的孩子常使他们精疲力竭。毫无疑问，我们的成长过程不仅浸透了父母的心血，也倾注了老一辈人全部的爱。他们不要我们做家务，有好吃的自己舍不得吃也要留给我们，上学放学的时候，抢着背我们沉重的书包。可是，我们渐渐对这份爱麻木了，认为理所应当，甚至嫌他们啰唆，管头管脚。我们看不到他们的失落和无奈。

今天是重阳节，我想问问同学们：当我们心安理得享受着长辈们的爱的时候，我们想过以什么形式去回报吗？我们知道，他们对我们的爱是无怨无悔的，他们不需要我们的回报，但是，我们长大了，懂事了，我们应该回报他们。回报其实很简单。每天离家上学、放学回家时，亲热地打个招呼；吃完饭后，陪他们散散步；当他们回忆往事时，要耐心倾听，而不是厌烦地走开；天冷的时候，泡杯热茶给他们暖暖身子……无论多么微小的关爱，老人们都能感受得到，都能快乐一天。

有位同学告诉我，他的爷爷、奶奶生活在外地，他的爸爸、妈妈都是公司高管，工作很忙，好不容易有假期，总是带他出国旅游。爸爸对爷爷的孝顺就是寄很多钱。他们好几年没回过老家。可是，爷爷突然得急病去世了，爸爸伤心欲绝。可是，哭有什么用呢？奶奶说，爷爷每个假期都盼着儿子、孙子回来，可是，每次都是失望。钱再多也买不到亲人的团聚和情感的满足。古语说，人生最大的痛苦是"子欲养而亲不待"。同学们，岁月静静地流逝，我们的亲人们也渐渐老去，从今天开始，帮身边的老人们捶捶背、捏捏肩，与他们说说话；给远方的老人们常打打电话，报平安，送问候。当我们取得成绩的时候，记着与他们分享；当我们失意的时候，不妨听听他们的意见。把爷爷奶奶、外公外婆不仅当作我们的长辈，也当作我们的朋友，这样，他们才不会孤独寂寞，并且会觉得自己老有所用，这是对他们精神的关爱。

古话说："老吾老，以及人之老。"我们在关心自家长辈时，也不要忘记社会上的其他老人。在路上、在小区门口遇到老人时，大声问候一声："爷爷好！奶奶好！"在电梯口，让老人先行，并主动问询他们去几楼；乘坐公交地铁的时候，及时给老人让个座；看到老人摔跤时，勇敢地扶他们一把……这些都是生活中小得不能再小的事情了，每个人都能轻而易举地做到。

亲爱的同学们，从身边做起，从小事做起。让我们一起关爱老人、尊重老人吧！

我的公开信触动了我的同学和朋友们,他们响应号召并付诸行动。

我们不仅要关心老人,还要关心一群特殊的学生——进城务工人员子女。这一点,上海各大组织机构和社区都做得很好。在我们这个城市里,常有爱的暖流涌动。

我第一次关注这个群体是因为我妈妈的朋友。她是英国人,到上海来教书,每个周六她都会去进城务工人员子弟学校义务教英语,是她带我走进了这个群体。起初在我看来,这些小孩很可怜,生活条件差,学习也不好。可是后来,我发现他们笑得很灿烂,直率,没有城市小孩的心眼和矫情,我渐渐觉得他们可爱起来。他们叫我"陈老师",叫我妈妈的朋友"外国老师"。我擅长画画,在这里很有用武之地。我画月亮、太阳、星星、学校、公园等等,"外国老师"用英语教他们。我们两人配合得天衣无缝,学生们很开心,一会儿就学会了。"外国老师"学过教育心理学,有各种各样的生动活泼的教学方法,我则配合她教学。两个小时很快过去了,学生们学会的东西真不少。我也很快乐,觉得这里的小孩纯净得如一望无际的蓝天。

我在养老院做义工的时候,遇到过一群大学生哥哥。他们不仅常去养老院看望老人,而且是大学附小的校外辅导员。我希望他们搞活动时带上我,他们果然做到了,让我加入到校外辅导员队伍。十一月的一天,他们告诉我,附小的孩子有很多旧书、旧衣服、旧玩具,其实那些东西并不旧,只是他们不再使用了。大学生们打算发动小学生捐赠衣物,再送给需要的孩子。我立即说:"我知道一所进城务工人员子弟学校,我可以联系校长。"于是,我联系上了我给"外国老师"当助手的学校。

作为校外辅导员,我们先给附小的全体学生发了一封倡议书。

近些年来,大批进城务工人员在上海工作,我们城市的变迁和腾飞,无不凝聚着他们的汗水和智慧,他们为上海各项事业的发展作出了很大的贡献。但是，他们的孩子就读的学校条件还非常艰苦，他们坐在简陋的教室里，吃的是家里带的咸菜，住的是窗户残缺不全的宿舍。他们没有自己的图书馆，但他们会把一本破旧的书刊当成宝贝一样呵护。物质上的艰苦阻挡不了他们对知识的渴求，他们要通过学习改变自己的命运，创造美好的未来。

亲爱的同学，当你享受着父母的爱和优越的物质条件的时候，你可曾想到，在离你不远的一个不像学校的地方，有这样一群学生，他们和你一样喜欢玩具，喜欢洋娃娃，和你一样希望能拥有很多属于自己的东西，可是，他们什么也没有。想到他们的爸爸、妈妈为推动上海的经济发展努力工作着，想到他们同样是祖国的花朵、未来的建设者，想到我们生活在同一个城市里……我们是不是该为他们做些什么？

献出一件玩具，献出一本书，献出一件衣服，传递一份爱心，成就一个梦想。伙伴们，请参与到我们为进城务工人员子弟学校捐赠衣物活动中来吧，我们期待着你的友谊和爱心！我们帮助，我们奉献，我们互相学习。让我们用爱的力量为他们撑起一片蓝天，用爱心关注他们的健康成长！

附小的学生们兴起了捐赠热潮，只花了一周的时间就收到上千件衣物。进城务工人员子弟学校的孩子们拿到这些玩具、水彩笔、蜡笔、识字卡片等时，非常高兴。他们的校长还代表小朋友和家长写来感谢信。

十二月过去，新年快到了。有两位大学生哥哥要到宁夏固原市的某个小学担任老师。从已经在那里工作的志愿者发回的照片看，西部的物质条件比上海的进城务工子弟学校还要差很多，与电影《一个都不能少》非常相似。于是，我和其他校外辅导员不约而同想到在附小再次组织捐赠活动，这次的主题是"东西部小朋友手拉手"。

我们通过倡议书、海报、图片等形式，介绍西部同龄人学习条件之艰苦、生存之不易，希望同学们献出爱心。整个活动按照计划井然有序，确确实实使小学生们了解了西部，认识到西部落后的状况，激发了他们的同情心与爱心。捐赠活动结束后，附小召开了全校总结表扬大会，评选"爱心小天使"，并通过手机，现场与西部小学生代表对话。

我自己在两次捐赠活动中也被感动着，深受启发。作为独生子女，我们常习惯独享父母给予我们的物质条件，如果我们把自己拥有的好东西分给别人一些，不仅能使他人快乐，而且，我们自己也会从中得到更多的精神上的快乐。所谓："独乐乐，与人乐，孰乐？"

本章写了我连续多年对弱势群体的关注，由此引申出两个与申请大学相关的话题。

第一，美国大学对什么样的课外活动最感兴趣？

随着准留学生们对大学所需要的软件要求越来越了解，大家在体育活动、竞赛获奖、个人才艺、社区服务等方面均有所涉猎，使得申请者们的简历看起来很丰富，如参加模拟联合国、参观孤儿院和养老院、到公司打工、国外游学、参加科研竞赛等等。但是，细看这些活动，时间短、走马观花、贪多求全者居多。"火眼精睛"的录取委员会老师一下子就能看出该生缺少人生规划，兴趣不专一，缺少真正的体会和实质的意义。只有真诚的、长久的、深入的、体现了团队合作和拼搏精神的、能对他人产生影响的课外活动才能受到他们的青睐。

第二，活动能给孩子怎样的人生阅历和感悟？

有些申请者的课外活动体现的是急功近利，只重结果不重过程，太同质化，难以吸引人，因此，在文书写作上要独辟幽径，活动要写出特色，把"同质"的事情写出"异质"的内涵。这样的课外活动给孩子的人生阅历也才是完整的、真诚的，感悟也才是深刻的，甚至能影响他/她一辈子。

第三章 参加国外大学举办的冬令营

高三寒假之前,我已收到了美国大学的录取通知书。当时我思考的是如何为未来的大学作准备。很巧的是,以前一起读TOEFL的一位同学告诉我,有一个国外大学举办的冬令营将在上海举行,我请他把有关冬令营的文字资料发给我看看。

冬令营由英国著名的O大学部分教师和学生志愿者举办,我姑且称为O大学项目。它举办的宗旨是帮助中国学生更好地规划学业和未来,具体方式是用讲座形式,探讨社会、经济、哲学、科学、文学、历史等领域的问题,同时开设三十几门小型课程,使学生对所涉领域和学科有一定的了解,从而找到自己的兴趣点。每位学生都配有个人导师,切实帮助学生解决学习中的问题和学业规划中的疑惑。最后将举办研讨会,不同学科的、有经验的老师和学生共同探讨,针对其具体情况制定学业规划。O大学项目不仅把自己定位为拥有各种文化背景的师生信息交流的平台,同时拟合了英美精英教育中专为学生所创设的多元的学习环境,帮助学生体验英美教育理念与思想,自我拓展,自我完善。

我看了介绍觉得不错,决定参加。与爸爸、妈妈讲了,他们都表示赞同。

很有意思的是申请O大学项目竟然与申请美国大学一模一样。先填写申请表,写命题作文,再由项目负责人通过国际长途电话面试。整个

第三章　参加国外大学举办的冬令营

过程由我一人单独完成。妈妈说，这是对我独立申请大学的考验。我顺利申请成功，参加了封闭式的冬令营。

在O大学项目中，我遇到了让我感动甚至改变了我的价值观的研讨课老师（Seminar Leaders），真切了解到西方与东方在课堂教学、课后活动和作业考试上的不一样，为即将开始的大学作了很好的铺垫。

我的老师哈利（Harry）是O大学的博士，25岁，出身于比利时的中产家庭。中学毕业时，他同时被O大学和C大学录取。他选择了O大学，因为他的女朋友在那里读书。他女朋友是位科学家，研究医学的，很厉害。哈利是素食主义者，衣着简朴，对生活充满了激情、自信和理想。作为教师，哈利没有教给我特别高深的知识，但是，他带给我的是远比知识重要得多的价值观的改变。他给我们讲经济、政治和国际关系。他的每一节课都给我震撼，他像悲天悯人的神，触动我柔软的神经。

高高大大的哈利给我们用PPT展示照片。我一边听课一边记录着他的讲述和我的想法。

照片1：非洲内陆国乌干达。一片干涸的土地，没有电灯，极度贫穷，充满了战争、血腥和艾滋病。2/3人口每日生活费不足2美元，一半人口在15岁以下（成年人大多在战乱中死亡）。

照片2：乌干达的一所学校，是哈利自己出资建的。他的学校里有2000多个孩子。其中，75%的孩子没有父母，40%的孩子为LRA恐怖组织打仗、杀人。LRA全称为Lord's Resistance Army，意思是圣灵抵抗军。他们绑架了几百名儿童，并杀害许多试图逃跑的人。哈利的学校周围就有军人在活动，孩子们不敢在路上走，因为不安全，可能被打死或炸死。

照片3：哈利和学生的集体照。整张照片都是纯黑皮肤的可爱孩子，中间有一点点白色，那是哈利的脸。他的眼睛是冰凉的深蓝色，沉浸着锐利。记得电影《哈利·波特》中的哈利说邓布利多（Dumbledore）的眼睛似乎能把人看穿，大概就是指这种目光吧。

照片4：有着纯真笑脸的男孩的照片。但是，哈利说，这个孩子曾杀死过另一个孩子。两个孩子都没有受过教育，不知道尊重生命，敬畏生命。

照片5：男人的照片，他的脸沧桑、安静且温暖。在他六岁的时候，一群军人闯入了他的家。当时他什么都不懂，父亲叫他快跑，别回头。等他跑上一个山丘回头看时，家已不复存在了，他顿时体验到永别的残忍。这个男人的父亲试图通过政治途径改变自己的国家，结果死亡回应了他对战乱的抗争。

照片6：关于血腥屠杀的新闻报道。PPT用了黑底红字。

照片7：女孩子们的集体照。哈利的学校中间有一棵巨大的榕树，女孩子们穿着传统的浅蓝色长衫站在洁白的云朵与幽蓝的天际下歌唱。哈利说，几乎所有的女孩都遭受过性侵犯，她们在用歌声寻找自己，证明自己仍旧活着。她们想让灵魂完整。

照片8：男孩子们的集体照。他们排着队，穿着柠檬色的黄衬衫，深绿色的短裤。哈利说，很多学生之间存在怨恨，同桌之间可能有杀父之仇，但为了接受教育，他们愿意忍受。那里也许是世界上唯一一个孩子自己冲进学校要求上课的地方，他们发疯般地刻苦学习。放假的时候，有孩子去学校，他们期待或许碰巧有老师在教些什么。他们认为只有接受教育，才能把自己从战火及痛苦中解救出来。We are human beings. We are not born to be poor, not born to fight. We are intelligent, and we want to be educated.（我们是人，不是生来就贫穷的，也不是生来就打仗的。我们聪明，我们想接受教育。）是啊，沉浸在深痛和绝望中的人们，只能寄希望于教育。

照片9：告别仪式。在哈利暂别非洲学校回到英国之前，他举办

第三章　参加国外大学举办的冬令营

了一个仪式，表扬表现好的学生。很多孩子是第一次在众目睽睽下被叫到名字，也第一次因为表现好而得到了意想不到的表扬。因为打仗，成年人战死了，家中孩子很多，得不到关注，更不用说关心了。学校里仅有的几位老师也无法关注到每个孩子。他们像一群活着的动物，不在乎名字、出身、父母是谁。哈利难过地说：They had tears in their eyes, saying that it was the first time for them to be called and everybody looked at them.（他们眼里噙着泪水说，那是第一次被叫到名字，每个人都看着他们。）

照片10：九岁的小男孩。这是哈利班上一位极其聪明的孩子。在哈利离开之前的最后一节课，他举手说要问问题。哈利说好。他又说不是关于上课的。哈利鼓励说："你问吧。"孩子说："哈利，你是个幸运的人，来自遥远的国家，旅行了那么多地方，受过最好的教育，你一定明白，为什么我们生活在战火中？生活对我们为什么不公平？"孩子的话语中没有怨恨，只是天真而忧伤的好奇。哈利一定感受得到这种深切且锋利的痛。这个孩子，哈利告诉我们，如果在英国，他聪明得可以上任何顶尖的学校。但现在，他永远不能够坐进初中的课堂，因为没有钱。哈利又说，记住这个孩子，他是我最聪明的学生，我一直记得他。哈利一遍遍地重复着那个沉重的非洲孩子的名字，听得我的心一点点变冷。哀痛，对他一定是彻骨的。

照片11：年轻的穿制服的白人女医生。这是哈利的女朋友，美丽的科学家。她愿意与哈利一起去非洲，在村子里给穷人治病。

这节课深深地震撼了我，这种久违的震撼来自于哈利和他的女朋友甘愿放弃丰富的物质生活，为穷人无怨无悔的付出。难怪，在食堂吃饭时，哈利只吃素食，难怪他衣着简朴，原来，他要省钱，省下来办学校，省下来给那些需要的人们。而且，哈利冒着生命危险留在乌干达教书，也许他每天早晨能醒来都是一个奇迹。

哈利说："我常扪心自问——为什么要学政治经济学？为什么去非洲？为什么花了大量的时间教书？沉甸甸的思考后，我想，我们不能本质性地改变什么，可是，去做吧，虽然微小。"

下课了，该吃晚饭了，我却一点食欲都没有。我突然觉得我是如此的幸运，生活得如此奢靡。我一个人在硕大的校园里游荡。室友找不到我，给我打电话我也不想接。我在花坛的边脊上走，一路走到大操场，又沿着七号跑道一直往前。几盏路灯的微弱光芒下，我的数个影子颤动着。有只白猫隐在树丛中观察我，在离我一步远的时候它跳上一条小径。上海冬天的晚上很冷，湿气很重，足球场上铺的草皮枯黄中夹着绿。

我的眼泪也就这么一路淌着。哈利和他的女朋友放弃富裕的欧洲，跑到贫穷落后的、充满危险的非洲，去教书、去行医，改善人们的灵魂和肉体。非洲的孩子们生活在战火中，可是，他们渴望读书，发疯般地刻苦学习。我呢？我在父母的爱里贪得无厌，沉溺在自己小小的世界里矫情不已。虽然我也做过一些好事，我关爱弱势群体，在养老院当义工，在进城务工人员子弟学校当助教，可是，我做的事只是社会这个大家庭中的锦上之花，无法与哈利舍弃财产、冒着生命危险相比。我悲哀起来，深觉自身特别的微弱渺小。但是，我又想起哈利说的"去做吧，虽然微小"，我的感觉稍微轻松些。人的能力有大小，我现在能做的，似乎就是这些。等我将来本领大了，无论是金钱的还是精神的，我都会做得更好些，这样才能实现自身的价值。

晚上的活动是男生和女生的辩论，因为男生人数少，男老师们也加入了男生阵营。男生的辩题是girls are better than boys（女孩比男孩更好），女生的辩题则是boys are more important than girls（男孩比女孩更重要）。这个辩题很有益，因为作为独生子女，我们很少认真地换位思考别人的立场。我提醒我的辩友，说对方重要很容易变成贬低自己来夸对方，她们问我怎么辩，我当时还沉浸在我艰涩的人生问题中，没有认真投入辩论。

讨论时间到了，我对哈利说："我想问个问题，一个人怎么实现自己的价值呢？"他略微有些吃惊，问我怎么会想到问这个。我说："与你和你的女朋友相比，我……"不等我艰难地往下说，他微笑着打断我，说这问题不是几句话可以讨论完的，明天我跟你谈好么？一如他认真严谨的作风。我点头，他又鼓励地微笑了，蓝色的眼睛像大海。这是我第一次主动跟他谈话。哈利后来告诉我，他知道那节课会影响我们，感动我们，然后，我们又会感染更多的人，于是，会有很多人思考生命的价值和意义，去为别人做微小的事，从而改善世界。

哈利的国际关系课程给我们出的小论文题目是：

Choose the 5 global political actors listed on slide No.4 who, according to you, are the most important to understand today's world. Explain why you think so, using some of the theoretical insights this course has proved.（从第四张幻灯片中，选出五个对理解当今世界来讲最重要的政治因素，并使用本课程所学的原理解释你选择的理由。）

国际关系这门课对我很新鲜。从小到大，我几乎从没有主动考虑过国际上发生的大事。战争问题、环保问题、恐怖组织等等，那是报纸电视上的事，离我很遥远，再说，我也没时间思考那些宏大的问题。可是，哈利却把宏大的世界推到我们面前，迫使我们站在高位思考世界上的大事。我的观点可能有失偏颇，甚至不一定正确，但是，我的确在收集资料，在思考。我这样写道：

I think in today's world, energy, America, peace, climate and antiterrorism are the five most important elements. Therefore, I will choose OPEC

(Organization of the Petroleum Exporting Countries), Barack Obama, the United Nations, Greenpeace International and Osama Bin Laden as the most essential global political actors that can help society understand today's world proficiently. The following passage will individually illustrate the author's arguments regarding the rationale for deciding on these actors.

Firstly, OPEC is very important because every decision made by OPEC influences the global economic situation. OPEC is an organization founded by mainly petroleum exporting countries. Currently, oil is the main resource of the whole world, and OPEC occupies a huge percent of the global oil market; thus OPEC plays a crucial role in the world. It is obvious that oil is a very essential commodity to a nation. In fact, the main reason the United States started the War in Iraq was because they wanted sovereignty over Iraq's oil resources. This is a typical example that can strongly confirm the importance of oil. In today's world, although scientists are looking for cleaner energy relative to oil, they have not found an alternative that is both efficient and cheap. Perhaps some people will support the use of nuclear energy; however, only a few countries have the technology and money, as it costs a lot to produce electricity by nuclear power. Additionally, nuclear energy is not as safe as we expect it to be. Currently developing countries like China and India, have two of the largest population and they are still growing at amazing rates. Undoubtedly the desire of energy will continue to increase under the growth of these countries. Consequently, for many years to come, growth in the world will be dependant on oil.

Secondly, I believe Barack Obama will bring hope to the entire world. He not only stands for the most powerful country in the world, but also stands for the American dream. We cannot deny that the American economy has the biggest influence on the global markets. The magnitude of influence caused by the America economic crises in recent years is a convincing example that confirms the importance of the American market. During this serious state, Barack Obama and his slogan for change became the new idol and dream of the American people. He not only broke the race discrimination by becoming the first colored president in American history, but also brought the hope and ambition of the American dream to the public again. Additionally, he is a handsome man full of charm and power. Personally speaking, I hope Obama will end the Iraq War as soon as possible and bring more peace to the world.

Thirdly, the United Nations cannot be ignored because it is still the biggest organization among governments. The UN is the most powerful organization in the world. It has right to balance the conflict of interest between countries and do its best to keep world peace. In these times, every country needs the help and cooperation with other countries. The UN not only offers a platform for countries to get in touch with each other, but also does a lot of charity works for the poor and war refugees. Although the world is mostly at peace, there are still many people suffering from chaos and bullets. Thus, I think that the UN will still stand in the heart area of world politics for a long time.

Fourthly, Greenpeace International is an environment-friendly organization that uses direct non-violent action to protect the environment. It has efficiently changed the way people treat the environment and the way people protect the nature. Gradually people have become to realize that we should pay more attention to environmental problems. In the past, issues regarding cruelty to animals and destruction of the environment were remarkably prominent. However, due to the efforts of Greenpeace International, the situation has changed. Today, more and more people prefer to use humane ways to express their emotions. Because I am an activist for the environment,

I always pay attention to Greenpeace's action. It has organized many activities that aim to protect and limit the damage of the environment. For example, some Greenpeace International members drove a boat to deter Japanese fishermen from catching whales and dolphins on the Atlantic Sea. Recently, people are unprecedentedly interested in the climate. It is not only due to the recent awareness of the affect it has on the public, but also because the situation is extremely emergent! If human beings neglect the facts, the climate will further deteriorate. Humans are the ones suffering from the change in climate everyday. If the bad situation comes true, this will be a disaster for all human beings. As a result, this is why I think Greenpeace International is very important to the whole world.

Lastly, Osama Bin Laden is an extremely dangerous man as he has planned a lot of terrorist attacks worldwide. After 9/11, antiterrorism became more popular in the whole world. Although seven years have passed, this graveness still remains a terrible memory in our mind. Americans even launched a war to protect them and to fight against terrorist attacks which has showed how dangerous Bin Laden actually is. Furthermore, Bin Laden has become a symbol of a terrorist organization. If we control Bin Laden, I am sure the world will be safer. Although the US government feels very infuriated and shocked about their nation being attached, I have to say that I dislike the approach they have taken to solve issues with other countries. Bin Laden did harm to the US. However, two wrongs do not make a right. If the United States harms Iraq, it is no different than Bin Laden.

In conclusion, I learned a lot from these five actors. And I think they have covered all the facts which people are interested in. It is no doubt that I can benefit a lot from these five actors.

第三章　参加国外大学举办的冬令营

（在当今世界，我认为能源、美国、和平、气候和反恐最重要，因此，我选择了欧佩克（石油输出国组织）、奥巴马、联合国、绿色和平组织以及本·拉丹作为最重要的、有助于更好理解当今世界的政治因素。下文将根据所学基本原理逐个说明我的观点。

第一，欧佩克非常重要，因为它作出的每个决定都影响全球经济形势。欧佩克是一个石油输出国组织。石油是全世界的主要资源，而欧佩克在全球石油市场占领了巨大的份额，因此，它扮演着极其重要的角色。很显然，石油是一个国家重要的商品。事实上，美国发动伊拉克战争的主要原因就是想获得对伊拉克石油资源的控制权，这是证明石油重要的典型事例。如今，尽管科学家们正在寻找相对于石油而言更清洁的能源，但他们还没找到既有效又便宜的替代品。可能有些人支持使用清洁能源，然而，只有少数国家拥有技术和资金，因为核发电成本很高，并且不如我们认为的那样安全。目前，一些发展中国家，比如拥有世界上人口最多的中国和印度，其人口仍在以惊人的速度增长，毋庸置疑，他们对能源的渴望将会持续增长。所以，未来世界的发展将会依靠能源。

第二，我相信贝拉克·奥巴马将会给全世界带来希望。他不仅代表了世界上最强大的国家，而且也代表了美国梦。不可否认，美国经济在全球市场上影响最大，近年美国的经济危机就是个令人信服的佐证。在严峻的形势下，贝拉克·奥巴马和他的竞选口号"改变"成了美国人的偶像和梦想。他不仅打破种族歧视成为美国历史上第一位黑人总统，而且把实现美国梦的希望和抱负带给了大众。另外，他是位有魅力的、强势的英俊男人。就个人而言，我希望奥巴马尽快结束伊拉克战争，给世界带来和平。

第三，联合国不可被忽视，因为它是世界上最大的、最有权力的政府组织。它有权平衡国家之间的利益冲突，以尽力保持世界和平。当下，国与国之间需要帮助和合作，联合国不仅提供了国家间互相接触的平台，而且为穷人和战争难民做了大量的慈善工作。尽管世界基本太平，但仍然有许多人饱受战乱。因此，我认为在很长一段时间内，联合国将仍处于世界政治的中心。

第四，绿色和平组织是一个环保组织，它使用非暴力手段直接保护环境。它有效地改变了人们对待环境、保护自然的方式。渐渐地，人们意识到应该更关注环境问题。过去，残忍地对待动物、肆意毁坏环境的问题非常突出，然而，由于绿色和平组织的努力，情况发生了改观。如今，越来越多的人使用人道的方式表达他们的情绪。由于我是环保主义者，我总是关注绿色和平组织的行动，它已经组织了许多保护环境和限制危害环境的活动。比如，它的一些成员驾着小船阻止日本渔民在大西洋捕捞鲸鱼和海豚。最近，人们空前关注气候问题。这不仅仅由于公众对气候问题的意识，而且由于形势相当紧急！如果人类漠视事实，气候将进一步恶化，人类将每日遭受气候变化之苦。如果气候果真变坏，这对所有人来讲将是一场灾难。这就是我认为绿色和平组织对全世界而言都是非常重要的原因。

最后，本·拉丹是一个相当危险的人，因为他在世界范围内策划了很多恐怖袭击。9·11之后，反恐主义在全世界更受欢迎。尽管7年（2001—2008）过去了，我们的脑海中还保留着恐怖的记忆。美国人甚至发起了保护自我、与恐怖袭击作战的战争，这显示了实际上本·拉丹有多危险。另外，本·拉丹已经成了恐怖组织的象征。如果控制了他，我相信世界将会更安全。尽管美国政府对国家被袭击感到震怒，但我得说我不喜欢他们为了解决与其他国家之间的问题而采取的方法。本·拉丹伤害了美国政府，但是，别人错了不等于你是对的，如果美国政府也伤害伊拉克，那么，它和本·拉丹没什么不一样。①

---

① 编者注：作者完成这份作业的时候，本·拉丹还没有被击毙。

总之，这五个体现了当今世界政治的元素囊括了人们感兴趣的所有事实。毫无疑问，我从思考五个元素中受益颇多。）

哈利在他的课程结束的那天下午问我："有空吗，我给你讲一下国际关系课程的小论文。"我说："不行呀，我们要排练戏剧。"他说："好吧，那明天跟你讲。"我说："好的。"第二天时间很紧，然后，就这么结束了。我返回教室拿箱子，突然想起来还没有讲小论文呢，于是就急急赶过去。大家正走出开派对的屋子。我问哈利，那Feedback（反馈）怎么办呢？他说我会给你发邮件的。跟两位冬令营的朋友往门口走，回头看哈利和其他老师一路走远的背影，我拼命忍着泪，想用笑把眼泪逼回去，可走到了校门外，冷清的马路鲜有车辆经过，阳光灿烂得很罪恶，风温柔得刺骨，我终于忍不住站得远远地、沉默地大哭起来。

分别后没多久，我收到了哈利从英国发来的邮件，反馈我的小论文。他修改得那么仔细，并且批注了修改理由。在信的最后，哈利写道：Peace, love and light（和平、爱和光亮）。

写到这里，我想起哈利的课和他布置的小论文。哈利不认识中文，但我帮他也帮我传播了努力为他人服务的价值观。希望读者也被哈利和他的女朋友所感动，更希望我们做一些小事，让世界充满和平与友爱，让世界的每一个角落都洒满光明。

科学老师卢克（Luke）也给我留下了深刻的印象。他是典型的英国人，左撇子，写的字歪歪扭扭，充满了童趣。这位像大男孩一样的老师对待学术的严谨和认真给我树立了榜样，使得我在日后的学习中求真求实，不敢懈怠。

卢克的生物课讲得很好，可能因为我高二时已经学过了，也可能他讲得太生动有趣了，原本我不太在意的生物（我高中加一学科选择的是物理），在他纯正醇厚的英语里竟然是这么的有味道。可是有一天，阳光和善的卢克竟然在办公室发火了。原来，他在课堂上多次强调不许抄袭，如果需要引用，必须注明出处，可是，仍有学生从网站上原文摘录了某条定义而未标明出处。卢克把"可疑"的定义放在网络上验证，立刻发现了问题，于是，他火冒三丈。课堂上，卢克生气地说，抄袭是十分严重的罪行。顿了顿，他又说，好文章不是抄来的。什么是好文章？如果你的某些观点有所突破，只要你能自圆其说，并清楚表达自己的思想，这就是好文章。"重要的是你怎么想，而不是你看到某个人怎么想。"卢克这样讲的时候，我心里"咯噔"了一下。从小到大，我听到的是："你怎么跟标准答案不一样？"想起小学时做数学题，我想有创新的解法，我的那位年长的数学老师说你怎么非要跟别人不同？不同便是罪过。而在冬令营里，学生的不同是多么难能可贵！

卢克布置了一项科学课程的作业——以下是卢克自己写的文章，文中表达了他的观点，请同学们找出理由反驳他。卢克乐于接受学生的挑战，并鼓励学生敢想敢颠覆。他不会把自己当作某种范本，某项权威，而是看重并挖掘学生的新鲜思想，从学生身上学习，完善自己。课堂上，只要有学生举手，无论问题是否和课堂密切相关，他都会立即停下讲课，热切地询问，详尽地回答。他热爱知识，尊重学生的好奇心，也尊重学生知识体系中的贫乏。卢克与热衷应试教育的老师太不一样了。

我赞同卢克的治学方式。我认为：苍白地对前人的复制带来的不是保持，而是退后。我这样说并不是想全盘否定历史，而是想强调只有有目的地放下、淘汰、舍弃，才能轻装上阵，迎头向前。

O大学项目开设了三十多门小型课程，活动课程（curricular-activity）是其中一门，上课时间是每天晚上。这门课的大多数作业需要合作完成。开始我担心同学之间彼此不够熟悉，可能会难以相处，但后来发现合作是一桩乐事。我和同学们在合作中相熟，并成为亲切的朋友。这门课程中有一个单元是关于模拟联合国，老师要求每两个人一组代表一个国家，模拟六方会谈。六方会谈是朝鲜、美国、中国、韩国、俄罗斯和日本共同参与的、旨在解决朝鲜核问题的一系列谈判。2002年，朝鲜宣布要发展核武器，希望和美国进行双边会谈，但美国拒绝了。美国认为会谈应该包括更多的相关国家，最后他们同意了六国会谈的方案，同时，也同意在会谈中有可能朝鲜和美国直接会谈。我以前对六方会谈不十分熟悉，这一次在网上认真搜索并整理了几十页资料，再筛选信息，写演讲稿，终于对六方会谈有了清晰的认识。为了一个晚上的"会谈"，我连续准备了好几天，任务量虽大，但乐在其中。我和另一位同学代表俄罗斯列席。会谈中，我们关注的重点是俄罗斯的西伯利亚铁路大动脉怎样与朝鲜和韩国的铁路连接在一起，这对俄罗斯来说可能带来巨大的经济利益。当然，我们也坚决反对朝鲜研究核武器。由于我们准备充分，并且有许多超水平的临场发挥，搞得其他国家措手不及，结果成了俄罗斯与美国的单挑，这大概是真实的国际舞台上永远不可能出现的六方会谈场面。这个精彩的会谈是我和我的伙伴共同创造的。我深切地体会到合作的意义和成效。从小的方面说，只有合作，才能圆满完成老师布置的作业，并"力挫群雄"；从大的方面说，只有合作，才能解决世界上的争端，促进大家共同发展。

活动课程还有一个单元主题是"这就是生活"（This is life），学习方式是小测验。测验内容很广泛，比如，现在英国最热门的电视节目是什么？大象能活多少年？世界上最大的湖叫什么名字？中国的邻国有哪几个？牛津大学最早的建筑建于哪一年？披头士（Beatles）是什么？埃及人的死神叫什么名字？鲸鱼为什么不吃鸡？从宇宙的一头到另一头有多远？墨西哥人为什么喜欢闻臭鸡蛋？……除了庞杂的知识题外，有的题目显然是无稽之谈，但测验要求我们的回答连贯通畅，符合自己的逻辑。测验完毕,老师弗朗索瓦(Francois)说:"这就是生活,不仅有学术知识,还有各种神奇的事物。记得思考,记得创造,别忘记一直要勇于挑战。"

活动课程不同于我在中学参与过的拓展型课程和研究型课程,它放眼全球,拓展思维,强调合作和想象,对培养我们的创新能力大有帮助。

除了对我影响颇大的老师和课程,还有一些值得我思考的问题。

生活是什么?O大学项目的宗旨是帮助中国学生更好地规划学业和未来,因此,每天下午有两个小时,学术指导老师一对一辅导学生。所谓辅导,不是老师讲学生听,而是师生之间畅所欲言。老师耐心地解答学生的疑问,专业地分析稀奇古怪的问题,和善地满足形形色色的好奇,并以自己的成长经历,告诉学生成功背后的艰辛。当我告诉老师自己喜欢什么时,老师认真地帮我分析哪些是真正的兴趣,哪些是一时的兴趣,怎样把兴趣与自己的职业生涯相结合。老师们说,人生一定要有规划,要有勇气和坚定的信心面对未来的困难,否则,光阴似箭,了无痕迹。生活本身是向目标的跋涉迈进,是对整个神奇世界的思考关注。即使生活的路途中有坎坷,但在追梦者的心中,也是暖暖的疲惫与甜甜的疼痛。

如何合理安排时间?冬令营中,我们连日通宵熬夜写文章,准备PPT,深夜串门讨论项目,不计其数的阅读资料积压在手边,我们不觉其苦,反觉充满挑战和乐趣。但是,多日下来,我们年轻的身体也难抵课程繁重以及精彩活动所带来的消耗。最后,我们终于恍然明白合理安排时间的重要性。同学们学会了见缝插针利用时间。处处可见随手拿着材料阅读的同学,平日吵闹的食堂变成了研讨中心。我也分析轻重缓急,将更多的精力用在难度颇大的主题作文写作上。

如何成为受欢迎的人？冬令营有很多娱乐项目。开朗幽默、多才多艺（哪怕是三脚猫）的学生最能调节气氛。生日聚会上，我们布置了满教室的气球蜡烛，老师们带来的多国语言生日歌给生日增添了别样的风采；食堂里，我们教老师说方言，聪明的他们一学就会，高鼻子、蓝眼睛说出的上海话特别有趣，我们爆发出欢快的笑声把食堂阿姨都惊动了；操场上，高大的老师们拿没气的篮球当足球踢，细雨朦胧中，我们欢笑，我们狂奔；结业派对上，我们演英文版《大话西游》，流畅的语言、有模有样的表演就像一场皇家戏剧。生活是多姿多彩的，我记得老师们不断要我们记住的：尽力地学，尽情地玩！虽然我们来自天涯海角，有着不同的文化背景、价值观，但我们却是如此和谐。

参加国外大学举办的冬令营对我后来真正的大学生活非常有帮助。如何善于向老师学习？如何与同伴合作？如何做到学术规范并有所创新？如何从课程和活动中发现自己真正的兴趣，并发展成未来的职业？如何管理时间？如何让大家喜欢你？当我在大学里再次碰到这些问题时，我心中已有答案了。

第四章 出国读大学了

对我来说，去美国留学是一个"处心积虑、图谋已久"的事。从浦东机场告别父母，登上飞机，我没有太多的离别的惆怅，只有对即将到来的新生活的向往。

飞机上十几个小时过得很快，我并不觉得累。乘务员一直发吃的，在吃吃喝喝中，在看电影听音乐中，不知不觉就到了美国上空。乘务员让大家填写I-94入境表格，内容很简单，基本是姓名、性别、国籍等护照上的资料，另有航空公司、飞机航班等信息。I-94表是张小白卡，会和护照订在一起。这张小白卡和护照一样重要，不能丢失。飞机终于降落在美国机场。在海关，根据工作人员的要求，把护照、I-20表、I-94表等都给他查看，并简单回答问题。

初到异国他乡，我的心中没有惶惑，只有恍惚。这就是我朝思暮想的美国吗？这就是世界上最发达的国家吗？我已经跟昨天还生活着的上海有了十二个小时的时差了？我的留学生活就这么义无反顾地开始了？似乎应该有更大的、更深刻的变化才能满足我内心原有的设想。但事实是，这就是留学生活的开始。

出国前，我已经通过学校网站与学生服务中心联系过，希望有人接机。服务中心把我的信息提供给志愿者，于是，一位美国学长通过电子邮件与我联系，愿意为我接机。如果你希望中国人接机的话，可以直接与中国学生学者联谊会联系。那天，我下了飞机，随着人流拖着行李箱到了出口处，看到志愿者们已经等候在那里。志愿者一般会主动询问是不是要接机。我向其中一位打听接我的学长的名字，志愿者们之间互相认识，因此，我很容易就找到了接我的学长——一位高大的美国小伙子。他大声地叫出我的名字，快乐地向我打招呼，并把我的大箱小包放进他的汽车后备箱里，载着我驶向学校。我也看到有的志愿者的车比较大，可以同时接好几位新生。一路上，扑面而来的是陌生的别墅、树木、街道，我感到很新鲜。学长简单向我介绍了学校的情况，时间不长，我们就到学校了。学校的颜色很稳重，古老的建筑透着历史感。树木葱茏，环境好，空气清新。我似乎一天一夜没睡觉了，但是，没有时差的感觉，精神特别好。

新生注册很方便。学校有好几个宿舍区，每个宿舍区都有一个服务中心，里面有食堂、教室、电脑房、超市、邮局等等。新生都居住在一个区，以便统一管理。接机的学长把我带到新生宿舍区，他的工作就完成了。之后，有工作人员引导我去注册，拿临时宿舍的钥匙。注册过程很简单，几分钟就完成了。然后，把行李搬到临时宿舍住进去。

住临时宿舍一是为了统一管理，学校有什么活动方便组织，二是大多数宿舍区放假关闭，只开几栋给提前报到的国际生，美国学生在开学上课前一天才报到。宿舍是很早就安排好的，在拿到I-20表格的时候，学校会把室友的名字告诉你，但不提供种族、国籍等信息。等到所有同学都注册报到后，大家再搬到自己正式的房间，地点仍然在新生宿舍区。宿舍面积很大，比我在上海旁听大学课程时候的四人宿舍还要大，但只有两人住。宿舍条件超好，有微波炉和冰箱，床上有席梦思垫，比我想象的木板床好多了。宿舍超干净，用手一抹，哪里都没有灰。宿舍外面是一片结了果的松树和梧桐树林，傍晚时分，我看到了悠闲的松鼠和轻盈的萤火虫，仿佛进入了童话世界。我们这一层楼住的都是女生，全部到齐以后，我们还在草坪上举行了新生聚会，互相自我介绍，很快就找到了投缘的朋友。

我根据本地地图找到去附近沃尔玛超市的路线，我要买一些日用品。大街上，车辆很有礼貌，看到行人老远就停下来，而我还是带着上海的习惯，让车先行。可是，我不走车也不走，我终于明白了，必须行人先走，要不然就僵持在路口。沃尔玛超市很大，摆设与上海的大超市差不多，但是，物品要丰富得多，价格也不贵。我买了被子、枕头、毛巾、肥皂、洗面奶、面霜等日用品，还买了些零食，满载而归。

学校很安全。校园及周边都有应急电话，并配有实时摄像头，遇到紧急情况可以及时报警。

我从国内带来了电脑，因为我不知道学生可以优惠买电脑，价格比国内便宜。宿舍可以上网，如果你遇到困难，只要给这层楼的管理员打个电话，她就会告诉你如何上网；如果你还不会，她会亲自来帮忙。可以上网后，我马上给家人发了邮件，把这里的情况向他们汇报，以免他们不放心。

我的手机也是国内带来的，到校后需要买手机号。因为我没有社会保险号（social security number），所以要交500美元保证金，一年后退还。我订了手机套餐，每月70多美元，但是，周一到周五的早8：00到晚9：00只能打450分钟，其余时间打电话没有时间限制。短信和上网全天候都是无限量的。国际长途和国际短信另外付费，打中国座机每分钟5毛，手机每分钟8毛，短信每条3毛。后来，我用手机或电脑上网，与父母用QQ或Skype交流，省去了国际长途电话和短信费用。没有买手机的同学，可以签约买手机。比如，花费299美元可买iphone8G手机，但必须使用该电信公司的服务两年，而且，手机会有手机锁，只能用那家公司的电话卡，两年之后可以解锁。如果不通过电信公司，自己去购买没有锁的手机，价格要贵很多。有便宜的手机签约两年可以免费赠送，但无论如何，如果没有社会保险号，500美元的保证金必须交。如果朋友多了，凑足几个人申请家庭套餐（family plan），可以省不少钱。

吃饭大多在学校食堂。学校里有很多食堂，我一般去宿舍边上的那个。进食堂前要先刷学生卡。那里有各种各样的菜，比如中国菜、越南菜、日本菜、美国菜等等，就像国内的自助餐一样，你自己取爱吃的，放在一个大盘子里。放菜的地方按国家或地区划分，吃饭的地方也有好多区域，每个区域都不算大，显得很温馨。有靠着明亮的窗子的长桌，有靠着矮矮的沙发的圆桌，两三位同学围桌而坐，或专注吃饭，或边吃边聊，很有情调。不像国内的大餐厅，人头攒动。周末有时也去市中心的饭店吃饭，那里饭店很多，有一家的比萨饼特别好吃，加上消费税和小费每人才6美元，比上海便宜多了。也有中餐馆，这里的中餐掺杂了美国特色，不正宗，但口味还不错。冰淇淋店很有特色，店里还有零食、糖果、牛奶、奶酪和水果等。一个冰淇淋由五六个球压在一起，才两块多美元一个，在上海哈根达斯28元人民币才一个单球啊。我觉得这里样样都好吃，还便宜。学校还举行免费的冰淇淋活动、免费的比萨活动等，提供各种我们爱吃的食物，以此吸引学生参加，增强爱校的凝聚力。

洗衣服也很方便。每层楼都有洗衣房，里面有洗衣机和烘干机。洗衣一般用45分钟左右，然后把洗干净的衣服拿到烘干机里，烘干一般用一个小时左右。中间价是每桶洗衣1.5美元，烘干1.5美元。洗衣液、消毒液等不在洗衣费、烘干费里。洗衣机、烘干机很大，可以把几个同学的衣服拼在一起洗，也可以你自己攒一周的脏衣服一起洗。

学校里有一家大型银行的分部，新生一进校，他们就会举办银行知识讲座，解答学生的问题。学校组织学生统一到银行办理银行卡。我把银行卡号码发给父母，他们可以往这个卡里打钱，用于交学费和保险费。但是，每个月只能免费往卡里打一笔钱，第二笔就要收取费用。至于每一笔的金额，银行没有限制。当卡里有足够的钱后，我就可以在网上交学费了。这个卡也可以取现金，没有手续费。付学费还可以用万事达卡（Master Card），但有手续费。学费晚交的话要付50美元的迟交费（late fee）。学费还可以分期付款，多付点利息。有的商学院的同学在家长给了学费以后选择分期付款，用这个本金炒股。每个学校付费方式、合作机构都不一样，学生要看具体的学校规程。

学校里给学生配有指导老师（adviser）。新生刚来，选课由指导老师统一完成（从第二学期开始完全自己选课，但你可以咨询指导老师），然后，学生根据自己的意见调整。我研究了指导老师给我选的课，又把网上适合一年级新生的课全部研读了一遍，并且看了已经修过这门课的学生对授课老师和课程的评价，综合比较后，再调整课程。记得在国内大学旁听时，我选的两门课太难，根本无法读。这个教训对我在美国选课有一定的帮助。我知道，虽然上大学前我作了前期准备，但我毕竟不是美国本土学生，因此，我的宗旨是，第一学期选择相对容易的课，让自己有个适应期，难的课放在以后再修。当然，我也根据实际情况，比如，数学课我跳过了简单的，一开始就选比较难的课，因为我在国内时家教老师教过了，我有把握得高分。学校的选课很人性。开学的头一个半星期，可以随意加课或删课，所以学生可以多试听几节课，然后再作决定。还有后期删课（late drop），就是在期末考试前几个礼拜，如果你有的课学得很不好，可以删课。当然，不能无限制地删课，整个大学期间只可以删16个学分。每门课根据难易，学分为1分、1.5分、3分、4分（每个学校计算学分的方式不同）。每个学期学校对学生的学分有规定，12个学分以下为非全日制（part time）学生，12个学分以上为全日制（full time）学生，而国际学生必须是全日制学生。当然，每所大学的规定不一样，有的学校按学分付费，有的学校按学期付费。另外,如果有的课很热门,你没能选上,但是你很想学习,那么,只要教室里有空座位,可以找教授加课,但不能随意旁听(大课可以混进去听),上课的时间和地点自己都可以在网上查看。

获得教科书的方法有三种:买新书、买旧书和租书。买新书比较方便,但是,国外的书很贵,动辄二三百美元,少说五六十美元,所以建议尽量买旧书(used book)。买书可以在网上买,也可以在学校实体书店买。网上买比在实体书店买便宜,比较有名的网站是亚马逊(amazon),但是,网上购书可能无法退货,所以你要看清楚卖家的描述。实体书店的书贵一些,但它也有自己的优势。一是有的书是针对这所大学的特别版,只有学校书店才有得卖,你别无选择;二是书店的书只要你留着收据,在一段时间内可以退,因为开学时可以删课,可能你买了书,但是过几天却把课删了,那就可以退书。旧书分为最新版本的旧书和旧版本的旧书。买旧版本的书会比买新版本的书便宜很多,但是,需要事先咨询教授能不能买旧版本的书,以防新版本的书改动大,影响上课。学完这门课后,如果你不想保存书,可以把书卖给实体书店,但价格十分低。买旧书的缺点是下学期教授如果不用这个版本的书了,书店就不收这个书,学期结束你就不能把书卖回给书店。从学校实体书店也可以租书,而且如果你删课了,一定期限内的租约也可以取消,但缺点是如果书丢了要交比较高的赔款。或者可以去学校图书馆借课本,但热门的课本都只能借两个小时,而且有时候借不到。你可以在图书馆十一点或十二点关门的时候把书借回家,次日早晨七八点图书馆开门的时候还回去,晚还了要罚款。

在去美国之前,学校让我们在网上进行了入校测试。我参加了三门课,全部是95%~100%的成绩,这个成绩表明自己的入学状况,了解了成绩,增强了信心。如果测试成绩不好,要尽快找到自己的差距。学校给新生配了导师(mentor),如果有需要,新生可与他们联系,把不好的功课赶快弥补上来。

虽然现在美国招国际学生很多，但相对于美国人而言，其实国际生没有我们想象的那么多，这毕竟是美国人的国土。我们有很多机会与美国同学接触，练习口语，甚至接触母语非英语的学生，学会听多种口音。给我们上课的老师全部是教授，他们来自于世界各地，除了母语为英语的教授外，还有母语为非英语的教授。印度教授有比较浓重的口音，有一次教授讲了一个案例，只有一位印度籍学生哈哈大笑。我们正奇怪这位同学为什么大笑时，突然间明白了只有印度学生听懂了印度教授讲的内容。于是，全班也大笑，但我们的笑与两位印度人的笑含义不一样。所以，除了学习纯正的美语外，也要能听懂其他口音的英语，这有助于将来听课和工作。

开学后的第二个星期，我收到妈妈的一封信如下：

我今天在网上看到一篇文章，是一位新西兰的本科留学生写的。她说，她在学校根本不学习，整天无所事事，跟一帮男孩鬼混，或者与一帮女孩比名牌衣服、比化妆品，而家长什么也不知道。她一直说谎，隐瞒家长，向家里要钱，说要参加什么活动，要买什么学习用品。到了三年级，她的成绩实在太差，可能拿不到毕业证书，这个时候她急了，拼命学习，但是，基础太差，以前的GPA太低。她很后悔，写了这篇文章，表示忏悔。同时，她奉劝中国的父母不能太相信在国外的孩子。她说，如果她的父母看到这篇文章，肯定气得吐血。这篇文章让我心里非常不安。又想到你在家时，经常很晚睡觉，现在没人管你了，把身体弄差了，留学还有什么意义？但愿我是杞人忧天。

我还是给你几个可以量化的指标吧。

1. GPA大于3.8。这不是个难以实现的指标，我看你现在各方面都不错，数学、英语考试分数都很高，这个目标应该不难实现。

第四章 出国读大学了

2. 每天晚上11：30前睡觉，除非作业特别多，一般要遵守这一点。身体是革命的本钱，睡眠是美丽的基础。

3. 每两周至少参加一次学校、学院或系里举办的各类活动。在活动中学习并了解他人。有人说留学是寂寞的，那是因为无所事事，没有目标，没有规划，忙碌的人想寂寞都没有时间。

4. 多与美国朋友和老师交流，多去社区，有利于提高你的语言能力和对社会的了解。

我有亲身体会。我在澳洲时，住在老百姓家里（homestay）。我每天很早起床，与女房东玛格丽特（Margaret）一起散步。她介绍了很多东西给我，有历史的、人文的、地理的，还有当地人的生活。我随身带着英汉字典，如果她解释之后我还听不懂的，就请她拼出来，直到弄懂她表达的意思。每天晚饭之后，我与男房东约翰（John）交流，他是中学的英语老师，我想了解他们学校的教学、评价和家庭教育情况。后来，我写了篇文章发表于《中小学外语教学》。我还跟玛格丽特去教堂，去她弟弟所在的残疾人福利院，去她失业的女儿家里，去澳洲人的墓地，去农民的水库和养鸡场；我也跟约翰去他工作的学校听课，和他一起去家访，去他朋友办的幼儿园，去当地的小学。我希望通过细微的生活去了解真实的澳洲。旅游的时候，我主动与邻座的澳洲女士交流，她告诉我她每天只能睡五个多小时，因为工作太忙。她的三个儿子都读私立贵族学校，她在香港还有企业。我原以为澳洲人都享受阳光（enjoy sunlight），生活节奏都是缓慢的。通过这位女士，我才知道奋斗是永恒的主题，只有奋斗，才有国家的进步和个人生活的幸福。玛格丽特和约翰都说，我的英语一天比一天流利，词汇量也越来越大，而我自己并没有感觉，这说明进步是润物细无声的，不可能一蹴而就。

我把妈妈的信读了两遍，她的担心和教导主要在四个方面：学习成绩、身体健康、参与活动、了解社会。我由此引申出的思考是——留学生如何管理远离父母后突然而至的庞大自由？

第一，加强自我约束，做到"慎独"。

在国内旁听大学课程的时候，教学大楼前面的草坪上有一块石碑，上面写着遒劲的"慎独"二字。当时没有感觉，出国后偶然想起这两个字，特别有体会。"慎独"就是在无人监管的情况下，凭着高度的自觉，按照一定的道德规范和行为准则行事。对远离父母的留学生，"慎独"尤为重要。我一直认为，出国意味着"重新做人"。远离家人和熟悉的城市，结交新的朋友，开始新的生活，没人知道过去的你是什么样。是伪装一个全新的性格，还是固执地做当初的自己？尝试以前没有机会的堕落，还是坚守自己的使命和责任？全凭自己的选择。"自己"是留学生活唯一的主宰者。妈妈信中提到的那类留学生，到了国外，天高皇帝远，面对渴望已久的彻底自由，他们无所适从，再加上他们骨子里不爱学习，因此，才有了对虚度年华的忏悔；对我而言，所谓"彻底自由"，不过是改变了捆绑绳索的人，由父母的管束变成了自我管束。想成为什么样的人，做什么样的工作，要什么样的未来，都由自己决定，现在的每一步都可能决定未来。自由是一把双刃剑，漠视自由的人虚度年华，一事无成；珍视自由的人，规划自己，管理自己，一步一步走稳人生之路。

第二，尽快了解并利用学校的各类资源。

妈妈在信中提到的她自己的进步，其实是她对房东资源的有效使用，当然，她也在交流中给房东提供了中国式的见解。留学生初来乍到，要多研究学校网站，多向学长咨询，尽快熟悉学校的资源渠道。学校资源很多，比如医院资源方面，校医院提供的服务不仅仅是看病，还可以打疫苗。每位国际学生都强制要求买了昂贵的健康保险，学校提供的各种疫苗也包括其中。又如社团资源方面，每个大学都有各种各样的社团，丰富课余生活的同时也锻炼了组织能力和合作能力。即使不是社团成员,也可以去参加他们组织的活动。我参加过动漫社的活动,画了许多漫画,也交了许多朋友;我参加过佛学社的活动,周末去风景秀丽的地方远足,听听讲经布道,很有哲学上的收获,活动期间,我还认识了一位来自土耳其的朋友,他带团队成员去他家玩,与我讨论土耳其作家奥尔罕·帕慕克;我参加过钓鱼协会,穿着皮衣,拿着渔具,站在清澈的、水草肥美的河中,体验与中国不一样的垂钓方式;我参加过歌咏比赛,进入了复赛,因感冒没拿到奖,但很开心;我与几位朋友组织过乐队,我弹吉他兼主唱,他们弹奏或击打各自的乐器并和声;我参加过学校的油画组织,在这里,我圆了小时候的画家梦。再如学习资源方面,学校有写作中心,工作人员有教授也有学生,非常认真且专业,对写作帮助非常大;教授资源方面,教授往往有自己的研究项目,如果能跟着教授做研究,不管是为之后的读研作准备,还是积累工作经验,都非常值得。教授还有许多私人资源,对学生的发展十分有益。此外,学校图书馆藏书丰富,公用电脑也很多。关于学校的资源,我的感受是,只要你想得到帮助,你能得到比你想象的更多的帮助。有的新生整天与另外几个来自于同一国家的新生待在一起,他们都对学校不了解,这很不利于他们的学习。

如果留学生愿意学习并善于学习,自由的空间也一定能带来自由的学术和精彩的未来。

我想对留学生父母谈谈心里话。

孩子刚出国,大多数父母表现出无限的牵肠挂肚,无限的担心,我认为是不必要的。父母该操心的时间是出国之前,而不是出国之后。

在国外,孩子变坏的行为一般有以下几种。

1. 不好好学习甚至不学习。有的孩子在国内处于父母的高压下也不好好学习,等到一出国,天高皇帝远,于是,尽情玩,使劲玩,不碰课本,逃课,甚至连考试都忘记了。

2. 抽烟、喝酒、吸大麻、打游戏。学校宿舍有宿管，不让未成年人喝酒，但是如果去校外参加二十一岁以上的学生的聚会，未成年人喝酒就没人管了。也有抽烟很凶的，整天吞云吐雾。更有甚者，吸大麻。在美国吸大麻虽然违法，但是相对国内容易接触，有学生偷偷购买。还有的整天沉湎于游戏，不能自拔。

3. 无节制买奢侈品。国外奢侈品便宜，有的孩子互相攀比，比名牌，比高档。虽然他们已经购买了很多奢侈品，但欲望是无止境的。

4. 交友不慎。甚至有谈恋爱玩失踪的。

当然，类似的事情在国内大学也不少见。我爸爸就有个学生，高中时获得全国数学奥林匹克竞赛一等奖，但是，进入大学后，他放松学习，整日在游戏机房，考试成绩一片红，学校警告处分了他。大一暑假，他好不容易补考合格。大二期间继续打游戏，学校要开除他。我爸爸看他本质上是好学生，为他作担保，让他留级一年，没有开除。从此，他痛改前非，又重新成为出色的学生，并读了中国著名大学的研究生，现在是上海一家投资公司的负责人了。但是，在国外，如果出现类似的情况，在学校严格的规章制度面前，学生很难得到通融。因此，为了确保孩子出国后不出问题，父母在他们出国前一定要做好功课，即防患于未然。

1. 在是否留学问题上，一定要得到孩子的同意。孩子是独立的个体，有自己的生活轨迹，父母不可把自己的思想强加于孩子。凡是被逼出国的，大学期间成绩都不太好。

2. 要通过长期的、潜移默化的影响，确保孩子具有正确的人生观、世界观和价值观。正确的"三观"是留学成功的关键所在。

3. 要让孩子知道自己想要什么，知道自己在做什么。

4. 培养孩子的人际交往能力和好性格，要不然，出国后没有朋友会很孤独。

5. 对不适合留学的孩子，千万不能碍于面子或虚荣心让他们出去。

在前期准备充分的基础上，出国后，父母总的原则是"监管但不束缚"。

1. 要信任孩子，不要太担心。既然放孩子出去了，就要相信他/她是个能胜任国外学习和生活的好孩子，不要管得太多、太细。

2. 沟通式指导。大多数父母自己并没有留学经验，对孩子的指导往往带有主观色彩。由于孩子和父母的生活环境不一样，父母应耐心倾听孩子的心思，而不能把自己的观点强加于孩子。

3. 尊重孩子的决定，不要以自己的意志行事。对孩子的各种决定，父母不要带着上一辈人的框框。环境的改变使得孩子和父母对同一事情的意见产生分歧时，父母不必鲁莽反对，更不能压制孩子的思想，而应在充分了解实情的基础上，与孩子共同作出决定。

总之，孩子出国后，父母不要操心太多，而应把思考与权衡放在出国之前。父母应放心地让我们闯世界，相信我们不是没心没肺的，我们也懂体谅父母的辛劳，明白日后的生活还得靠自己，更明白出国留学对国家、对家庭所肩负的使命和责任。

我对留学生的建议如下。

1. 当父母提出建议时，不要一口驳回，而应思考一下父母的意见是否可以采纳。毕竟，父母比我们的人生阅历丰富许多倍，更有经验一些，但又因为所处环境已经不同，所以我们应该借鉴而不照搬。

2. 不要一意孤行于自己的想法，大事都要得到父母的同意。

这一章介绍了初来乍到美国大学必做的一些事情，包括请谁接机？到哪里注册？如何安排宿舍？到哪里买日用品？如何解决吃饭、洗衣问题？如何开通手机、电脑上网？如何办银行卡、交学费、买保险？如何

选课、买书？如何有效利用学校的各种资源？如何管理远离父母后庞大的自由？最后对父母和孩子分别提出了出国后应持有的态度。也许由于国家不一样，学校不一样，具体的做法不完全一样，但是，这些事情都是必须经历的，这些问题也是必须思考的。只有这样，才能长大成熟，才能对得起父母，对得起自己。

后 记

◎仲丽娟

终于写完这本关于家庭教育的书,如释重负。

2008年,女儿完成了两万多字的关于"亲子沟通"的研究报告,经电视和报纸等媒体报道之后,有出版社给她打电话,希望扩展成一本书,但她当时忙于出国,没有时间和精力完成这一任务。2009年,我以"女儿留学"为主题写过一篇三万多字的文章,曾在上海的报纸和福建的杂志上连载,也有出版社联系出版。但是,由于我的文章和女儿的文章加起来也就五万多字,而且,究竟以"留学"还是"亲子沟通"为主题,我一直没考虑清楚,最后只好作罢。2010年,我完成了专著《教师专业发展的叙事研究》,并获得上海市第十届教育科学研究成果三等奖。因此书,编辑姚成龙老师不仅成了我的良师,也成了我的益友。2012年国庆前夕,姚老师询问我这些日子在忙什么,我告诉他正在整理素材,打算以著名的音乐人物和传世作品为线索,写我在奥地利的游学经历。他又问我有没有聚焦于教育问题的创作,我告诉他关于我和女儿拼接不起来的两段文字。姚老师提议说,完全可以重新打磨成一本有价值的、适合家长需要的书。我听了很兴奋,填写了北京大学出版社图书选题申报表后,欣然投入到该书的准备工作中去。这,就是本书得以面世的缘起。诚挚感谢姚成龙老师的鼓励和建议。

我很幸运,赵学敏老师成为本书的编辑。赵老师眼界开阔、思维敏捷、文笔斐然,她给了我很多有价值的修改建议,比如:"希望每一部分的内容由数个具有画面感的小故事加教育智慧点拨构成，每一个结论都需要作支撑性分析或具有教育专业性质的反思分析。"她还说："作为妈妈，您是否有值得反思的地方？比如是否干预过多。读原稿有的章节，我的感觉主角是您，而不是陈冲。可是，在我读陈冲的文章的时候，发现她是个很独立的、有主见的孩子。"我猛然醒悟过来，因为我站在自己的角度写作，忽略了陈冲做的事情。于是，我对写作思路进行了大幅调整。其后的写作过程，又多有互动与请教。感谢赵老师高水平的悉心指点和对书稿的细致审阅。

本计划用两个月时间完成此书，可是，现实不如想象顺利。一是为了给读者作详细的、可操作的留学指导，我要补充很多有利于直接借鉴的资料，而随着时光的流逝，我已渐渐淡忘了那些细节，于是，我要重新寻找当时的笔记、书信和其他资料；二是学校工作有着意想不到的插曲，比如去外地开会、完成上级临时布置的工作，总之，用了三个月才完成了初稿。

关于女儿的文章我也有诸多考量。她除了写有两万多字的研究报告，还在出国的这几年中陆陆续续写了近十万字的成长笔记，从童年写到大学。但是，为了使本书聚焦于"高考留学指南"主题，我只选用了她相关的三万多字共四个章节，其余都忍痛割爱了。比如下面一段关于留学生活的文字：

漂洋过海的这一年我意识到，人永远需要一种归宿感。以前想方设法远离家庭，崇尚漂泊的感觉，但真正远离的时候反而感到了家的珍贵。全世界的唐人街，是给远离家乡的中国人的安慰。

2010年元旦我在芝加哥。大雪纷飞，店家早早都歇业了。我和几个朋友住在廉价的青年旅社，找地方吃饭。最后我们去了唐人街，看着那块华丽的"天下为公"的牌匾，突然觉得很安心。那晚我们吃的是不正宗还很贵的火锅，但这也是唐人街的魅力吧。一半熟悉的味道，一半陌

后　记

生的气息——漂泊着的归宿感。

后来偶然听到一首叫《唐人街》的歌，突然醒悟当初的感觉，感慨良多。传说中的落叶归根/曾经多不屑/原来最渴望的/不过这些……

留学生活是幸福的，一年的时光我真切地感受到自己的成长。我敢自豪地说，我们这些"90后"小留学生有担当、负责任。无论是面对突然而至的庞大自由，还是面对同龄人之间的相处摩擦，我们都从未轻率逃避，而是努力地生活，认真过好漂泊在外的每一天。仅仅一年的时光，我不但重新思量了生活的方向，并且领悟了家的意义。回想临行前的紧张与期待，咀嚼一年间的辛酸与坚强，体会旅途中的旖旎风光与人生感受，我想起《圣经》中的一句话：也许过了这片海，又是一片新天地。

在女儿的文章中，类似的留学生活写照和感悟还有很多。一代一代的留学生都在书写着属于他们自己的故事。

我要感谢许多帮助过我们的朋友。在女儿课题研究中，李林川、叶百安、包蕾萍、林存华、董赟、宋园艺、刘娴、李家成、鞠瑞利、俞承等老师给予过精心指导；在留学过程中，王倩倩、李国芳、Daniel Steel、Henry Chong、阮秀娟、刘艳、魏先军、顾卫君、杜生、杜育敏、赵伟等老师给予过鼎力支助；在撰写本书过程中，郁琴芳、Nicole Bloor、徐祥桂、郑丽萍等老师提出了宝贵的修改建议，Michael Guo、林奕梁提供了有价值的资料，赵忠心、胡敏、施家仓三位老师在百忙中为本书作序。帮助过我们的人还很多，因篇幅，不一一写下他们的名字，但他们的情谊我们将终身铭记，并也希望像他们一样，给予需要帮助的人伸出援助之手。

由于作者水平有限，难免会有这样那样的问题。欢迎读者朋友批评指正！ljchzhong@126.com将永远聆听你们智慧的建议。